REGULAÇÃO E DESENVOLVIMENTO

NOVOS TEMAS

REGULAÇÃO E DESENVOLVIMENTO

NOVOS TEMAS

•

CALIXTO SALOMÃO FILHO
(Organizador)

ALBERTO DO AMARAL JR.
CARLOS PORTUGAL GOUVÊA
SHEILA CHRISTINA NEDER CEREZETTI
VINÍCIUS MARQUES DE CARVALHO

REGULAÇÃO E DESENVOLVIMENTO

© Calixto Salomão Filho

ISBN 978-85-392-0111-2

Direitos reservados desta edição por
MALHEIROS EDITORES LTDA.
Rua Paes de Araújo, 29, conjunto 171
CEP 04531-940 – São Paulo – SP
Tel.: (11) 3078-7205 – Fax: (11) 3168-5495
URL: www.malheiroseditores.com.br
e-mail: malheiroseditores@terra.com.br

Composição
PC Editorial Ltda.

Capa:
Criação: Vânia Lúcia Amato
Arte: PC Editorial Ltda.

Impresso no Brasil
Printed in Brazil
02.2012

Sumário

Prefácio 9

I – FUNDAMENTOS E REFLEXÕES GERAIS

1. REGULAÇÃO, DESENVOLVIMENTO E MEIO AMBIENTE
– CALIXTO SALOMÃO FILHO
1.1 Introdução: a concepção econômica tradicional sobre o desenvolvimento 15
1.2 As ideias básicas desenvolvimentistas
   1.2.1 As principais teorias e seu destino 20
   1.2.2 Elementos das análises econômicas úteis para a construção jurídica 23
1.3 A concepção jurídica do desenvolvimento
   1.3.1 Fundamentos e princípios básicos 25
   1.3.2 Princípios desenvolvimentistas na Constituição 27
   1.3.3 Princípios regulatórios desenvolvimentistas 29
      1.3.3.1 Desenvolvimento e redistribuição 29
      1.3.3.2 Desenvolvimento, difusão do conhecimento econômico e acesso através da regulação 32
      1.3.3.3 Desenvolvimento e cooperação 36
         (a) A cooperação como escolha individual 36
         (b) Condições para a cooperação 37
         (c) Papel do Direito no impulso à cooperação 39
         (d) Características regulatórias 40
         (e) Cooperação e teoria do conhecimento econômico 43
   1.3.4 Novo estruturalismo jurídico e desenvolvimento econômico 43

1.4 Regulação, desenvolvimento e meio ambiente

1.4.1 A insuficiência da dicotomia bem privado/bem público e a ideia de bens comuns 45
1.4.2 Bens comuns e meio ambiente 49
1.4.3 Alternativas de intervenção estrutural 51
  1.4.3.1 Apropriação: regulação e cooperação descentralizadas 54
  1.4.3.2 Utilização: conexão entre produção e consumo 56
1.5 *Conclusão. Desenvolvimento e proteção ao meio ambiente: uma compatibilização necessária e possível* 57

2. REGULAMENTAÇÃO DA ATIVIDADE EMPRESARIAL PARA O DESENVOLVIMENTO

– CALIXTO SALOMÃO FILHO

2.1 Introdução 60
2.2 Questões de método 62
2.3 O conteúdo: uma visão jurídico-estruturalista da regulação da empresa 65
2.4 A proposta de "Regulamento da Atividade Empresarial" 68

3. O DESENVOLVIMENTO SUSTENTÁVEL NO PLANO INTERNACIONAL

– ALBERTO DO AMARAL JR.

3.1 A importância da proteção do meio ambiente 74
3.2 A proteção do meio ambiente no plano internacional 77
3.3 O desenvolvimento sustentável como paradigma 86
3.4 O desenvolvimento sustentável e o tema da justiça 97

II – PROBLEMAS E SETORES EM CONCRETO

---

4. REGULAÇÃO DOS SERVIÇOS DE SANEAMENTO BÁSICO: COOPERAÇÃO INSTITUCIONAL PARA O DESENVOLVIMENTO DO SETOR

– VINÍCIUS MARQUES DE CARVALHO

4.1 Introdução 109
4.2 Saneamento básico na atualidade: desafios e interfaces do setor 113
4.3 Saneamento básico como serviço público na Constituição Federal de 1988 117

SUMÁRIO

4.4 Saneamento básico e Federação: competências e titularidade .. 120
    4.4.1 Distribuição de competências na Constituição Federal de 1988: competências comuns, serviços sociais e saneamento básico 121
        4.4.1.1 Competências da União 122
        4.4.1.2 Competências dos Estados 123
        4.4.1.3 Competências dos Municípios 125
    4.4.2 Competências constitucionais e serviços de saneamento básico: a controvérsia da titularidade 126
4.5 Relações intergovernamentais e os serviços de saneamento básico: o desafio da cooperação e do planejamento 128
4.6 Conclusão 146

5. REGULAÇÃO DA PROPRIEDADE PRIVADA: INOVAÇÕES NA POLÍTICA AGRÁRIA E A REDUÇÃO DOS CUSTOS DE EQUIDADE
    – Carlos Portugal Gouvêa
5.1 Introdução 158
5.2 Formalização de títulos de propriedade e redistribuição 162
    5.2.1 Transplante de regras eficientes 162
    5.2.2 Formalização em massa de títulos de propriedade 166
        5.2.2.1 A excessiva simplificação do conceito de capital 168
        5.2.2.2 O baixo custo da formalização em massa 169
        5.2.2.3 Formalização e cristalização das desigualdades 171
        5.2.2.4 Formalização em massa como uma oportunidade para corrupção 173
        5.2.2.5 Eficiência sem formalização 174
5.3 Análise do custo equitativo da alocação de títulos de propriedade 177
5.4 Programa para o desenvolvimento da agricultura familiar 185
5.5 Conclusão 188

6. REGULAÇÃO DO MERCADO DE CAPITAIS E DESENVOLVIMENTO
    – Sheila Christina Neder Cerezetti
6.1 Introdução: desenvolvimento como acesso 190
6.2 Desafios históricos do mercado de capitais brasileiro 193
    6.2.1 A estruturação do sistema financeiro a partir de 1964 195
    6.2.2 Reformas de 1997 e 2001: as dificuldades das mudanças institucionais 199

  6.2.3 Os segmentos de listagem da BM&FBovespa: a opção pela via contratual 201
6.3 Acesso ao mercado de capitais: regulação que abre portas 205
  6.3.1 A indispensável transparência 206
  6.3.2 Lidando com a concentração do poder econômico 210
    6.3.2.1 Ativismo acionário e resguardo do desinvestimento 212
    6.3.2.2 Restrição a condutas abusivas: garantia de separação de interesses entre condutor e conduzida 215
  6.3.3 Abertura do mercado para novos emissores 220
6.4 Conclusão 228

Bibliografia 229

Prefácio

Passados 10 anos da edição da primeira série sobre regulação e desenvolvimento,[1] a tarefa de reunir estes novos temas não é simples.

Matérias então em discussão não parecem tão relevantes agora. De outra parte, novos temas surgem, ligados a necessidades presentes. Ao mesmo tempo, permanece um núcleo de problemas constantes, particularmente em tema de desenvolvimento, que merece contínua análise e preocupação.

Assim, a um grande esforço de reformulação deve somar-se outro com a atualização. No caso das discussões a respeito de regulação e desenvolvimento, não parece haver dúvida da entrada em cena, na última década, de uma preocupação central: o *meio ambiente*. De outro lado, permanece sempre necessário atualizar e reforçar um dos núcleos duros da discussão sobre desenvolvimento, já objeto da outra edição: o *amplo acesso a bens e serviços*, sobretudo os de interesse social.

Não é mais possível imaginar um processo de desenvolvimento que não garanta a sobrevivência da espécie, hoje nem mais no longo, mas sim no curto e médio prazos. Na verdade, a questão do meio ambiente exige reflexões sobre um problema muito mais geral, que é o da escassez de recursos naturais e, mesmo, recursos em geral. É essa escassez, gerada pela contínua atividade produtiva humana, que torna e tornará a questão ambiental tão dramática.

É ela, ao mesmo tempo, que faz com que a problemática do desenvolvimento passe a exigir ainda mais atenção em torno de problema clássico, qual seja, o do *acesso*. Bens escassos exigem uma regulamentação do acesso muito mais complexa e bem-estruturada que a determina-

---

1. Calixto Salomão Filho (Org.), *Regulação e Desenvolvimento*, São Paulo, Malheiros Editores, 2002.

da pelo mercado. Temas antes não tratados em sede regulatória – como o direito de propriedade, por exemplo – passam a ser centrais para a organização da vida em sociedade. Rediscutir a propriedade, e rediscuti-la em termos estruturais, para modificá-la (redefinindo-a, quando necessário estruturalmente, como será o caso quanto aos bens comuns), passa a ser importante para o processo de desenvolvimento.

Para tratar de todas essas questões, o livro foi dividido em duas partes, seguindo mais ou menos a linha definida na obra anterior: uma primeira parte de fundamentos e uma segunda com questões aplicativas.

Na primeira parte, o primeiro artigo (Capítulo 1), de minha autoria, pretende dar guarida a essas preocupações. Mantido e atualizado o núcleo do artigo constante da edição da primeira série de temas, a ele adicionaram-se preocupações jurídico-estruturalistas, em especial com a propriedade dos *bens comuns* e seus efeitos sobre o desenvolvimento econômico e social e a proteção do meio ambiente. Dado o caráter bastante teórico desse primeiro trabalho, pareceu-me necessário incluir outro, mais concreto e aplicativo, em que se propõe uma regulamentação (da empresa) para o desenvolvimento (Capítulo 2).

É importante fazer duas relevantíssimas observações em relação a esses dois primeiros trabalhos do livro (Capítulos 1 e 2).

A primeira observação diz respeito à imperiosa necessidade, para qualquer teoria crítica (como a que se pretende elaborar nesta sede), de discutir teorias econômicas ou teorias jurídicas com as quais não se concorda. Aquele que não as analisa para depois poder criticar, acaba por facilitar a aceitação das mesmas teorias econômicas com as quais não concorda. O silêncio acaba por ser identificado à falta de compreensão e não à negação. Parece, portanto, imprescindível enfrentá-las, discutindo e criticando seus pressupostos em termos jurídicos, exatamente para garantir que o raciocínio crítico em bases jurídicas não permaneça um raciocínio isolado do debate das ciências sociais como um todo, por não se dispor ele mesmo ao debate.

É o que se procurou fazer no Capítulo 1 em relação especialmente às teorias econômicas neoclássicas e neo-institucionalista aplicadas ao desenvolvimento. Pareceu preciso primeiro desmistificá-las, então criticá-las para, finalmente, construir sob a base dessas críticas o raciocínio jurídico que se pretende transformador (essa sim é uma pretensão assumida, espero que sem exagero, do autor destas linhas), i.é, o neo--estruturalismo jurídico.

A segunda observação é que a regulamentação proposta no artigo constante do Capítulo 2 se refere a mudanças estruturais no funcionamento da empresa. Não inclui, portanto, questão fundamental para reflexão sobre direito e desenvolvimento, qual seja: *o funcionamento e o papel do Estado*. Essa tarefa, bem mais complexa, é deixada para discussões específicas de diferentes setores de interesse econômico-social, feitas por alguns trabalhos (de autores convidados) constantes da segunda parte do livro – como o do saneamento básico e propriedade agrária, por exemplo – e outras que se farão em edições por vir.

Ainda na primeira parte pareceu também necessário discutir os aspectos de direito internacional da correlação entre direito, desenvolvimento e meio ambiente. A realidade de internacionalização das economias torna a perspectiva internacional imprescindível para a verdadeira compreensão dos problemas. Para tanto, convidei o professor Alberto Amaral Jr., eminente internacionalista, que tem tratado dessas questões e se destacado como uma voz progressista no Brasil em um ambiente doutrinário de direito internacional cercado de conservadorismo.

Na segunda parte incluíram-se artigos de destacados doutores pela USP, que trabalham em campos e questões concretas relacionados à regulação e ao desenvolvimento e que têm no acesso uma preocupação central. Os dois primeiros artigos, dos Drs. Vinícius Carvalho e Carlos Portugal Gouvêa, referem-se a questões socialmente relevantíssimas. Seus artigos tratam, respectivamente, da melhor regulamentação para acesso ao saneamento básico e à propriedade agrária.

O último artigo, da Dra. Sheila Cristina Neder Cerezetti, trata de problema que, ainda que não ligado a indicadores sociais, é também economicamente relevante: o acesso ao mercado de capitais. A importância econômica de tais mercados exige um acesso mais amplo, sob pena de aumento ainda maior da concentração de renda, informação e interesses, passíveis de criar "bolhas" e estimular crises econômicas e sociais graves como as recentes. O efeito sistêmico de tal discussão está longe, portanto, de ser socialmente irrelevante. Aliás, é mais que hora de introduzir, nas discussões sobre desenvolvimento, preocupações com o funcionamento do mercado financeiro e de capitais. O (mal) funcionamento atual do mercado financeiro, concentrador de renda e limitador das possibilidades de crescimento econômico (basta ver as discussões semanais sobre taxas de juros), é importante freio ao desenvolvimento econômico e social. É imperioso, então, refletir sobre o mercado de capitais, um mercado de capitais com amplo acesso, que ofereça a empresas e aplicadores, respectivamente, alternativas para capitalização e poupança – e que, portanto, se transforme em real alternativa a nosso mercado financeiro superdimensionado.

Espera-se que essas reflexões consigam ao menos continuar a "jogar a pedra na direção certa", como se imaginou desde a publicação do primeiro volume desta série, citado, estimulando discussões e críticas ao quanto dito, ao mesmo tempo em que mantêm as questões em evidência.

CALIXTO SALOMÃO FILHO
Dezembro de 2011

I – FUNDAMENTOS E REFLEXÕES GERAIS

1. *Regulação, Desenvolvimento e Meio Ambiente –* CALIXTO SALOMÃO FILHO
2. *Regulamentação da Atividade Empresarial para o Desenvolvimento –* CALIXTO SALOMÃO FILHO
3. *O Desenvolvimento Sustentável no Plano Internacional –* ALBERTO DO AMARAL JR.

1

Regulação, Desenvolvimento e Meio Ambiente

CALIXTO SALOMÃO FILHO

1.1 Introdução: a concepção econômica tradicional sobre o desenvolvimento. 1.2 As ideias básicas desenvolvimentistas: 1.2.1 As principais teorias e seu destino – 1.2.2 Elementos das análises econômicas úteis para a construção jurídica. 1.3 A concepção jurídica do desenvolvimento: 1.3.1 Fundamentos e princípios básicos – 1.3.2 Princípios desenvolvimentistas na Constituição – 1.3.3 Princípios regulatórios desenvolvimentistas: 1.3.3.1 Desenvolvimento e redistribuição – 1.3.3.2 Desenvolvimento, difusão do conhecimento econômico e acesso através da regulação – 1.3.3.3 Desenvolvimento e cooperação: (a) A cooperação como escolha individual – (b) Condições para a cooperação – (c) Papel do Direito no impulso à cooperação – (d) Características regulatórias – (e) Cooperação e teoria do conhecimento econômico – 1.3.4 Novo estruturalismo jurídico e desenvolvimento econômico. 1.4 Regulação, desenvolvimento e meio ambiente: 1.4.1 A insuficiência da dicotomia bem privado/bem público e a ideia de bens comuns – 1.4.2 Bens comuns e meio ambiente – 1.4.3 Alternativas de intervenção estrutural: 1.4.3.1 Apropriação: regulação e cooperação descentralizadas – 1.4.3.2 Utilização: conexão entre produção e consumo. 1.5 Conclusão. Desenvolvimento e proteção ao meio ambiente: uma compatibilização necessária e possível.

1.1 Introdução: a concepção econômica tradicional sobre o desenvolvimento

É desnecessário repetir que recentemente a teoria econômica tem sido excessivamente influenciada por matrizes teóricas econômicas anglo-saxãs. A consequência mais grave disso se faz sentir exatamente naqueles ramos que devem tratar de problemas estranhos às preocupações econômicas do mundo saxão. A teoria do desenvolvimento é um excelente exemplo.

Considerada problema menor se comparado à discussão sobre o funcionamento mais eficiente e produtivo do mercado (questão, de resto, típica de economias desenvolvidas), a questão do desenvolvimento é discutida em geral apenas na teoria macroeconômica e normalmente entendida como consequência necessária e natural do funcionamento do mercado nos moldes neoclássicos.[1] Razão teórica para isso está, entre outros fatores, na estagnação e no conformismo durante todo o século XX da teoria da escolha social com o teorema de Pareto, segundo o qual o melhor resultado para a sociedade é obtido através do aumento da riqueza total, sem considerações redistributivas. Sendo esse o resultado, realmente não há razão por que descrer da capacidade do mercado de resolver todos os problemas econômicos, inclusive o do desenvolvimento.

Interessante é notar que mesmo a discussão econômica crítica ao neoclassicismo nesses Países respeita e segue as premissas neoclássicas. Isso não faz desaparecer seu interesse para as discussões sobre o desenvolvimento, mas sem dúvida torna-a mais distante da realidade econômica e social (subdesenvolvida) em que deve ser aplicada.

Na literatura econômica dominante podem ser distinguidas três diferentes linhas com algum grau de crítica ao neoclassicismo.

A primeira delas critica o modelo, mas não os pressupostos e sequer o método da teoria neoclássica. São os chamados *teóricos das imperfeições de mercado*. O objetivo desses estudiosos não é negar o mercado e o método de sua análise. Procuram apenas identificar suas falhas ao nível macro ou microeconômico, para evitá-las ou eliminá-las. Apesar de ser crescente o número desses teóricos, eles não podem ser considerados uma real dissidência metodológica da escola neoclássica.[2]

Um segundo grupo, cada vez mais influente, é aquele que, novamente sem negar os pressupostos ou o método neoclássico, procura identificar novos campos de estudo que impedem o bom funcionamento dos mercados. Trata-se da difundida escola da chamada *nova economia institucional*. E o campo de estudo escolhido por essa escola é o das instituições sociais. Apesar da inegável importância e da originalidade

---

1. Exemplo eloquente dessa tendência está no trabalho de T. Schultz sobre a pobreza e a teoria do desenvolvimento, onde o autor procura explicá-la com base na análise neoclássica tradicional – trabalho, de resto, agraciado com o Prêmio Nobel (cf. T. Schultz, *The Economics of Being Poor*, Cambridge, Blackwell, 1993).

2. Cf., entre eles: G. Akerlof, "The market for lemons: quantitative uncertainly and the market mechanism", *The Quarterly Journal of Economics* 84/480 e ss.

desses estudos, eles continuam a se inserir na proposta metodológica neoclássica. Isto porque o objetivo principal do estudo das instituições é diminuir os chamados custos de transação, permitindo que as transações de mercado fluam mais naturalmente. Dentre os estudiosos dessa linha, o que sem dúvida mais se destaca é D. North, que vincula desenvolvimento econômico ao desenvolvimento das instituições.[3]

Um terceiro e último grupo é formado por economistas que, trabalhando individualmente, se dedicaram a temas envolvendo questões de pobreza e desenvolvimento e que procuram pôr em destaque a importância dos valores dentro da teoria econômica. O trabalho mais importante dessa linha é, sem dúvida, o de A. Sen, que põe em xeque a própria teoria da escolha social dominante, duvidando da possibilidade de definir *ótimo social* apenas em função do aumento de riqueza total e propugnando por uma revisão ética do conceito de racionalidade econômica.[4]

Tanto a teorias de North quanto a de Sen ressaltam pontos importantes, que devem ser levados em conta em qualquer discussão desenvolvimentista. Ambas pecam, no entanto, por buscar uma explicação unitária no espaço e no tempo para os fenômenos de desenvolvimento econômico e, portanto, sob variados matizes, sugerirem soluções também unitárias para o desenvolvimento.

Hoje não há mais dúvida, graças em grande parte às brilhantes contribuições desses autores, que processos de desenvolvimento dependem de instituições e valores. A grande pergunta que resta, não respondida por esse autores, é em que sentido devem apontar essas instituições e valores. North, após analisar as várias formas pelas quais as instituições conformam, modificam e determinam o comportamento econômico, sugere como modelo instituições que diminuam custos de informação e transação, permanecendo preso, portanto, ao ambiente (neoclássico) em que se deu sua formação econômica.[5] Já, Sen claramente se aparta dessa tradição, buscando inserir valores éticos no raciocínio econômico.

3. D. North, *Institutions, Institutional Change and Economic Performance*, Cambridge, Cambridge University Press, 1990.
4. Vários são os trabalhos de A. Sen que poderiam ser citados. Em matéria de racionalidade e moralidade destacam-se, sobretudo: "Choice, ordering and morality", in *Choice, Welfare and Measurement*, Oxford, Blackwell, 1997, pp. 74 e ss., bem como o mais recente *On Ethics and Economics*, consultado em sua tradução para o Português, *Sobre Ética e Economia*, São Paulo, Cia. das Letras, 1988.
5. Cf. D. North, *Institutions, Institutional Change and Economic Performance*, cit, pp. 27 e ss.

Não é sua preocupação, no entanto – até por ser economista –, discutir em profundidade os valores específicos que devem dirigir o desenvolvimento.⁶ Mas o elemento central do pensamento de A. Sen sobre desenvolvimento permanece até hoje bastante vivo. Trata-se da ideia de *entitlements* (de difícil tradução, pois mistura capacidades jurídicas e econômicas).⁷ O conceito chama a atenção para o fato de que o verdadeiro desenvolvimento econômico e social não significa apenas (e nem primordialmente) crescimento econômico, e nem tampouco distribuição de renda. É necessário a *capacidade de acesso* a elementos importantes da cidadania social, como educação, saúde etc. Como se verá a seguir, essa constatação tem relevante influência sobre a afirmação do acesso como um valor importante na teoria jurídica do desenvolvimento.

A preocupação de presente estudo – exatamente por ser um estudo jurídico – é definir tais valores. Para defender sua primazia, parte, no entanto, de premissas diversas das assumidas acima pelos famosos economistas. Desde que se acredite que o fundamento de organização social é jurídico – baseado, portanto, em valores –, e não econômico, baseado em feitos ou resultados, uma conclusão é necessária. O desenvolvimento, antes que um valor de crescimento ou, mesmo, um grupo de instituições que possibilitem determinado resultado, é um processo de autoconhecimento da sociedade. Nesse processo a sociedade passa a descobrir seus próprios valores aplicados ao campo econômico. As sociedades desenvolvidas sob essa visão são aquelas que bem conhecem suas próprias preferências. Portanto, dar privilégio aos valores não significa substituir o determinismo de resultados da teoria econômica por um determinismo de valores preestabelecidos. Significa – isto, sim – dar prevalência à discussão sobre as formas específicas para cada socieda-

---

6. Em ambos os trabalhos supracitados é bastante evidente a preocupação do autor em desenvolver um método para inclusão do raciocínio moral na avaliação das utilidades individuais. Por essa razão, seu conceito de ética e moralidade é bastante simplificado, implicando basicamente a rejeição da busca exclusiva do autointeresse como critério de avaliação das utilidades individuais (cf. A. Sen, *Sobre Ética e Economia*, cit, pp. 94 e ss.).

7. A ideia é desenvolvida principalmente no seu livro *Desenvolvimento como Liberdade* (v. Capítulo 4, "Pobreza como Privação de Capacidades", São Paulo, Cia. das Letras, 1999, p. 109 e ss.). Essa sua ideia foi fundamental para a crítica aos índices de desenvolvimento econômico e social baseados no PIB e em outros indicadores quantitativos de produto e renda *per capita* e levou à elaboração e utilização pela ONU do Índice de Desenvolvimento Humano(IDH) hoje largamente utilizado.

de de autoconhecimento e autodefinição das instituições e valores mais apropriados ao seu desenvolvimento econômico-social.

O que se quer dizer, em suma, é que, do mesmo modo que processos políticos têm como valores básicos aqueles que permitam conhecer a vontade dos eleitores, os processos econômicos devem ter como valores básicos o conhecimento das preferências econômicas dos agentes. Ocorre que para tanto é necessário introduzir no sistema duas outras características (instituições ou valores) básicas. É preciso, em primeiro lugar, que todos sejam capazes de exprimir suas preferências econômicas. É necessário, portanto, eliminar a exclusão do processo econômico. Em segundo lugar, é preciso que existam meios de transmissão dessas preferências. É necessário, então, que se eliminem valores ou instituições que impedem que isso ocorra.

Assim definido, o conceito de *desenvolvimento* passa a se identificar com um processo de conhecimento social que leve à maior inclusão social possível – portanto, algo que se poderia caracterizar como democracia econômica. Poder-se-ia, então, perguntar imediatamente o porquê da redução do conceito de desenvolvimento à ideia de democracia econômica. Por que colocar a existência de democracia econômica, no sentido supraexposto, ao centro da noção de desenvolvimento?

Para responder a esta questão, antes de tudo é importante deixar algo bem claro. É absolutamente falso imaginar que a existência de democracia política leva necessariamente à democracia econômica. O Estado cada vez mais fraco é cada vez menos capaz de transmitir ao mercado, através de sua atuação direta, preferências dos eleitores no campo econômico. O domínio econômico é cada vez menos controlável pela esfera política; ao contrário, com cada vez mais frequência a controla.

Se assim é, então, é preciso cogitar de princípios e valores que permitam controlar a esfera econômica sem depender necessariamente dos influxos da esfera política. Ora, isso só pode ser feito caso a esfera econômica se torne capaz, por si só, de identificar seus problemas e mudar seus destinos. Isso, por sua vez, só pode ser obtido em presença de um princípio de democracia econômica onde todos conhecem suas preferências e têm igual "direito de voto" no campo econômico. Isto é tudo o que não corre nas economias subdesenvolvidas. Isso é tudo o que a regulação da atividade econômica deve buscar.

Mas não é só. Essas observações revelam um outro dado importantíssimo. Trata-se da necessidade de uma regulação econômica preocupada com a preservação de valores econômicos próprios daquele Estado ou Nação. Essa é outra consequência da preocupação com valores e outra divergência de fundo com a análise econômica tradicional. Inexistem resultados econômicos únicos que devem ser buscados e são mais convenientes em qualquer lugar do Planeta. Objetivos econômicos diversos podem levar ao desenvolvimento social, desde que perseguidos a partir de escolha social feita com democracia econômica – portanto, desde que se conheçam as melhores alternativas sociais e econômicas.

A conclusão é, portanto, que o conhecimento da melhor escolha econômica da sociedade é o valor fundamental para o processo de desenvolvimento. A teoria da escolha social tem de ser revivida, portanto, mas sob um enfoque absolutamente novo. Trata-se de propugnar por um absoluto relativismo dos resultados econômicos e levar adiante uma tentativa de descoberta dos valores próprios da sociedade que possibilitem seu conhecimento e sua transformação. Passa-se, então, de um determinismo econômico para um relativismo jurídico baseado em valores de democracia econômica.

Sendo essa a proposta, primeiro passo para qualquer estudo desenvolvimentista é descobrir problemas, estruturas e valores específicos das sociedades objeto de estudo. Daí por que o primeiro passo do estudo que se fará a seguir será revisitar a análise econômica da situação de subdesenvolvimento latino-americano – e brasileiro em particular. Esse tópico será, portanto, precipuamente analítico, limitando-se a estudar razões econômicas específicas para o subdesenvolvimento e obstáculos ao desenvolvimento. Ao contrário da análise neoclássica, não se procurará dar qualquer força preceptiva a essa análise.

Em seguida, em um momento já de construção jurídica, procurar-se-á sugerir, com base em valores socialmente aceitos, os fundamentos para uma construção regulatória capaz de permitir amplo conhecimento das preferências sociais.

1.2 As ideias básicas desenvolvimentistas

1.2.1 As principais teorias e seu destino

Uma das áreas da ciência econômica em que há maior, mais clara e mais original contribuição latino-americana é a análise das economias subdesenvolvidas e de seus problemas estruturais. As escolas latino-americanas trazem explicações que rivalizam fortemente com as explicações tradicionais para o subdesenvolvimento.

Várias e importantes são as resenhas sobre o pensamento desenvolvimentista latino-americano no século XX.[8] Com certas variações, todas elas convergem para a identificação de duas grandes linhas desenvolvimentistas na América Latina. De um lado, a linha econômica, caracterizada pelo histórico estruturalismo cepalino. De outro, a linha sociológica, caracterizada pelo politicismo da teoria da dependência. Uma terceira linha é a já mencionada linha anglo-saxã, que vê a discussão sobre o desenvolvimento como um subtópico da discussão sobre as instituições.

A título introdutório, mais relevantes que o detalhamento de cada uma são o fundamento e o destino respectivo – aspectos extremamente elucidativos de seu conteúdo.

A primeira tornou-se o grande marco do pensamento cepalino, a separá-lo da linha neoclássica hoje dominante. Seu fundamento e sua peculiaridade maior estão na crença na existência de diferenças estruturais nas economias subdesenvolvidas, decorrentes do processo histórico de evolução econômica internacional, que tornam seus problemas peculiares. Segundo seus defensores, é impossível, portanto, imaginar que a mesma teoria econômica aplicável aos Países desenvolvidos seja adaptável aos demais. O subdesenvolvimento não é uma fase do desenvolvimento, mas uma estrutura determinada pelo processo do desenvolvimento industrial do sistema capitalista.[9]

8. A título exemplificativo, citam-se duas obras organizadas por R. Bielschowsky: *Pensamento Econômico Brasileiro – O Ciclo Ideológico do Desenvolvimentismo*, 3ª ed., Rio de Janeiro, Contraponto, 1996, e a coletânea, *Cinquenta Anos de Pensamento na CEPAL*, Rio de Janeiro, Record, 2000.

9. Dentre as várias criações do pensamento cepalino destacam-se as obras de R. Prebish e C. Furtado. Do primeiro: "O desenvolvimento econômico na América Latina e alguns de seus problemas principais", in *Cinquenta Anos de Pensamento na CEPAL*, Rio de Janeiro, Record, 2000, p. 69. Do último: "Desenvolvimento e subdesenvolvimento", in *Cinquenta Anos de Pensamento na CEPAL*, cit, p. 239, e o clássico *Formação Econômica do Brasil*, São Paulo, Cia. Editora Nacional, 1986. Por trás da análise histórica extremamente acurada e crítica e da correta percepção dos entraves estruturais do desenvolvimento, Furtado desenvolve um determinismo que marcará sua obra. Convencido da impossibilidade de superar os determinantes internacionais do subdesenvolvimento, Furtado desenvolve um certo pessimismo, parecendo atribuir um eterna função periférica às Nações não beneficiadas pelo sistema internacional de trocas. A escola histórico-estrutural, ainda que, seguindo a sorte da teoria econômica do desenvolvimento em geral, tenha sido preterida no meio acadêmico econômico (inclusive brasileiro) em prol da teoria neoclássica (e suas variações), fez seguidores de peso. Apenas para mencionar dois discípulos diretos de Furtado, cf. M. da Conceição Tavares, *Acumulação de Capital e Industrialização*

Note-se que essa afirmação, de caráter fortemente determinista, é reflexo da origem economicista da teoria. Ainda que, ideologicamente, completamente afastados dos neoclássicos e bem mais atentos à realidade que aqueles, compartilham com aqueles a plena crença em esquemas lógico-formais de raciocínio econômico. Daí porque o determinismo e o pessimismo na crença da imutabilidade das estruturas (historicamente determinadas e invariáveis).

É da crítica a esse pessimismo que deriva a segunda linha de evolução teórica. Trata-se da chamada *teoria da dependência*, que procura identificar os determinantes políticos internos da dependência (termo que é usado em lugar de "subdesenvolvimento"). Com isso, pretende-se superar o determinismo da teoria do desenvolvimento. O problema é que, em lugar do determinismo econômico, insere-se forte decisionismo político, exatamente ao defender a forte influência das relações de poder locais sobre os modelos de dependência. Isso fez com que uma teoria inspirada (ao menos em princípio) na teoria marxista da História e em sua avaliação da relação estrutura/superestrutura acabasse, quando retirada de seu contexto histórico, permitido uma forte guinada neoliberal do Estado Brasileiro.[10] Pouco importa indagar, e talvez seja incorreto afirmar que a teoria já era neoliberal em sua elaboração. O que importa é que o decisionismo político que está à sua base permite as mais díspares aplicações, e não há qualquer suporte ou ligação a valores de base, consequência direta do decisionismo político por ela propugnado.

Finalmente, a terceira linha não considera o desenvolvimento de um tópico específico de estudo. Este é um subproduto do estudo sobre as instituições. Seu principal formulador, North, critica duramente tanto a tradição cepalina quanto as teorias da dependência, afirmando que estas, ao ressaltarem a especificidade dos modelos subdesenvolvidos e pro-

no Brasil, Campinas, Editora UNICAMP, 1974, e J. M. Cardoso de Mello, *O Capitalismo Tardio*, São Paulo, Brasiliense, 1982. Esses dois últimos autores reforçam o papel da evolução histórica interna das forças de poder no processo de desenvolvimento (ou subdesenvolvimento) econômico.

10. Aqui, a referência principal é, sem dúvida, a obra de F. H. Cardoso e E. Faletto, "Dependência e desenvolvimento na América Latina", in *Cinquenta Anos de Pensamento na CEPAL*, vol. II, Rio de Janeiro, Record, 2000, p. 495. A ligação entre o otimismo decisionista da ideia de desenvolvimento dependente associado e a guinada neoliberal do Estado Brasileiro comandada exatamente por um dos autores do famoso estudo não é casual, e é muito bem ilustrada em J. Fiori, "De volta à questão da riqueza de algumas Nações", in *Estados e Moedas no Desenvolvimento das Nações*, Rio de Janeiro, Vozes, 1999, p. 11 (33).

pugnarem por modelos que eliminem traços estruturais da dependência, acabam, por vezes, por defender instituições que aprofundam essas diferenças estruturais.[11] Como se verá, essa afirmação tem algo de verdade. Ela se refere, no entanto, ao momento de construção institucional dessas teorias. Ocorre que esse não é e nem poderia ser o ponto de interesse dessas teorias para o presente estudo. A função das análises econômicas, como com frequência repetido, está exatamente na análise da realidade. É o momento analítico e não construtivo das escolas cepalina e da teoria da dependência que será, então, de ora em diante utilizado. A construção que se fará com base nesses dados econômicos recolhidos terá por base valores, sendo eminentemente jurídica.

1.2.2 Elementos das análises econômicas úteis para a construção jurídica

O embate entre deterministas da teoria do subdesenvolvimento, decisionistas da teoria da dependência e institucionalistas, a propugnar em polos opostos e com metodologias opostas os mesmos objetivos (desenvolvimento), põe a nu a inexistência de um modelo jurídico de desenvolvimento.

Só a introdução de valores pode minar o pessimismo determinista, iluminar o total relativismo do decisionismo e eliminar a crença nos resultados econômicos dos institucionalistas. Por outro lado, qualquer teoria jurídica desenvolvimentista que se preze não pode desconsiderar esses importantíssimos movimentos e estudos sobre subdesenvolvimento, dependência e instituições. Tem, ao contrário, muito a haver destes em matéria de método e análise da realidade. Há aí, portanto, uma relação duplamente virtuosa entre análise econômica e jurídica.

Pois bem. Da análise histórico-estrutural cepalina algumas conclusões podem ser retiradas. Duas delas merecem destaque, pela sua importância para a análise jurídica que se fará a seguir. Em primeiro lugar, sério obstáculo ao desenvolvimento nesses Países é o alto grau

---

11. Essa crítica é feita por D. North tanto à teoria da dependência quanto à teoria desenvolvimentista cepalina (v. *Institutions, Institutional Change and Economic Performance*, cit, pp. 99-100). Ainda que isso tenha sido verdade em alguns casos, inclusive na fase desenvolvimentista brasileira, essa crítica não chega a macular as referidas teorias desenvolvimentistas. Como toda boa teoria econômica, deve ser analítica, e não preceptiva. Assim, sua falha preceptiva não elimina sua utilidade ou coerência analítica.

de concentração de poder econômico. Isso faz com que os fluxos de capital permaneçam fechados dentro de determinado setor econômico, não se espalhando pela economia, não gerando o efeito multiplicador de consumo e não permitindo o desenvolvimento. A segunda observação, tão útil quanto a primeira, é que o elemento dinâmico das Nações subdesenvolvidas em geral – e do Brasil em particular – está na demanda, e não em inovações no processo produtivo. Ao contrário dos Países desenvolvidos, que calcaram seu progresso em uma demanda (internacional) ilimitada e para os quais, portanto, o que importava eram as inovações de oferta, os Países subdesenvolvidos de hoje se veem diante de um sistema internacional de trocas desiguais.

Consequentemente, só o desenvolvimento da demanda pode impulsionar o progresso econômico desses Países. Ocorre que o desenvolvimento da demanda é tarefa de instituições jurídicas, e não de dogmas econômicos. O esgotamento do processo econômico de substituição de importações, que nada mais é que uma tentativa econômica de dar impulso à demanda,[12] deve-se também à falta de estruturas jurídicas para sustentá-la.

Essa conclusão nada mais faz que confirmar o que foi dito há pouco a respeito do conhecimento econômico. Em uma sociedade acostumada a ter suas preferências ou gostos definidos pela metrópole não existem formas naturais de pesquisa das preferências econômicas. Só o desenvolvimento da demanda interna permite, então, desenvolver esse processo de conhecimento, incluindo e chamando larga legião de pessoas a participar da escolha social.

Já, a conclusão da teoria da dependência dá-se, por assim dizer, por antonomásia. A bela demonstração da ligação entre as forças políticas da "periferia" e os interesses dos Países hegemônicos se esvanece ao cair a teoria, como já dito, num decisionismo político total. O relativismo moral e ético-econômicos das decisões com base nele tomadas tem consequências funestas para a ordem econômica. Os dados analíticos da teoria são extremamente úteis para a construção jurídica. Particularmente a ideia do desenvolvimento dependente associado, aplicada em Países caracterizados por enorme concentração de poder econômico,

---

12. A importância da demanda interna como moto propulsor do desenvolvimento é um dos elementos desenvolvimentistas centrais na visão de C. Furtado ("Desenvolvimento e subdesenvolvimento", cit., in *Cinquenta Anos de Pensamento na CEPAL*, p. 260).

leva a uma enorme capacidade de influência desse poder nas decisões sobre os rumos regulatórios. O decisionismo político associado ao poder econômico cria um enorme risco de captura das instâncias políticas e regulatórias pelo poder econômico. É necessária, então, a clara definição de um substrato valorativo social capaz de limitar esse risco.

Enfim, da teoria institucional é possível retirar lição importante. Regras de convivência, sejam formal ou informalmente impostas, têm forte relevância para o processo de desenvolvimento. Elas devem ser também estudadas a essa luz. Novamente aqui é preciso repetir: isso não significa que a construção institucional deve ser feita em torno de um resultado econômico predeterminado a ser obtido através dessas instituições. Ao contrário, a busca do conhecimento econômico será o objetivo central.

Finalmente, da ideia dos *entitlements* de Sen é possível deduzir a centralidade do princípio do acesso para qualquer regulação preocupada com o desenvolvimento. Sem o acesso a bens e serviços essenciais é impossível considerar que exista realmente um processo coerente de desenvolvimento econômico e social.

1.3 A concepção jurídica do desenvolvimento

1.3.1 Fundamentos e princípios básicos

As teorias desenvolvimentistas, com sua análise diferenciada da realidade, requerem uma construção jurídica também adaptada à realidade específica do subdesenvolvimento.

Essa realidade específica exige a difusão forçada do conhecimento econômico. A razão está na própria análise econômica do subdesenvolvimento há pouco procedida. A existência de centros propulsores de desenvolvimento baseados na demanda (consumidores) não é compatível com concentração do conhecimento econômico.

Entenda-se, assim, que, particularmente nessas economias, desenvolvimento econômico só pode ser obtido pela difusão do conhecimento econômico. A formação do conhecimento econômico já é naturalmente difusa na sociedade. Consequentemente, é a concentração excessiva do conhecimento que leva a graves ineficiências alocativas.

Confrontada essa constatação com a existência de absoluta concentração de poderes estruturais em tais economias, o segredo para o desenvolvimento está exatamente em descobrir um método para eliminar essas imperfeições estruturais através de ou fomentando a difusão do conhecimento econômico. Sendo essas imperfeições estruturais decorrentes exatamente da inexistência de processo de formação de conhecimento econômico e de escolha social próprios, o principal objetivo de uma teoria jurídica desenvolvimentista deve ser exatamente este.

É preciso revisitar o Estado moderno, para esmiuçar mais a fundo o que significa, sob esse novo enfoque, e qual a profundidade de seu papel regulatório em economias subdesenvolvidas. Nelas não parece haver dúvida sobre a necessidade de propulsão pelo Estado do processo de desenvolvimento. Não se trata, no entanto, da propulsão anticíclica do tipo keynesiano. É necessária uma propulsão apta a resolver ou minimizar os problemas estruturais dessas economias e ao mesmo tempo apta a difundir o conhecimento econômico. Será preciso, então, repensar o modelo jurídico de propulsão econômica estatal.

Dessas considerações emergem duas preocupações, uma de forma, outra de fundo. A preocupação de fundo estimula a indagar sobre os princípios que devem reger o esforço desenvolvimentista (na maneira supradefinida). Seguindo a concepção aqui defendida, estes são basicamente três, todos a um tempo instrumento e consequência da difusão do conhecimento econômico, acima defendida.

O primeiro princípio é, sem dúvida, o redistributivo. O resultado mais saliente e incontestável da análise histórico-estrutural é a convicção de que, nos Países subdesenvolvidos, alterações de demanda e não alterações no processo produtivo são os grandes elementos propulsores do crescimento. Consequentemente, não há justificativa para centrar a filosofia regulatória em torno da eficiência. Ela deve necessariamente ser direcionada precipuamente à redistribuição, única forma de expandir, de maneira estruturada e linear, o consumo pela sociedade. Ao fazê-lo, elimina também as ineficiências alocativas da concentração do conhecimento econômico, na medida em que expande a base de coleta de dados sobre preferências individuais.

É óbvio – e quase que dispensa menção – o fato de que, muito mais que instrumento para o desenvolvimento, a ideia de redistribuição integra o próprio conceito de desenvolvimento.[13] É filosoficamente

13. É generalizada a adoção, hoje em dia, em estudos econômicos e até estatísticos, da distribuição de renda como critério para aferição do desenvolvimento (v. M. Wolfe, "Abordagens do desenvolvimento: de quem e para quê?", in *Cinquenta Anos de Pensamento da CEPAL*, Rio de Janeiro, Record, 2000, pp. 715 e ss.).

impensável e historicamente errôneo imaginar que é possível dissociar desenvolvimento econômico e distribuição de seus frutos.

O mesmo deve ser dito em relação ao segundo princípio. Trata-se da diluição dos centros de poder econômico e político e consequente difusão de informações e conhecimento por toda a sociedade. Reconhecida como grande foco de dependência – para os dependentistas em função da ligação dos centros políticos de poder da periferia ao poder dos Países centrais;[14] e para os estruturalistas em função da tendência estrutural à manutenção e à concentração da riqueza nos setores ligados ao poder econômico, sem difusão pela economia e sem produção de efeito multiplicador[15] –, a definição dos centros de poder assume valor central em qualquer política desenvolvimentista.

Da outra parte, a difusão do conhecimento econômico é reconhecidamente forma mais adaptável à crítica e ao redirecionamento constante do processo desenvolvimentista no interesse específico de cada economia. A descoberta econômica e social proporcionada pela difusão do conhecimento só é possível caso se obtenha efetiva diluição dos centros de poder. É, portanto, outro dos objetivos centrais da construção jurídica desenvolvimentista.

Finalmente, o terceiro princípio – quase que ponto de chegada dos três anteriores – é o estímulo à cooperação. Não parece haver dúvida de que para que a esfera econômica possa se autocontrolar, com certo grau de independência da esfera política, são necessárias a introdução de princípios cooperativos na esfera econômica e a eliminação do individualismo exacerbado. Além disso, estruturas cooperativas também têm um efeito positivo sobre o processo de difusão de conhecimento, na medida em que, como se verá, permitem comparações interpessoais de utilidade direta.

1.3.2 Princípios desenvolvimentistas na Constituição

Problema já bastante antigo em matéria de princípios da ordem econômica está na aparente anodinia do texto constitucional, que, referindo-se a princípios por vezes absolutamente díspares (livre iniciativa e

---

14. F. H. Cardoso e E. Faletto, "Dependência e desenvolvimento na América Latina", cit, in *Cinquenta Anos de Pensamento na CEPAL*, vol. II, pp. 511 e ss.

15. Cf., nesse sentido: C. Furtado, *Formação Econômica do Brasil*, cit, pp. 78 e ss. e 151 e ss.

justiça social), parece dar bem pouca orientação concreta à atuação dos agentes na ordem econômica.

A ideia de orientar o processo econômico no sentido do conhecimento das melhores opções econômicas pode auxiliar um pouco na resolução desse impasse. Sob a ótica da teoria jurídica do conhecimento econômico, todos os princípios do art. 170 da CF representam opções econômicas básicas oferecidas à sociedade, entre as quais deve haver a escolha. A doutrina mais abalizada com razão afirma que a definição por um ou por outro se dá na interpretação e aplicação concreta dos princípios, verdadeira revelação de seu conteúdo, onde devem ser levados em conta aspectos históricos, a considerar as necessidades sociais do País.[16] Ora, isso corresponde nada mais nada menos que ao processo de conhecimento dos valores sociais, realizada pelo aplicador do Direito.

Ocorre que – e, neste ponto, a presente visão do processo de desenvolvimento econômico tem muito a contribuir – o aplicador não é representante legítimo da sociedade para as opções econômicas individuais. De um lado, não há eleição para a escolha dos aplicadores e, de outro, as escolhas econômicas realmente efetivas são aquelas realizadas por todos, sem intermediários.

O que se quer dizer é que em matéria econômica só a democracia direta, e não a representativa, é eficaz. Torna-se fundamental, então, que o processo de decisão econômica se expanda pela sociedade. É preciso permitir e incentivar a difusão do conhecimento econômico. Ora, se assim é, então, destaques devem ter os princípios constitucionais que permitam essa difusão. Esses princípios serão instrumentais à escolha de quaisquer outros dos princípios do mesmo art. 170, escolha que poderá ser feita desde que haja democracia econômica garantida por esses princípios.

Identificar esses princípios não é fácil, pois muitos podem ter, e têm, influência indireta nessa difusão de conhecimento. Na forma de tentativa, pode-se afirmar que aqueles ligados diretamente à consecução desse objetivo instrumental são a redistribuição (art. 170, VII) a difusão do conhecimento econômico (concorrência e defesa do consumidor – art. 170, IV e V) e a cooperação (art. 114, § 2º). Todos eles, de diversos pontos de vista, incluindo cidadãos na escolha econômica, impedindo que uns

---

16. Cf. E. Grau, *Ensaio e Discurso sobre a Interpretação/Aplicação do Direito*, 5ª ed., São Paulo, Malheiros Editores, 2009, p. 210.

possam unilateralmente determinar a escolha econômica de outrem ou permitindo o exercício de uma outra organização social não naturalmente conseguida pelas interações sociais, contribuem para que a escolha econômica se difunda e, portanto, para que o processo de concretização dos princípios do art. 170 se torne viável para toda a sociedade. Aí está a razão concreta para a concentração das atenções nesses três princípios.

1.3.3 Princípios regulatórios desenvolvimentistas

É hora, então, de passar à análise específica de cada um desses princípios.

1.3.3.1 Desenvolvimento e redistribuição

Se, com exagero de pretensão e sem apego à originalidade, alguém procurasse estabelecer uma trajetória histórica da intervenção do Estado no domínio econômico em sua era moderna (adotando-se como marco inicial a reafirmação do poder estatal na França revolucionária), poderia fazê-lo como segue. No início, e por mais de 100 anos, acreditou-se no Estado-polícia, cuja única função era proteger a liberdade econômica e política do particular. A esse Estado exageradamente liberal opõe-se o Estado da era keynesiana e dos comunismos revolucionários. De formas diversas esses Estados pretenderam ser os grandes gestores do sistema econômico. Não por acaso ambos os movimentos citados são macroeconômicos. Há, efetivamente, nesse período, que dura mais de 80 anos, uma concepção do Estado como gestor máximo, superior e distante do sistema econômico.

A época presente – à parte as acomodações iniciais de difícil percepção para observadores que vivem a história por eles próprios narrada – deverá ter outra característica. Parece haver consenso no sentido de que o Estado, como gestor distante e abstrato, não cumpre a contento suas funções. Isso não significa que é necessário diminuir a sua presença ou destituí-lo das funções.

Implica atribuir outra função, talvez até mais onerosa. Em vez de gestão abstrata e macroeconômica da sociedade, cumpre-lhe fazer algo que o particular e o mercado jamais farão. Incumbe-lhe *redistribuir*. É na redistribuição que deve ser identificada a grande função do novo Estado. Trata-se, portanto, de um Estado que deve basear sua gestão (inclusive do campo econômico) em valores, e não em objetivos econômicos.

Ocorre que, exatamente pelos problemas de gestão acima identificados, redistribuir está longe de ser tarefa exclusiva do direito tributário, como se acreditava nas antigas concepções de Estado (e ainda em grande parte se acredita). A função redistributiva deste ramo do Direito estará sempre presente, especialmente para suprir as necessidades daqueles setores geradores de externalidades sociais (saúde, educação etc.) cuja responsabilidade sempre deve ser estatal.

Mas não pode ser objetivo só deste ramo do Direito. Se o problema é de gestão, qualquer manual de administração (pública ou privada) indica que tanto mais eficiência haverá quanto mais proximidade do problema e especialidade houver na gestão. Ora, isso só pode ser obtido através de uma redistribuição setorial, e não apenas macroeconômica. O objetivo redistributivo é, então, também uma forma de dar eficiência ao Estado.

Ocorre que esse tipo de redistribuição só pode ocorrer se for também objetivo da regulação econômica. O que passa com frequência despercebido é que essa redistribuição pode ser feita de várias formas. Algumas das mais eficazes dessas conjugam instrumentos tributários setoriais com medidas regulatórias.

A redistribuição pode ser direta – como ocorre, por exemplo, quando a regulação exige dos grandes produtores ou monopolistas que estendam seus serviços a consumidores (ou candidatos a consumidores) que a eles não têm acesso. É o que se tem, ultimamente, chamado de *universalização de serviços*.

A universalização é, via de regra, não lucrativa, pois implica estender a rede até consumidores longínquos e sem poder aquisitivo. Por outro lado, a empresa privada não estará disposta a estender a prestação de serviços simplesmente pelas externalidades sociais positivas que apresenta. Em consequência, há características que o assemelham bastante aos problemas que levaram à identificação de setores não regulamentáveis, onde a intervenção direta do Estado é necessária.

Não por outra razão, como se verá, as principais propostas para resolução do problema de fornecimento universal baseiam-se exatamente em soluções estatais ou quase estatais. Particularmente apropriada para resolução desse tipo de problema é a utilização da figura – até hoje letra morta na Constituição Federal – da *contribuição de intervenção no domínio econômico* (art. 149, *caput*). Essa contribuição serve para dois objetivos. De um lado, cria um ônus adicional para setor ou empresas particularmente beneficiados por determinado serviço ou atividade. De outro, financia a intervenção compensatória do Estado em determinada atividade ou até subsetor particularmente atingido.

Desse modo, a contribuição, em uma de suas formas mais eficazes, pode ter importante externalidade social positiva. Pode – e deve – contribuir para reequilibrar setores em que especiais condições de mercado criam benefício adicional para determinados agentes econômicos, em potencial detrimento dos demais concorrentes e dos consumidores. É exatamente o que ocorre na maioria dos setores em que há necessidade de regulação de monopólios formados a partir de redes. O titular de direitos sobre as redes parte de uma imensa vantagem inicial. Essa vantagem pode proporcionar lucros extraordinários. Esses lucros podem ser compensados tanto por uma obrigação direta de provimento de serviços a cidadãos sem poder aquisitivo, que não poderiam em condições normais de mercado usufruir do serviço, como pela instituição de uma contribuição de intervenção no domínio econômico.

Note-se, no entanto – e isso é muito importante sublinhar –, que o destinatário das regras de universalização é, em primeira linha, o potencial usuário do serviço. A universalização é algo que a ele serve. Não tem como objetivo primário o reequilíbrio das relações entre concorrentes, ainda que indiretamente possa ter o efeito benéfico de compensar as vantagens concorrenciais existentes a favor dos detentores de redes. Se assim é, eventual contribuição destinada à universalização não deve ser repassada para o mesmo consumidor ou concorrente.[17]

17. Exatamente o oposto foi feito na Lei de Telecomunicações (Lei 9.472, de 16.7.1997). O chamado "Fundo de Universalização", criado para financiar a universalização dos serviços de telecomunicações, tem como princípio básico exatamente a não interferência nas condições de concorrência. Em primeiro lugar, as fontes de financiamento da universalização devem ser neutras em relação à concorrência (art. 80, § 1º). Ademais, permite-se, em uma clara sugestão de repasse para o período posterior à introdução da contribuição, que antes da criação do Fundo (conforme previsão do art. 81 da Lei Geral das Telecomunicações, foi enviada dentro do prazo previsto para o Chefe do Executivo por meio da Mensagem 1.450/1997, apresentando o Projeto de Lei 3.938/1997, apensado ao Projeto de Lei 3.808/1997. Esse último foi remetido para o Senado em 7.12.1999) a universalização pode ser financiada a partir de subsídios entre modalidades de serviços de telecomunicações ou pagamento de adicional ao valor da interconexão; ou seja: admite-se o repasse exatamente para os agentes econômicos mais fragilizados (respectivamente, os consumidores e os concorrentes sem rede). Evidentemente, isso é contrário a qualquer lógica econômica ou jurídica. É também contrário à letra da Constituição. Trata-se de clara hipótese de regulamentação que permite o aumento arbitrário dos lucros (art. 173, § 4º, da CF). A razão para tanto é simples. Permitir o retorno dos custos de universalização cor-

Essa é apenas uma das muitas formas de políticas redistributivas setoriais que podem ser realizadas. Na verdade, a universalização insere-se no gênero mais amplo das políticas públicas de subsídios entre consumidores de alta e baixa renda. Crucificada no direito concorrencial como forma de abuso, a discriminação entre consumidores, desde que imposta por via regulatória como subsídio setorial, é totalmente admissível como política redistributiva.

1.3.3.2 Desenvolvimento, difusão do conhecimento econômico e acesso através da regulação

A segunda e não menos importante base de sustentação jurídica de regulação desenvolvimentista é a crença na necessidade de difusão do conhecimento econômico. Partindo-se do pressuposto de que a pretensão de isolar e teorizar o conhecimento econômico leva a resultados economicamente socialmente inconvenientes,[18] é preciso que a regulamentação dê vazão e ofereça canais de transmissão do conhecimento econômico adquirido de forma difusa na sociedade.[19]

---

responde a admitir atividade empresarial sem risco. As empresas titulares das redes, além da enorme vantagem concorrencial que a pura e simples operação da rede lhes proporciona, se puderem ainda repassar às demais o custo da universalização terão obtido do Estado verdadeira tutela da obtenção da margem máxima de lucro. De um lado, uma posição dominante é transferida a elas e, de outro, lhes é tutelado o retorno de todo e qualquer custo social da atividade.

18. Importante transcrever a famosa observação de F. Hayek sobre esse tema: "O caráter peculiar de uma ordem econômica racional é determinado precisamente pelo fato de que o conhecimento das circunstâncias das quais temos de fazer uso nunca existe de forma concentrada ou integrada, mas somente como fragmentos dispersos de um conhecimento incompleto e, em geral, contraditório, que todos os indivíduos, separadamente, possuem. O problema econômico da sociedade não é, desta forma, como alocar recursos dados, e sim como garantir o melhor uso dos recursos conhecidos de quaisquer dos membros da sociedade, para fins cuja importância relativa somente esses indivíduos conhecem. Em resumo, o problema relevante é o da utilização do conhecimento que não é dado a ninguém em sua totalidade" ("The use of knowledge in society", in *Individualism and Economic Order*, Londres, 1949, pp. 77-78; v. também infra, nota 19).

19. Esse é o postulado principal da teoria do conhecimento de Hayek. Para ele é errôneo crer que o conhecimento possa ser centralizado ou teorizado, pois é essencialmente prático e individual. Essa crítica ao pensamento teórico no campo econômico tem provavelmente sua inspiração filosófica na crítica da razão pura de Kant, em especial em sua concepção do pensamento sintético, aquele criativo, capaz de adicionar conhecimento. Esse tipo de conhecimento é, na concepção kantiana, por essência experimental e, portanto, prático e indutivo (v. I. Kant, *The Critique of Pure*

Para a aquisição de conhecimento econômico, uma visão institucional do processo econômico é fundamental. É preciso garantir a diluição do poder econômico dos particulares, requisito mínimo para assegurar a governabilidade do sistema econômico.

Como já visto, a indução do desenvolvimento é fundamental para economias estruturalmente subdesenvolvidas, e indução só é possível com combate às condições estruturais da economia que favorecem a concentração do poder e, portanto, a ingovernabilidade econômica.

O parentesco entre estruturas no desenvolvimento cepalino e o estruturalismo concorrencial (como o da Escola de Harvard de direito antitruste nos anos 1960) é muito mais que linguístico. Corresponde a uma compreensão comum da necessidade de contrastar (com antídotos jurídicos) tendências respectivamente macro e microeconômicas negativas, que têm respaldo estrutural nas respectivas economias ou nos respectivos setores.

Para esse fim, o fundamento jurídico da regulação está exatamente na procedimentalização da atividade econômica. A ideia é semelhante à das correntes mais progressistas do realismo jurídico, que, colocadas diante do problema de encontrar o fundamento para a norma e querendo evitar a discussão em termos exclusivamente políticos da questão, respondem defendendo a norma processual, direcionada a encontrar a regra jurídica justa,[20] e, assim, abrem a porta para o desenvolvimento da *due process clause*.[21]

Reason, vol. 39, Chicago, Enciclopédia Britânica, 1996, pp. 14 e ss.). É importante entender que, ainda que sua utilização tenha sido eminentemente libertária, voltada a solapar os fundamentos da atuação do Estado na economia (em função do forte viés ideológico da obra de Hayek), sua maior utilidade pode ser exatamente a oposta, isto é, dar subsídios à própria ação estatal para que possa intervir na economia. Essa intervenção, exatamente por ter de levar em conta as preferências econômicas individuais, pode e deve buscar a obtenção de uma democracia econômica. Daí a ligação desse conceito à teoria do conhecimento econômico aqui discutida.

20. Os realistas progressistas dividem-se em duas correntes: a chamada Escola de Yale e a Escola de Harvard. A primeira vê na atuação do Judiciário uma valoração política de interesses contrapostos (retomando, portanto, ideias da jurisprudência dos interesses) (v. H. Sasswell e M. McDougal, "Legal education and public policy: professional training in the public interest", *Yale Law Journal* 52/203, 1943; v. também, a respeito, B. Ackerman, *Reconstructing American Law*, Cambridge, Harvard University Press, 1984). A segunda, mais original, de Harvard, vê o problema da aplicação do Direito como uma discussão de qual a instituição mais apta a aplicá-lo (v. H. Hart e Albert Sacks, *The Legal Process*, New Haven, Tentative Edition, 1958). O desenvolvimento mais moderno do realismo progressista mistura, de uma certa

O que se buscará, aqui, é nada mais nada menos que o desenvolvimento de uma *due process clause* em matéria econômica para aqueles setores reguláveis.

Essa mudança no foco da preocupação – da busca de um objetivo predeterminado e pré-jurídico para a garantia efetiva da correção e da lealdade da integração dos vários agentes econômicos no mercado e de sua igualdade material em termos concorrenciais – é uma resposta à questão do fundamento da regulação (*due process clause* em matéria econômica).

Enquanto garantia institucional da correção e equilíbrio do processo de interação econômica, a regulação ganha justificativa autônoma. A razão é que deixa de haver um fundamento pré ou ultrajurídico para a regulação. Sua justificativa passa a ser apenas a de criar uma igualdade jurídica material, e não meramente formal, entre todos os agentes econômicos e garantir a correção de seu procedimento no mercado.

Cabe, então, definir o modo de compatibilização de toda forma de regulação com os valores históricos, sociais e constitucionalmente estabelecidos no sistema brasileiro.

Em particular, é necessário compatibilizar tal forma de regulação com princípios constitucionais díspares como a livre iniciativa e a justiça social (art. 170 da CF).

Díspares quando sujeitos à lógica de mercado, esses princípios podem ser compatibilizados por uma coerente regulação. Tal regulação deve – como se verá mais adiante – garantir condições para que os agentes econômicos possam desenvolver suas atividades em condições de igualdade material.

"Igualdade material" quer, aqui, significar igualdade efetiva, e não meramente formal, de oportunidades. Como se pretende demonstrar

---

forma, as duas concepções, procurando identificar como a decisão judiciária pode influenciar as instituições públicas e as instâncias de poder da economia de mercado, aprimorando-as (cf. O. Fiss, "The social and political foundations of adjudication", in *Law and Human Behavior* 6(2)/121 e ss., 1982).

21. No direito processual o fulcro da *due process clause*, o princípio do contraditório, nada mais é que uma forma de garantir a participação das partes no processo que leve o terceiro e um juiz a uma decisão mais justa. V., a respeito, o fundamental texto de C. R. Dinamarco, "O princípio do contraditório e sua dupla destinação", in *Fundamentos do Processo Civil Moderno*, 6ª ed., t. I, São Paulo, Malheiros Editores, 2010, pp. 517 e ss.). Da mesma maneira, a concorrência é a garantia de uma contestação, de uma participação de todos os agentes econômicos, que garanta a tomada de uma decisão mais uniformizada pelos consumidores.

abaixo, isso só pode ocorrer com a difusão forçada do conhecimento econômico entre os indivíduos, que, por sua vez, só pode ser assegurada através de uma garantia firme de existência de concorrência. Aqui cabe um pequeno adendo sobre a razão da crença na imposição da concorrência como moto principal da regulação nos setores passíveis de regulação. Essa crença decorre de dois fatores que se conjugam e entrelaçam para fazer da regulação concorrencial ativa uma das principais formas de atuação do Estado na economia.

Em primeiro lugar, é preciso seguir brevemente a linha evolutiva crítica em relação às teorias que procuram conceituar e sistematizar o conhecimento econômico. Tanto a teorização operada pelos marxistas como aquela feita pelos neoclássicos demonstraram-se imperfeitas na teoria e ineficazes na prática. Imperfeitas porque ambas assentam suas bases sobre pressupostos inexistentes na vida real. É o caso do papel fundamental atribuído pelos marxistas ao fator "trabalho" no processo capitalista de produção e da hipótese famosa da definição de mercado em concorrência perfeita, absolutamente inexistente na prática, tão cara aos neoclássicos. Ineficazes foram, na prática, ambas, respectivamente pela ausência de efetividade na coordenação da ação e dos limites da ação do Estado e pela total incapacidade de controle do poder econômico e redução das desigualdades por ele criadas.

Ocorre que o conhecimento econômico é, por natureza, prático, e o melhor conhecimento é adquirido através do processo de escolha.[22] Daí a necessidade, de um lado, da existência de comparações possíveis (concorrência) e, de outro, da presença de condições concretas de acesso a essas alternativas. A ideia de *acesso* a alternativas torna-se, portanto, um elemento fundamental a ser protegido pelo aparato regulatório. Sem acesso não há nem comparação nem aquisição de conhecimento econômico. Observe-se mais uma vez que a ideia de acesso não se confunde nem se esgota no princípio redistributivo (daí seu tratamento como um princípio separado). "Acesso" significa a capacidade de utilização do bem ou serviço e a não exclusão. Para tanto não bastam a existência da prestação de serviço ou a existência de renda. É preciso também garantia de utilização e, sobretudo, participação nos destinos e objetivos da prestação daquele determinado serviço de interesse social.

Ocorre que para tanto é preciso, ainda, garantir que o conhecimento econômico flua e se transmita para os órgãos reguladores e planejadores.

22. F. Hayek, *Individualism and Economic Order*, Chicago, The University of Chicago Press, 1948.

Daí a necessidade da participação dos vários grupos sociais envolvidos na prestação de determinado serviço no processo de elaboração de regulamentação. Trazem conhecimento/informação fundamental para a elaboração da regulação. Esse princípio procedimental regulatório nada tem de incompatível com a fixação de objetivos gerais regulatórios (como redistribuição, concorrência). Em primeiro lugar porque todos convergem no sentido da participação de todos (sem exclusão) no processo econômico. Mas, além disso, pelo fato de que os princípios jurídicos institucionais são genéricos. É no seu preenchimento e na sua concretização que o conhecimento econômico (difuso) é mais necessário.

Note-se que essa ideia de acesso e de pluralismo na transmissão de ideias não se restringe aos órgãos regulatórios. Meios de comunicação, particularmente de radiodifusão, são importantes instrumentos de transmissão e discussão do conhecimento (em geral) difuso na sociedade. Daí a necessidade premente (e inexistente na prática) de pluralismo na difusão de ideias nesses meios de comunicação.

1.3.3.3 Desenvolvimento e cooperação

O terceiro princípio básico de uma teoria jurídica desenvolvimentista é a ideia cooperativa.

A ideia de democracia econômica, como até agora descrita, permitiu estender a necessidade de difusão do conhecimento econômico a todos os componentes da sociedade, de modo a que todos eles possam formular suas escolhas. Para tanto, demonstrou-se a importância do princípio redistributivo, que permite a inclusão de participantes no processo de escolha econômica, e do princípio da diluição dos centros de poder econômico.

Ocorre que esses princípios garantem apenas que todos os agentes econômicos sejam capazes de escolher livremente (o que a exclusão social e a concentração de poder econômico, evidentemente, não permitem). É preciso, ainda, que seja possível aos agentes comparar escolhas individuais com escolhas sociais. Como se verá, isso só se torna possível através da cooperação.

(a) A cooperação como escolha individual

A questão da decisão individual *versus* decisão social é algo que há séculos atormenta a reflexão humana. Como e em que circunstâncias é possível fazer com que o indivíduo, naturalmente e *sponte propria*, coopere com seu semelhante?

O que se procurará demonstrar a seguir é que a resposta a essa pergunta não depende da adoção de pressupostos otimistas ou pessimistas em relação à natureza humana. Demonstra-se, com efeito, que o aparecimento, ou não, da cooperação é função direta da existência de condições (e instituições) que permitam seu desenvolvimento. Não por acaso a resposta que tem sido mais recentemente fornecida, e que é particularmente interessante para o presente trabalho, é que o aparecimento da cooperação depende, basicamente, de um problema de informação.

(b) Condições para a cooperação

A mais interessante e mais simples expressão do dilema individualismo/cooperativismo está no famoso *dilema do prisioneiro*.[23] Nele, o que basicamente se contrapõe é a decisão individual e a decisão no interesse coletivo. A perplexidade que dele resulta refere-se exatamente à incapacidade das partes de cooperarem para obter a solução para o conjunto de jogadores considerados.

O interessante é, então, observar que a solução cooperativa só não é obtida por impossibilidade de informação sobre o comportamento esperado da outra parte e em função do consequente comportamento defensivo de um em relação ao outro agente.

23. O *dilema do prisioneiro* é um dos primeiros modelos teóricos sobre os quais se estruturou a moderna *teoria dos jogos*. Sua estrutura é bastante simples: imaginem-se dois prisioneiros a serem interrogados pela prática do mesmo crime, e suponha-se que a cada um deles é dito que, se confessar e delatar o outro, será perdoado, e o outro terá a pena máxima (por hipótese, 20 anos), enquanto que, se ambos confessarem e delatarem, ambos terão a pena básica do crime (por hipótese, 10 anos). Por outro lado, se nenhum dos dois confessar serão aplicadas penas de 5 anos para cada um, relativas ao crime mais simples (por hipótese, único que é possível demonstrar sem a confissão). O comportamento estratégico individual leva ambos os jogadores a confessarem. Essa é, seguramente, a melhor estratégia individual, pois, qualquer que seja o comportamento do outro jogador (e imaginando-se sempre que o outro adotará uma estratégia individual), o comportamento mais conveniente será sempre confessar (pois, se o outro não confessar, o primeiro jogador estará livre; e, se o outro confessar, o primeiro jogador terá evitado a pena máxima). O que ocorre é que, nesse caso, as estratégias individuais representam para os prisioneiros uma opção pior que o comportamento que visa à maximização da utilidade coletiva (que ocorreria se nenhum dos dois confessasse). V., a respeito do dilema do prisioneiro: D. Baird, C. Gertner e R. Pickner, *Game Theory and the Law*, Cambridge/Massachussets/Londres, Harvard University Press, 1994, pp. 48-49.

O estudo cuidadoso do *dilema do prisioneiro* e os modernos estudos sobre a cooperação através da *teoria dos jogos*[24] já permitem chegar a algumas conclusões básicas. Três são as condições mínimas para o sucesso de soluções cooperativas: pequeno número de participantes, existência de informação sobre o comportamento dos demais e existência de relação continuada ente os agentes.

Demonstra-se que, sempre raciocinando do ponto de vista estritamente individual, determinado agente econômico terá tanto mais tendência a cooperar quanto maior for a importância das "rodadas seguintes" do jogo. Traduzindo essa afirmação para termos mais concretos – e óbvios: tanto mais haverá tendência a cooperar quanto maior for a importância da relação futura com a contraparte.

Ocorre que todas essas condições são raramente e cada vez menos observáveis no mundo real. A realidade é crescentemente de grandes números e relações impessoais – que tendem a ocorrer uma vez e não se repetir. A tão falada e malfadada globalização só faz acentuar essa tendência e, portanto, a tendência ao individualismo nas relações sociais.

A conclusão é, portanto, pela necessidade de instituições e valores que induzam e permitam a cooperação.[25]

Muitos são os exemplos históricos a demonstrar a eficácia e até a simplicidade desse tipo de instituição. Talvez o mais eloquente e mais importante deles seja o crescimento do comércio na Europa Medieval, que exigiu o restabelecimento de níveis do confiança recíproca em uma realidade de grandes distâncias e pouca informação. Esse renascimento pode ser em grande medida atribuído a regras jurídicas e éticas que au-

---

24. O principal deles é, sem dúvida, o de R. Axelrod, *The Evolution of Cooperation*, Nova York, Basic Books, 1984. O fulcro de referido trabalho é a análise do dilema do prisioneiro. Procura-se determinar, a partir desse jogo simples, as condições para a cooperação e o comportamento que pode melhor levar à cooperação. Para tanto foi feito um jogo entre vários matemáticos, economistas e especialistas em teoria dos jogos. O resultado foi a vitória da estratégia denominada *tit for tat*, que é aquela em que o jogador coopera na primeira rodada e segue o comportamento do outro jogador (isto é, adota a reciprocidade) nas demais. A reciprocidade de comportamentos passa a ser, então, o centro de sua construção teórica. Observado esse resultado, o autor conclui pela possibilidade efetiva de cooperação para, então, discutir os requisitos para sua verificação.

25. Cf., nesse sentido: D. North, *Institutions, Institutional Change and Economic Performance*, cit, pp. 15 e 16.

mentaram o nível de informação através da criação de critérios contábeis e códigos de conduta uniformes para os mercadores.[26]

Interessante é notar – e aqui está outra prova da relevância dos valores *conhecimento* e *informação* na sociedade – que as instituições requeridas pela cooperação são apenas aquelas necessárias para criar as condições de seu aparecimento. Criadas essas condições, o cumprimento das decisões econômicas por elas indicadas se faz, no mais das vezes, de forma natural, e não coercitiva. A análise histórica demonstra que soluções adotadas através do método cooperativo trazem consigo um nível muito maior de cumprimento voluntário, sem interveniência de terceiros.[27] Assim regras bem elaboradas, que criem um ambiente cooperativo, acabam sendo cumpridas, e seu descumprimento controlado e policiado pelos próprios participantes da relação. É exatamente em função desse autocumprimento de normas que é possível afirmar que, em presença de valores e instituições que permitam a cooperação, essa surge naturalmente. Essa conclusão é importantíssima para a fixação do papel do Direito no incentivo à cooperação.

(c) Papel do Direito no impulso à cooperação

Resulta evidente das linhas acima que, em matéria de cooperação, a mais importante tarefa institucional está na criação do ambiente a ela propício.

Há duas razões bastante claras que permitem chegar a tal conclusão com tanta peremptoriedade. Em primeiro lugar, como já se viu, a cooperação, diversamente do comportamento individual, não aparece naturalmente na sociedade. Não há nessa afirmação qualquer concepção hobbesiana da natureza humana, mas simplesmente o reconhecimento de que existem condicionantes sociais a dificultar seu comportamento. Esse condicionante é basicamente o receio do comportamento estratégico da contraparte. Se assim é – e essa parece ser uma presunção no mínimo razoável –, então, basta ao Direito criar as condições para que desapareça esse receio para que a cooperação encontre campo fértil.

26. P. Milgrom, D. North e B. Weingast, "The role of institutions in the revival of trade: the law merchant, private judges and the champagne fairs", *Economics and Politics* 2/1-23, 1990.

27. Cf., nesse sentido: D. North, *Institutions, Institutional Change and Economic Performance*, cit, p. 38.

Mas existe, ainda, uma outra razão para sublinhar o papel do Direito na criação de condições para a cooperação. Como já ressaltado anteriormente, não é objetivo do presente trabalho substituir o determinismo econômico por um determinismo jurídico que parta de valores predeterminados. O que se quer aqui é apenas permitir que esses valores se transformem a partir de contribuições de toda a sociedade. Daí a busca de valores que possam permitir o autoconhecimento social, como a redistribuição, a difusão do conhecimento econômico. Assim também para a cooperação. Pensar na forma de obtê-la é fundamental para o desenvolvimento econômico, na medida em que abre uma nova alternativa de comportamento social e econômico, eliminando as amarras que prendem o indivíduo ao comportamento egoístico.

Consequência disso é que para o Direito a cooperação não deve ser e não é um valor absoluto. Naquelas situações em que a cooperação não serve como instrumento de conhecimento social, mas sim como forma de estratificação de decisões e concentração de conhecimento econômico, como ocorre nos cartéis, ela deve ser e é severamente reprimida.

De outro lado, permitir que ela surja como alternativa ao comportamento individual é tarefa indiscutível do Direito. Trata-se de oferecer mais uma alternativa no campo econômico, ampliando as escolhas econômicas.

Em síntese, o que se quer dizer é que, dadas as condicionantes sociais e supraindividuais do comportamento humano (receio do comportamento do outro, reciprocidade etc.), a cooperação não é uma alternativa viável de interação social. Cumpre ao Direito permitir que isso ocorra.

Por outro lado, ao criar os instrumentos que permitem interações sociais baseadas na cooperação, é razoável acreditar, por razões supraexpostas, que ela surgirá naturalmente.

(d) Características regulatórias

É preciso, em primeiro lugar, observar que a presença de cooperação em setores regulados é fundamental para o desenvolvimento. De um lado, assegura muito maior grau de efetividade para as normas e decisões do órgão regulador. Mas, muito mais que isso, como o *dilema do prisioneiro* parece demonstrar, assegura que as partes (aqui entendidas como o agente regulador, todos os agentes regulados e todos os usuários dos serviços) possam descobrir os comportamentos de maior proveito social (ainda que de menor proveito individual).

A tendência ao autocumprimento das decisões também influencia outro debate fundamental em matéria de teoria da regulação. Trata-se da discussão – bastante acirrada em matéria regulatória – das vantagens e desvantagens da autorregulação.

Essa característica, sem dúvida, sugere cautela em relação a experiências autorregulatórias autônomas. Como é sabido, base e fundamento da autorregulação é o autocumprimento das regras por seus membros. Por outro lado, referido autocumprimento depende da existência de pré--condições institucionais (regulatórias). Assim, tanto mais bem-sucedia será a tentativa autorregulatória quanto mais bem-encaixada estiver em uma forte regulação, desde – é claro – que essa regulação seja capaz de criar as condições para cooperação. A experiência razoavelmente bem--sucedida dos mercados de capitais na cumulação de regulação e autorregulação representa demonstração interessante dessa tendência.

Segunda característica geral regulatória bastante importante é a capacidade de diferenciar entre os estímulos as formas socialmente positivas de cooperação, isto é, aquelas que permitem o autocumprimento de regras e criam nos agentes disponibilidade de busca de interesses supraindividuais, e aquelas negativas para o interesse público, isto é, a cooperação que visa a reforçar posições de poder econômico e abusar do consumidor. A diferenciação está exatamente na ligação da cooperação com a aquisição de conhecimento econômico. Compreendida essa ligação, é fácil, de um lado, entender que o estímulo à cooperação – por assim dizer – "positiva" se faz através do incentivo de troca ampla de informações entre agentes econômicos (empresa e consumidores) Como já visto, a existência de informação é condição essencial para a cooperação. Por outro lado, é também a forma mais legítima e eficaz de controle da existência de cartéis pelos consumidores e pelos órgãos reguladores.[28]

Outro elemento fundamental para a distinção entre cooperação positiva ou negativa é o fato de esta versar, ou não, sobre variáveis concorrenciais. No primeiro caso é forte a probabilidade de que a aparente cooperação esconda, na verdade, uma tentativa de excluir os demais concorrentes e abusar dos consumidores. Aqui a estrutura é, portanto,

28. Daí por que muitas vezes a existência de compartilhamento da informação com o consumidor é critério suficiente para determinar a licitude da prática. Com base nesta justificativa, por exemplo, o CADE autorizou a empresa Kibon a manter preços indicativos para os sorvetes em padarias. Sem eles – argumentou a empresa e aceitou o CADE –, os preços tenderiam a aumentar (Processo Administrativo 184/1994).

exatamente contrária à que pode permitir a aquisição de conhecimento econômico, pois esse tipo de estrutura leva à concentração e teorização do conhecimento, com os resultados previsíveis. O comportamento busca exclusivamente o autointeresse. Com a única peculiaridade de que o autointeresse é o do grupo, e não do indivíduo.

Ainda nessa linha de compreensão do significado da cooperação, a observação dos requisitos para que esta ocorra deixa claro quando a cooperação enquanto ilícito contra a ordem econômica (formação de cartel) pode ocorrer sem necessidade de acordo formal, por mero comportamento paralelo.[29] Essa conclusão, tão simples, ainda não foi compreendia pela maioria das autoridades antitruste, com prejuízos de monta para o sistema econômico e para o consumidor. Contribui, ainda, para a endêmica concentração do poder econômico – fator, sem dúvida, impeditivo do desenvolvimento.

Também relevante é outra das condições mínimas para a existência de regulação supramencionada: a necessidade de convivência continuada. Como traduzir tal princípio em termos regulatórios sem, por outro lado, induzir a formação de cartéis? A resposta é mais ou menos clara. É aconselhável que a regulação desincentive os agentes especuladores, aqueles que, por hipótese, têm interesse em entrar, fazer lucro em curto prazo e depois se retirar, vendendo sua participação com lucro. Um tal tipo de agente, tipicamente, não tem compromisso com a continuidade da relação – ou, na terminologia econômica, com a "próxima rodada do jogo". Seu incentivo para cooperar, cumprindo voluntariamente suas obrigações sem adotar comportamentos estratégicos em relação aos concorrentes, é mínimo.

Finalmente – e não menos importante –, é preciso reconhecer o valor jurídico da cooperação, e daí tirar consequências. A própria teoria econômica (teoria dos jogos) chega a essa conclusão, ainda que por vias tortas. Para os teóricos dos *jogos cooperativos*,[30] a típica estratégia que pode levar a confusão requer que não se façam muitas elucubrações sobre a racionalidade ou a justificativa do comportamento da contraparte.

29. Nesse sentido, eloquente a lição de R. Axelrod (*The Evolution of Cooperation*, cit, p. 180): "Cooperation certainly does not require formal agreements or even face-to-face negotiations. The fact that cooperation based upon reciprocity can emerge and prove stable suggests that antitrust activities should pay more attention to preventing the conditions that foster collusion than to searching for secret meetings among executives of competing firms".

30. Cf. R. Axelrod, *The Evolution of Cooperation*, cit, p. 120.

O comportamento deve ser o mais possível simples e compreensível aos demais, para que possa criar um ambiente cooperativo. Não se pode, portanto, confiar muito em regulações complexas do ponto de vista teórico, que procurem atuar complexas teorias econômicas. Teorias mais simples, baseadas em valores e comportamentos éticos claramente identificáveis, têm muito maior probabilidade de levar a um ambiente de cooperação entre regulador e regulado.

(e) Cooperação e teoria do conhecimento econômico

O *dilema do prisioneiro* traz consigo, talvez, a lição mais importante que se possa tirar em matéria de cooperação. Estratégias bem-sucedidas o são na teoria evolutiva darwiniana porque destroem as outras. Na realidade social, na maioria dos casos, estratégias bem-sucedidas o são porque levam ao mesmo comportamentos dos demais agentes de mercado, que aprendem a forma mais adequada de agir no mercado para potencializar os benefícios conjuntos (sociais).[31]

A teoria jurídica do conhecimento econômico faz, portanto, círculo completo para retornar e justificar-se a si mesma. A cooperação é causa e consequência da difusão do conhecimento econômico.

A cooperação é consequência da difusão do conhecimento econômico, pois sem esta difusão é o comportamento baseado no autointeresse, seja ele individual ou grupal (daí a tendência à formação de cartéis). A concentração do poder e do conhecimento econômico eliminaria a possibilidade de cooperação, por torná-la desnecessária.

Por outro lado, a cooperação é causa da difusão do conhecimento econômico porque permite comparações de utilidade social e individual, abrindo aos agentes mais uma alternativa de comportamento social.

Mas não é só. Como se verá a seguir, a ideia de cooperação é também fundamental para a conjugação dos objetivos desenvolvimentistas com a proteção ao meio ambiente.

1.3.4 *Novo estruturalismo jurídico e desenvolvimento econômico*

Não basta, no entanto, apenas identificar princípios desenvolvimentista no Direito. Para efetivamente aplicá-los através do Direito é preciso também dispor de metodologia jurídica própria.

---

31. Cf. R. Axelrod, *The Evolution of Cooperation*, cit, p. 169.

Daí a necessidade de se referir, também em matéria de desenvolvimento, a um método próprio, que se pode denominar de *novo estruturalismo jurídico*. É preciso partir de uma rejeição inicial ao tradicional instrumental positivista para aplicação do Direito: as compensações e a tendência à manutenção das estruturas.

Intimamente ligadas, essa duas características do Direito de inspiração positivista responderam durante mais de dois séculos (desde o Iluminismo e as grandes codificações) pelo imobilismo do Direito e pela perda de seu poder transformador.

O desinteresse do Direito por qualquer solução estrutural capaz de influir, reorganizar ou, mesmo, eliminar estruturas econômicas e jurídicas de poder foi sempre reforçado pela tradicional forma de atuação do Direito através de compensações. Exatamente por não influir nas estruturas, a única forma de buscar ideais de justiça passou a ser compensar indivíduos e grupos prejudicados nas interações sociais. Da responsabilidade aquiliana – forma clássica de compensação individual – passa-se, no século XX, à compensação de grupos prejudicados pelo processo econômico e social. Em fila de importância social maior no momento de sua introdução, sucedem-se trabalhadores (direito do trabalho), consumidores (direito do consumidor) e comunidade afetada pela degradação do meio ambiente (direito ambiental).

Todos compartilham uma característica: a ideia de compensação de grupos ou interesses hipossuficientes dentro dos processos econômicos e sociais. Todos compartilham também a insuficiência. Relevantíssimos em seu momento de introdução, exatamente por não influírem nas estruturas, esses ramos do Direito e essa forma de pensar a intervenção do Direito demonstram-se insuficientes para mudar a realidade de subordinação e submissão aos desígnios das estruturas de poder dentro dos processos de interação social. Demonstram-se, portanto, incapazes de dar ao Direito uma função realmente organizadora ou reorganizadora da sociedade com base em seus princípios e valores próprios.

Qualquer solução jurídica, para ter mínima capacidade de influir nessa relação de forças, precisa ter o interesse e o instrumental de intervir nas estruturas econômicas não de forma compensatória, mas reorganizativa. Uma pauta jurídico-desenvolvimentista é, nessa perspectiva, muito extensa, mas não pode olvidar questões centrais, como a rediscussão de certas estruturas jurídicas e econômicas de poder. É difícil listá-las todas. Entre elas incluem-se, por exemplo, as patentes e as estruturas de poder criadas pelo Direito em setores regulados – apenas para citar dois exemplos.[32] A tarefa é amplíssima, e não pode ser toda tratada em um único trabalho. Por isso optou-se por discutir brevemente apenas uma estrutura específica e sua relação com uma questão fundamental para o desenvolvimento nos próximos anos: a propriedade e os efeitos da revisão de sua estrutura sobre a proteção ambiental e sobre o acesso a bens escassos. É o que se fará a seguir.

1.4 Regulação, desenvolvimento e meio ambiente

1.4.1 A insuficiência da dicotomia bem privado/bem público e a ideia de bens comuns

Como visto no item 1.3.3.2, a visão jurídico-estruturalista do desenvolvimento identifica a ideia de desenvolvimento à ideia de acesso. Desenvolvimento como instrumento de transformação e melhoria dos índices sociais passa a ser dependente, na maioria dos setores, da ampliação do acesso de consumidores a serviços de interesse social e à infraestrutura necessária para seu provimento.

Ocorre que, como se verá abaixo, a ideia de acesso é também instrumental para a correta disciplina do problema dos bens escassos dentro de uma visão jurídico-estruturalista. E o problema dos bens naturais escassos e sua utilização está ao centro da questão ambiental. A consequência, como se verá, é uma direta ligação e não uma contraposição entre a ideia de desenvolvimento e a de regulação ambiental. Assim, o que se explorará ao final desse item é exatamente a instrumentalidade de uma visão jurídico-estruturalista da regulação tanto para o desenvolvimento como para o meio ambiente.

Para bem entender a relação entre disciplina dos bens comuns e proteção ao meio ambiente, é preciso retornar à definição de *bens*, em especial retornar de forma crítica à distinção entre *bens públicos* e *bens privados*. Essa classificação, fundamentalmente adotada pelo Direito, sempre encontrou apoio na teoria econômica, que até mesmo procurou justificar sua existência com base em certas especificidades.

Assim, na teoria econômica clássica, *bens privados* têm duas características básicas: são *excludable* (ou seja: o indivíduo *A* pode excluir o indivíduo *B* da utilização) e *rivalrous* (ou seja: o consumo pelo

---

32. Uma discussão de certos aspectos dessas duas questões na perspectiva estruturalista já foi feita em trabalhos anteriores (v. C. Salomão Filho, *Direito Concorrencial – As Estruturas*, 3ª ed., São Paulo, Malheiros Editores, 2007, pp. 159 e ss.).

indivíduo *A* exclui o consumo por qualquer outra pessoa).[33] Já, os bens públicos teriam as características exatamente contrárias. Seriam *non excludable* e *non rivalrous*.

Essa classificação demonstra, *prima facie*, dois problemas sérios. Em primeiro lugar, uma mistura evidente entre características dos bens e disciplina jurídica. Enquanto a rivalidade é uma característica, a exclusividade é um traço de disciplina jurídica – traço, aliás, que se justifica apenas em uma realidade de superabundância de bens. A possibilidade de exclusão de utilização do bem como característica do bem tem como consequência direta a despreocupação com concentração de referido bem em mãos particulares (poder econômico). Com efeito, se a exclusão é admitida, o poder também deve ser.

Mas não é só. A referida classificação revela um bom grau de incoerência interna. Basta observar a própria enumeração das características dos referidos bens.

Enquanto a exclusão de utilização parece se referir a um bem não consumível, a rivalidade parece se referir a um bem consumível.

Na verdade, essa dificuldade revela uma outra, mais profunda. Essa classificação não esgota as possíveis diferenças entre bens quanto a suas características – e, portanto, não é um bom parâmetro para a disciplina jurídica.

Essa dificuldade revelou-se há muito tempo pela importância adquirida por trabalho de um ambientalista bem-intencionado, que se baseou, no fundo, na distinção entre bens públicos e bens privados. Trata-se do trabalho de Garret Hardin, que em 1968 identificou a existência de uma *tragedy of the commons* exatamente na utilização de bens que não se encaixavam bem na definição de privados ou públicos (e, portanto, não poderiam ter regulamentação conveniente em qualquer das disciplinas). A clássica tragédia está na utilização e degradação pelos privados de um bem comum (pasto). Guiados por seus interesses particulares, teriam sempre a tendência de colocar seus interesses privados acima do interesse do grupo – o que teria como consequência a destruição do pasto.[34] A ausência de reflexão sobre a possibilidade de uma regulamentação específica para o bem de utilidade comum se deve provavelmente à di-

---

33. P. Samuelson, "The pure theory of public expenditure", *Review of Economics and Statistics* 36/387-389, 1954.

34. G. Hardin, "The tragedy of the commons", *Science* 162/1.243-1.248, 1968.

ficuldade, à época, de admitir qualquer coisa que não a regulamentação pública ou a privada.

Assim, formou-se um consenso com várias sustentações. De um lado, a teoria jurídica tradicional sustentando a diferença entre direito público e privado e a consequente distinção unitária entre bens públicos e privados. De outro, a teoria econômica tradicional, dando ou pretendendo dar fundamento a essas convicções.

Daí a convicção de impossibilidade de regulamentação, ficando tais bens e tais situações relegados à disciplina estática da propriedade privada e da propriedade pública. Não é de espantar o crescimento da concentração de poder econômico sobre bens comuns, que nada mais é que o resultado de uma disciplina meramente estática da propriedade privada. Abandonados a si próprios, tais bens acabam fadados à concentração e à escassez. De outro lado a propriedade pública, também ela estática e incapaz, muitas vezes, de ter em conta as necessidades de cada localidade e bem específico, carente de regulamentação especial.

Aí, é fundamental uma visão estruturalista de como o poder econômico se revela sobre esses bens e como é possível regulá-los de forma a minorar seus efeitos. Mas antes é preciso aclarar a própria ideia de *bens comuns*.

Em trabalhos hoje bastante reconhecidos, renomados cientista sociais[35] operaram importante revisão crítica dos tipos de bens. Em primeiro lugar, substituíram as categorias de rivalidade de consumo pela de possibilidade de subtração ao uso (*subtractability of use*). Em seguida, substituíram as respostas *sim* e *não* para as sobreditas categorias por *gradações alta ou baixa*.

Afinal, reconheceram um novo tipo de bem, chamado *common pool resource*/CPR ou, segundo a denominação que de ora em diante se utilizará, *bem comum*. Observe-se, em primeiro lugar, que a categoria de bem comum resolve o paradoxo criado pelas características de bens públicos e privados. Os bens comuns são caracterizados por alta subtração de uso e também alta dificuldade de exclusão – ou seja: o uso por um diminui a possibilidade de uso por outro (imaginem-se florestas, pastos, rios) e também não é possível, dada a necessidade comum envolvida,

35. Cf.: V. Ostrom e E. Ostrom, "Public goods and public choices", in E. E. Savas (ed.), *Alternatives for Delivering Public Services: Towards Improved Performance*, Boulder, Westview Press, 1977, pp. 7-49; E. Ostrom, *Understanding Institutional Diversity*, Princeton, Princeton University Press, 2005, p. 24.

excluir pessoas envolvidas pelo bem (participantes da comunidade) de seu uso.

Não é o que ocorre com os bens privados (comida, bens de consumo etc.), em que há baixa dificuldade de exclusão mas alta subtração de uso. O uso por um pode causar escassez a outro (imagine-se a comida), mas é da natureza do bem, individuado e pertencente a só uma pessoa, a exclusão de seu uso por outrem.

Já, os bens tipicamente públicos – como educação, saúde etc. – são caracterizados tipicamente por baixa subtração de uso e alta dificuldade de exclusão.

Evidentemente, todas essas características, em um mundo de escassez montante de recursos e serviços, podem ser relativizadas.

O que ocorre é que o maior refinamento da distinção torna mais claros os problemas a serem resolvidos pela disciplina. Os bens comuns geram, por natureza, um problema de escassez maior que os bens públicos, exatamente por terem alta taxa de subtração. Enquanto educação (bem público) para um não impede (em princípio) a educação de outro, a subtração de árvores de uma floresta ou de animais de uma reserva impedirá a utilização econômica da floresta ou da reserva por outrem. Assim, o problema de escassez é mais grave para o bem comum que para o bem público.

O mesmo deve-se dizer em relação ao bem privado. Ambos têm alta subtração de uso, mas apenas o bem comum apresenta dificuldades de apropriação (ou exclusividade) – ou seja: o bem comum tem por natureza mais pessoas que dele dependem e devem ter acesso a ele (uma caneta não pode ser utilizada por muitos, mas uma fonte de água potável pode e deve).

Isso gera um problema a mais para os bens comuns, que é a maior possibilidade de escassez. Observe-se que, em uma realidade como essa, qualquer apropriação privada gerará monopólio sobre a utilização de um bem disputado por muitos. O poder, aqui, deriva da possibilidade de apropriação do bem necessário para muitos, e não de uma primazia de produção. Para dada comunidade o acesso a uma floresta pode ser fundamental para sua existência, ainda que no mesmo País existam enormes quantidades de florestas. Sua subsistência e seus costumes estão a ela ligados e dela não podem se dissociar.

Assim, a detenção por um particular da propriedade e do direito de limitar ou impedir o acesso a essa comunidade gera enorme poder sobre ela. Gera, na verdade, uma tripla drenagem semelhante aos monopólios tradicionais.

A comunidade estará privada de bens de subsistência, dependendo do proprietário único para obtê-los. Dependerá também, para o seu trabalho, do proprietário único do recurso natural escasso. E, finalmente, acostumada ao uso da floresta para inúmeras atividades, terá poucas alternativas econômicas de sobrevivência.

Observe-se que essa descrição é válida para uma série de bens ligados à Natureza, como florestas, pesca marítima e fluvial e, mesmo, propriedades com fontes de água. Sua relação com a proteção do meio ambiente é, portanto, direta e imediata. O poder econômico ou monopólio sobre tais atividades gera consequências bastante sérias. Seu poder de gerar escassez e penúria social é enorme. A regulação deverá ter em conta esses problemas.

1.4.2 Bens comuns e meio ambiente

A identificação de uma possível regulamentação para os bens comuns exige, previamente, a individualização e a tipificação das relações sociais passíveis de criar um bom tratamento para os bens comuns e, consequentemente, para a Natureza.

Direito e relações sociais estão indissociavelmente ligados, e regras jurídicas não podem existir em um vácuo, dissociadas de relações sociais. A reflexão sobre os bens comuns coloca essa afirmação particularmente em evidência.

É bem difícil, efetivamente, imaginar alguma disciplina possível para um bem a que muitos precisam ter acesso, mas cujo uso por um pode gerar escassez para os demais, sem algum tipo de cooperação entre indivíduos e coletividades que precisam utilizar o referido bem. Trata-se de afirmação intuitiva, que encontra larga comprovação em estudos empíricos realizados ao longo de muito tempo por cientistas sociais.[36]

Ocorre que, a seu turno, a cooperação, para ser realizável, exige a presença de certos requisitos. A teoria dos chamados *jogos cooperativos* tem sido objeto de muita discussão nos últimos decênios. A elaboração inicial mais completa dessa teoria para as ciências sociais foi feita

36. A. Poteete, M. Janssen e E. Ostrom, *Working Together: Collective Action, the Commons and Multiple Methods in Practice*, Princeton, Princeton University Press, 2010.

por Axelrod em 1984.[37] Ali identificaram-se alguns requisitos básicos para a cooperação em sociedade: (i) a existência de pequeno número de participantes, (ii) a informação completa entre eles; (iii) a dependência recíproca; e (iv) a duração do jogo.

Todos esses requisitos ajudavam a criar um elemento tido como fundamental para o funcionamento de qualquer estrutura cooperativa: a *confiança*. Estudos posteriores indicaram a importância de questões adicionais (algumas já identificadas nos primeiros trabalhos).[38] São elas o chamado *barulho* (*noise*) – ou seja: a dificuldade de reconhecimento da estratégia do outro participante – e a *importância do futuro* (*shadow of the future*) – ou seja: o efeito que pode ter a duração da interação (do jogo) sobre o comportamento presente dos agentes.

A dificuldade de reconhecimento da estratégia do outro dificulta a cooperação exatamente por poder dar a ideia de defecção, comportamento individualista, quando o objetivo era a cooperação. Novamente a confiança corre o risco de se deteriorar.

Situação semelhante ocorre em relação à *importância do futuro*. Exatamente por existir um momento (etapa final) em que não haverá mais interação, nessa rodada os comportamentos podem ser individuais, sem pensar na reação da parte contrária. O individualismo solapa, então, a dependência recíproca e a confiança, fundamentais para a cooperação.

Em um estudo sobre o poder econômico, mais que ir a fundo sobre qualquer desses requisitos, é importante identificar como a existência de poder pode influenciar sua presença nas relações sociais.

O resultado mais ou menos intuitivo é que ele afeta negativamente quase todos os requisitos elencados. Vejamos: é mais que sabido que um dos principais efeitos do monopólio é a concentração de informações. Aliás, como visto acima, essa é a característica principal dos monopólios modernos. Assim, não há como imaginar qualquer fluxo de informação entre os participantes da relação social.

Também é típico das estruturas de poder econômico criar a dependência e não se envolver nela. Assim, existente o monopólio, não há que se pensar em dependência recíproca, mas dependência unilateral em relação ao detentor de poder. Observe-se que, tratando-se de bens comuns

37. R. Axelrod, *The Evolution of Cooperation*, cit.
38. R. Axelrod e D. Dion, "The further evolution of cooperation", *Science* 242/1.385, 1988.

e de um direito propriedade sobre um bem, é de se excluir a possibilidade de oligopólio ou, mesmo existente, ela é indiferente, porque os efeitos cooperativos do oligopólio se fazem sentir apenas entre seus membros. Quanto aos demais os efeitos são de ausência de informação e exclusão. Assim, tratando-se de bem comum, cujo interesse de utilização é de muitos (o que já afasta a possibilidade de assemelhar a situação de todos os potenciais usuários a um oligopólio), o efeito do oligopólio sobre o bem comum é equivalente ao efeito do monopólio.

Dessas dificuldades derivam as demais. O *barulho* (*noise*) é uma consequência da dificuldade de informação. Os monopólios, mais que qualquer outra estrutura, exatamente por concentrarem informação, são capazes de transmitir falsas informações sobre suas estratégias e, portanto, criar *barulho* – o que dificulta a cooperação.

Também a despreocupação das estruturas de poder concentrado em relação ao futuro é bastante conhecida. A distinção entre as situações de poder permite crer na possibilidade de ser sempre o último a "jogar" – ou seja, ter sempre a última reação. Essa afirmação tem particular relevância em matéria ambiental. A reconhecida característica, mesmo em direito antitruste, de os monopólios tornarem a vida útil do produto mais curta,[39] por serem maiores os ganhos na venda de um novo produto (venda em monopólio) que a manutenção do antigo, demonstra essa despreocupação com o futuro, típica dos monopólios.

Não parece haver dúvida, portanto, de que um primeiro grande parâmetro para uma regulamentação estrutural dos bens comuns deve estar na eliminação do poder econômico. Quanto a eles, poder econômico é antinômico a cooperação.

1.4.3 *Alternativas de intervenção estrutural*

A pergunta que se deve fazer em seguida é simples: Como pode o Direito influir sobre esta situação, permitindo maior regulamentação dos bens comuns?

Em primeiro lugar, é necessário ressaltar a importância de uma intervenção estrutural em tal campo. Com efeito, é visível a insuficiência de soluções compensatórias em matéria de proteção da Natureza e do meio ambiente. Princípios gerais tradicionais do direito ambiental – co-

---

39. V. H. Hovenkampf, *The Antitrust Enterprise*, Cambridge, Harvard University Press, 2009, pp. 293-294.

m0o do poluidor-pagador, o da precaução e, mesmo, o da prevenção – de nada adiantam em um mundo de crescente escassez e crescente superutilização de recursos. Alguns deles – como o princípio do poluidor-pagador –, de certa forma, até legitimam a destruição do meio ambiente por aqueles dispostos a pagar por ela, como se compensações monetárias pudessem ser de alguma valia nesse campo.[40] Antes que úteis, acabam por ser uma consagração e legitimação do poder econômicos em matéria tão sensível.

Urge, então, uma discussão que se proponha a enfrentar a questão da regulamentação de propriedade dos bens de interesse comum. É nesse sentido que uma intervenção dita estrutural se faz necessária.

Algumas ressalvas são necessárias. Uma primeira é que, obviamente, não há que se falar, aqui, de discussão ampla de todos os aspectos relacionados aos bens comuns. Essa questão é objeto de tratamento bastante extenso na literatura especializada, e teria de ser objeto de estudo específico.

O que importa aqui são as relações entre poder econômico e regulamentação dos bens comuns. Mais especificamente, a questão de como o estímulo regulatório à cooperação pode, ao mesmo tempo, garantir que estruturas de poder não se formem em relação aos bens comuns. Como visto acima, isto é fundamental, posto que o poder econômico impede a cooperação – e, portanto, a conveniente disciplina de bens comuns. Assim, qualquer aparato regulatório a ser erigido deve, a par de estabelecer condições que permitam a cooperação no uso e administração dos bens, garantir que não venham a se formar estruturas de poder que possam vir a dominá-los.

Mas há ainda uma segunda ressalva, tão ou mais importante que a primeira. Não é possível imaginar uma dedução racional e geral de parâmetros regulatórios aplicáveis a todo e qualquer caso. Em particular em matéria de bens comuns, o que se demonstra é exatamente que soluções

---

40. Como afirma G. Rist, este princípio parece até mesmo atribuir o direito de poluir àqueles que têm recursos (*Le Developpment – Histoire d'une Croyance Occidentalle*, Paris, Presses de Sciences Po, 2007, p. 327). O individualismo exacerbado desse princípio faz alguns ambientalistas defenderem até mesmo a criação de um novo princípio do protetor-pagador (*protecteur-payeur*) para constrangê-lo financeiramente a levar adiante políticas públicas em matéria ambiental (cf. R. Hostiou, "Vers un nouveau principe général du droit de l'environment – Le principe protecteur-payeur", in *Pour un Droit Commun de l'Environment – Mélanges en Honneur de Michel Prieur*, Paris, Dalloz, 2007, p. 567 (575)).

regulatórias adotadas em dadas situação e localidade e ali bem-sucedidas podem não sê-lo em outras.[41] Assim, mais que indicar soluções completas, importa identificar problemas regulatórios a serem enfrentados.

Um primeiro problema a ser levantado refere-se à identificação dos tipos de bens comuns e dos problemas de regulação mais importantes relativos a cada um. Para tanto, é preciso desde logo deixar claro que não é mais possível adotar uma visão unitária de direito de propriedade. Não há mais que se falar em *direito de propriedade*, mas em *feixes de direitos* (*bundles of rights*) compondo a propriedade.

Esses feixes merecem especial atenção em sua enumeração e classificação. Alguns direitos referem-se à apropriação dos próprios bens ou recursos deles advindos, outros relacionam-se à utilização dos próprios bens. Essas enumeração e classificação são importantes pois, como será visto, terão diferentes efeitos quanto aos principais problemas econômicos identificados em relação aos bens: a dificuldade de exclusão e a possibilidade de subtração de uso (*subtractability of use*).

Dentre os vários direitos incluídos no feixe de direitos de propriedade podem ser identificados: o direito de acesso ao bem, o direito de retirar produtos ou recursos (*withdrawal rights*) de uma fonte ou propriedade, o direito de administrar (*management*) – ou seja, o direito de transformar a propriedade e/ou regular padrões internos de uso –, o direito de exclusão (*exclusion*) – ou seja, o direito de decidir quem terá direito de acesso, retirada ou administração –, o direito de uso – ou seja, o direito de utilizar economicamente o próprio bem (não se confundindo com a retirada de seus frutos) – e o direito de disposição – ou seja o poder de alienar o bem. A esses adiciona-se, ainda, hoje, no caso de muitos bens (sobretudo os bens consumíveis), o direito de decisão sobre o destino final do subproduto da utilização dos referidos bens.

Alguns desses direitos referem-se ao grupo (ou feixe) dos direitos de apropriação e outros ao grupo (ou feixe) dos direitos de utilização. Assim, dentro da descrição inicial das características econômicas dos bens, alguns estão ligados à ideia de intensidade da subtração de uso (*subtractability of use*), e outros à dificuldade de exclusão de utilização.

Assim, por exemplo, o direito de acesso para retirada de recursos e o direito de retirada estão ligados ao grupo da apropriação de bens. Já, o

---

41. Cf., a respeito, os vários casos analisado por E. Ostrom e as comparações feita in *Governing the Commons – The Evolution of Institutions for Collective Action*, Cambridge, Cambridge University Press, 1990, pp. 178 e ss.

direito de uso e o de alienação estão ligados ao feixe de direitos de uso. Finalmente, os direitos ligados à administração do bem e os direitos de decisão sobre os resíduos da utilização referem-se ora a um, ora a outro, dos grupos de direitos.

Ora, não é difícil concluir que, quanto maior o grau de subtração de uso gerado pelo bem, maior será a busca de direitos de apropriação de recursos em relação àquele bem. Assim, para os bens comuns (CPRs) será grande a necessidade de atribuição de direitos de acesso e retirada de recursos ao maior número possível de membros da comunidade deles dependentes. Inversamente, a dominação desses direitos por um só agente gerará enorme poder e enorme capacidade de drenagem de recursos e utilidades dos outros membros da comunidade interessada por parte de seu detentor.

Já, em relação a bens em que há forte possibilidade de exclusão de uso – como os bens privados de consumo –, a grande preocupação deve ser com seu uso e seu abuso, em particular o direito hoje ilimitado de decisão sobre as alocações dos resíduos do processo de consumo ou produção.

Dessa descrição resultam diretamente os cuidados que devem ser observados em relação às estruturas de poder econômico.

1.4.3.1 Apropriação: regulação e cooperação descentralizadas

Em relação a importante parcela dos bens comuns (florestas, bacias hídricas etc.) parece evidente o reconhecimento da essencialidade dos bens e dos recursos naturais extraídos da terra para as comunidades que os circundam. É importante também reconhecer que um problema importante em relação aos recursos naturais está na tendência predatória criada pela sua retirada em escala, normalmente por grandes estruturas industriais de retirada. Também não é incomum que essa retirada predatória se dê em regiões distantes das exploradas originalmente por essas estruturas econômicas, grandes ou pequenas. Ou seja: o distanciamento geográfico e a menor dependência que cria em relação à natureza e aos habitantes daquela região ajudam a tornar a interação menos cooperativa.[42]

---

42. Exemplo evidente ocorre em matéria de pesca oceânica. A conhecida exaustão do estoque de peixes tem levado grandes companhias pesqueiras europeias (sobretudo espanholas e irlandesas) a deslocarem enorme navios de pesca para o

Não há dúvida de a que ligação territorial aos bens e estruturas compostas de indivíduos dependentes da existência dos mesmos bens tende a tornar a interação com a Natureza mais cooperativa.[43]

Novamente aqui não se trata de predefinir a regulamentação, mas identificar os problemas relacionados a esse tipo de bem. O reconhecimento da essencialidade leva, por consequência, à necessária conferência de direitos de apropriação (acesso e retirada de recursos) à comunidade que dele depende ou a entidades representativas dessa comunidade. Obviamente, às decisões sobre a retirada de recursos (direito de administração – *management*), exatamente por se tratar de recurso escasso, devem ser institucionalizadas, atribuídas a entidades reguladoras representativas da comunidade e de alguma forma conectadas a um órgão mais amplo de coordenação de políticas regulatórias regionais. Aliás, essa institucionalização em escala em matéria de regulação de bens comuns tem-se mostrado a medida mais eficaz, na prática.[44]

Também a participação da comunidade na regulação deve-se fazer de maneira consensual e equilibrada. Assim, também aí não se pode admitir a formação de uma estrutura de poder que monopolize a tomada de decisões. O efeito pode ser o desestímulo à cooperação natural na utilização do bem, exatamente pela desconfiança (barulho – *noise*) em relação à estratégia de apropriação decidida pelo órgão regulador local. Novamente aqui o "jogo"corre o sério risco de se transformar de um jogo de estratégia coletiva em um jogo de estratégia individual, o que pode levar rapidamente ao uso predatório ou excessivo da reserva – ou seja: à *tragedy of the commons* identificada por Hardin.

Senegal, realizando atividade muitas vezes muito além do limite permitido (v., a respeito, o livro jornalístico-investigativo de C. Clover, *The End of the Line*, Nova York, The New Press, pp. 41 e ss. – capítulo "Robbing the poor to feed the rich").

43. Observe-se que, do ponto de vista da *teoria dos jogos*, a cooperação é mais difícil em caso de distância geográfica, por várias razões, entre elas porque a capacidade de retaliação pelos produtores locais ou pela própria Natureza local é limitada – ou seja: a *shadow of the future* é limitada e, consequentemente, o jogo se assemelha a um *finitely repeated prisioner's dilema game/FRPD*, em que o que predomina é a estratégia individual. Empresas que predarem ou destruírem região da qual não dependem, ou porque podem fazer extração em outras regiões ou porque são elas mesmas de outras regiões, não podem ser retaliadas pela Natureza, no sentido de sentir os efeitos da escassez ou da destruição do meio ambiente. Portanto, entre elas e a Natureza o que há é um *FRPD game*, de estratégia estritamente individual.

44. Cf. E. Ostrom, *Governing the Commons – The Evolution of Institutions for Collective Action*, cit, p. 190.

1.4.3.2 *Utilização: conexão entre produção e consumo*

Há outra parcela de bens comuns e uma boa parcela de bens privados em que o problema do uso ou da exclusão de uso é o mais relevante. A exclusão em relação à utilização da terra produtiva é um exemplo. Trata-se de bem cuja escassez relativa e cuja importância ambiental tornam cada vez mais difícil classificá-lo como bem puramente privado ou bem comum.

O mesmo se pode dizer, *mutatis mutandis*, em relação a bens de consumo como alimentos, roupas etc. – ainda que aqui a preocupação seja mais em relação aos subprodutos do processo de consumo que em relação ao bem em si (pois, quanto a ele, a própria utilização gera o consumo ou o desaparecimento do bem como era em seu estado de origem – ou seja: a exclusão de uso).

Tanto em relação a um quanto a outro o problema central está no amplo direito de disposição sobre os subprodutos do processo de produção e consumo. São eles que geram a escassez.

No caso das terras, através da poluição ambiental e deterioração de rios e lagos fundamentais para o interesse comum. No caso dos bens de consumo, pelo caráter até hoje facultativo da reciclagem dos subprodutos do processo produtivo e de consumo – o que exige constante aumento de escala de produção e crescente insuficiência de recursos.

Em ambos os casos um elemento comum está presente: estrutura concentradas de poder econômico. No caso da terra, a utilização extensiva e em escala por grandes propriedades dedicadas à monocultura. A somar-se à concentração da terra está, normalmente, a despreocupação com os efeitos locais dos resíduos do processo agrícola (fertilizantes etc.).

Quanto aos bens de consumo, a produção em massa e a escala obtida pelas grandes estruturas tornam desnecessária e custosa a reciclagem. Monopolizado o circuito industrial, é muito mais fácil e barato produzir sem reaproveitar, exatamente porque a estrutura de drenagem monopolista descrita está, já, toda montada desde a fonte de matéria-prima até o produto final. Já, a reciclagem exige investimento específico, normalmente de baixo retorno (pois na ponta final estão os produtores monopolistas que remuneram pouco a atividade) e trabalho intensivo.

Novamente aqui, proposição útil pode ser a intervenção seletiva sobre o feixe de direitos que compõem a propriedade, conferindo o direito de decisão sobre a destinação dos subprodutos do processo de produção e consumo a grupos de indivíduos interessados e capazes de lhe dar processamento. O estabelecimento de direitos (verdadeiros direitos, e não mero acesso a depósitos voluntários de resíduos) para cooperativas de reciclagem é, nesse sentido, instrumento dotado de potencial grande de eficácia.

Mas não é só. O reaproveitamento depende de mudanças no próprio funcionamento da estrutura industrial. Assim, é necessário um movimento inverso ao realizado pela economia monopolista e globalizada. Os processos de produção e consumo têm de se reaproximar, para que seja possível um reaproveitamento industrial mais efetivo. Isso só pode ser feito ao nível local.

Também só ao nível local e na ausência de poder econômico se pode buscar a chamada *industrial ecology*. O que se tenta, aí, é aproximar os processos industrial dos *natural ecological systems*, em que os rejeitos são reciprocamente reaproveitados. As empresas podem, com efeito, minorar os efeitos sobre o meio ambiente se estiverem próximas e consumirem os rejeitos umas das outras. O objetivo é conectar processos industriais produzindo rejeitos diversos, de forma a ser possível um aproveitar os subprodutos do processo industrial do outro, minimizando o desperdício total. Projetos muito bem-sucedidos nesse sentido existem na criação dos chamados *industrial ecosystem parks*, dos quais um dos mais famosos é o de *Kolundborg*, na Dinamarca.[45]

Ainda aqui, para tanto, é necessário disposição social e institucional ao relacionamento cooperativo, e não com estratégia individual. Tal ambiente será tão mais difícil de se obter quanto maior for a disparidade de poder entre os participantes do processo econômico – ou, visto de outro modo, quanto maior for o poder econômico de um dos membros, que facilmente optará por uma estratégia individual.

1.5 Conclusão. Desenvolvimento e proteção ao meio ambiente: uma compatibilização necessária e possível

Tudo que foi dito acima conduz a uma forte concentração da teoria jurídica do desenvolvimento, ora proposta, em torno da ideia de conhecimento econômico. Essa concentração traz consigo certas vantagens inegáveis, não deixando, por outro lado, de ser problemática.

---

45. V., a respeito: D. Gibbs, *Local Economic Development and the Environment*, Londres, Routledge, pp. 97 e 129.

As vantagens parecem resultar evidentes da própria descrição da evolução da teoria desenvolvimentista. Bem destacados os problemas estruturais específicos de cada economia, a impedir o desenvolvimento, as teorias econômicas, exatamente por buscarem resultados específicos, sempre deixam e deixarão de lado a busca dos objetivos e necessidades específicos de cada conformação social. Consequência disso é a crescente discrepância, nos dias de hoje, entre necessidades dos Países em desenvolvimento e receitas regulatórios que lhes são sugeridas (e muitas vezes impingidas).

De outro lado, é inegável que a concentração sobre o conhecimento econômico traz consigo alguns dos problemas típicos das soluções ditas instrumentais. Trata-se do relativismo das conclusões. Levando-se ao extremo o argumento, poder-se-ia afirmar que, se o objetivo principal é a descoberta dos valores sociais de determinada sociedade, de modo a garantir que todos participem dessa escolha, qualquer escolha seria admissível. Não haveria, portanto, valores de fundo a serem protegidos. Cair-se-ia na velha armadilha lógica, tão bem identificada por Bertrand Russel, segundo a qual, se tudo fosse relativo, não haveria nada absoluto, com relação ao quê tudo seria relativo.

Ocorre que – como é, de resto, comum nesse tipo de solução instrumental – a correção e a democratização das formas levam à definição de objetivos valorizados. É o que ocorre, de regra, com toda solução participativa. Imagine-se, por exemplo, o devido processo legal: entendido em seu sentido material, exige a ampliação de participação no processo – o que é um valor social em si.

O mesmo se pode dizer com relação aos valores que buscam permitir o conhecimento econômico. Exatamente porque exigem a participação de todos no processo, a eliminação da exclusão e dos centros de poder e a possibilidade de escolha de valores comunitários (cooperação) e não individualistas, representam uma opção, em si, por valores sociais. É em torno desses valores básicos que se pode, portanto, definir o conceito de *regulação*.

Mais que isso: admitidas essas características essenciais da regulação, princípios desenvolvimentistas e de proteção ao meio ambiente, às vezes descritos como objetivos opostos entre si, revelam grande grau de complementariedade. Do ponto de vista regulatório, uma vez adotada a perspectiva jurídico-estruturalista, tanto a promoção do desenvolvimento quanto a proteção do meio ambiente têm instrumentos comuns de persecução.

Garantia de amplo acesso e consequentemente regulamentação do uso de bens escassos pelos vários interessados, usuários e potencias usuários, é instrumento fundamental de desenvolvimento social e econômico.

Essa mesma garantia de acesso é também instrumento para a proteção ambiental. Só através dela é possível evitar a degradação de bens ambientais por populações famintas ou, então, evitar que estruturas de poder econômico se apropriem desses bens e os submetam à sua racionalidade de máximo lucro. Mas não é só. Como visto, se é verdade que a garantia de acesso muitas vezes significa garantia de utilização pelos grupos sociais interessados, outras vezes significa participação na decisão sobre os destinos daqueles bens. Isso tem relevância prática nada desprezível, como pesquisas empíricas recentes indicam. Comunidades que dependem do bem ou recurso tendem a ser bem mais protetivas que investidores ou exploradores que não têm sua sobrevivência diretamente afetada pela sorte do bem.

Assim, se não é palavra mágica, a ideia de *acesso* dentro da teoria regulatória do desenvolvimento parece ser ponte prática entre desenvolvimento e proteção ao meio ambiente. É, no mínimo, caminho profícuo a ser perseguido.

2

Regulamentação da Atividade Empresarial para o Desenvolvimento

CALIXTO SALOMÃO FILHO

2.1 Introdução. 2.2 Questões de método. 2.3 O conteúdo: uma visão jurídico-estruturalista da regulação da empresa. 2.4 A proposta de "Regulamento da Atividade Empresarial".

2.1 Introdução

O capítulo anterior, bastante teórico, estabeleceu os pressupostos para uma regulamentação para o desenvolvimento. Cabe, agora, aplicá-los, de forma a elaborar um guia, de interesse aplicativo, para a elaboração de uma regulamentação da atividade empresarial com vistas ao desenvolvimento.

Essa regulamentação deve ser introduzida por via de lei. Prefere-se não utilizar, aqui, a palavra "código", por uma razão histórica e outra teórica. A palavra "código" está intimamente ligada às experiências codificadoras do direito privado (civil e comercial) do século XIX. O grande problema dessas legislações, que as torna ultrapassadas nos dias de hoje, é exatamente seu intimismo. Berço da compreensão positivista do Direito, foram os códigos que permitiram aplicar a visão do Direito propugnada pelos racionalistas do século XVIII (Pufendorf e seus discípulos), segundo a qual a ciência do Direito é formada por um conjunto de princípios lógica e racionalmente dedutíveis.[1] Os códigos foram além,

---

1. Segundo Wieacker, o racionalismo jurídico leva a uma mudança fundamental na forma de aplicação do Direito, que deixa de ser histórico, passando primordialmente a visar a uma demonstração lógica (v. *Privatrechtsgeschichte der Neuzeit*, 2ª ed., Göttingen, Vandenhoeck e Ruprecht, 1967, pp. 309 e ss.). Como os interesses

adicionando uma pretensão de universalidade. Não só o Direito é racionalmente formulado, como pode ser inteiro encalacrado dentro de um código, bastando para tanto a existência de uma regra de fechamento do sistema – a analogia –, que, aplicada dentro de parâmetros racionais, permite resolver todas as questões não previstas.

Esse sistema, lógico e intimista, foi capaz de distanciar o jurista de toda discussão de valores ou interesses envolvidos pela norma. Foi, com efeito, em função do Positivismo, legislativo e dogmático, que o Direito se tornou uma 'ciência", com pressupostos e lógica próprios. Foi também em função dele que toda discussão sobre interesses envolvidos pela norma foi considerada extra ou pré-jurídica, não devendo fazer parte do raciocínio jurídico. Essa é a concepção do Direito até nossos dias, que influencia profunda e negativamente a formação do jurista desde os primeiros anos de faculdade e ajuda a tornar o Direito, ao invés de propulsor, verdadeira barreira para as transformações sociais.

Essa razão histórica nos traz à razão teórica, específica do direito empresarial, para rejeitar a utilização da denominação "código" e da metodologia típica dos códigos para a atividade empresarial. A empresa é, hoje, enorme centro de poder na sociedade – e, consequentemente, centro de interesses, muitas vezes contrapostos, dentro da esfera econômica e social. Eventual regulamentação da atividade empresarial não pode e não deve isolar a norma dessa discussão de interesses. Ao contrário, deve expressamente convidar o aplicador do Direito a ter em consideração esses interesses e sopesá-los na aplicação da disciplina empresarial. Só assim é possível direcioná-los verdadeiramente a objetivos desenvolvimentistas, ligados a melhores padrões distributivos e de melhoria social – conceito que, como visto no capítulo anterior, é o mais compatível com a ideia moderna de desenvolvimento.

É importante, de resto, relembrar que as discussões técnicas e intimistas sobre direito empresarial e organização empresarial sempre tenderam a excluir interesses que não os dos acionistas, sócios ou dos contratantes do raciocínio normativo. O intimismo, permitindo a não discussão de interesses, serviu, então, à exclusão de interesses – ou seja: os interesses envolvidos e discutidos acabam sendo sempre ou predominantemente os internos à relação jurídica (contrato bilateral, proprieda-

envolvidos revelam-se na História, e não por raciocínios lógicos, a mudança teve direto efeito na intimização da interpretação do Direito, e com o expurgo da discussão sobre interesses.

de, sociedade comercial), excluindo-se os importantes e reconhecidos interesses externos a ela.[2]

Como se verá abaixo, ao contrário, a discussão dos interesses em jogo deve ser o ponto de partida e o centro da metodologia de um direito empresarial verdadeiramente organizativo e não preocupado em reafirmar uma ultrapassada lista de direitos subjetivos de pouca coesão e de princípios pouco efetivos, inaptos a resolver os mais graves problemas envolvidos pela disciplina. Só uma metodologia focada na aberta discussão e intermediação entre esses interesses pode ser algo "moderno", no sentido de capaz de resolver problemas do presente e não simplesmente um resquício histórico utilizado para promover interesses de classe específica (empresarial) já bastante tutelada pelo não intervencionismo típico do direito privado.

É, pois, o excesso de intimismo (e racionalismo intimista) implícito na ideia de "código" e – por que não dizer? – a ideia de proteção de interesses de grupo ou classe subjacente às experiências históricas de codificação comercial que fazem rejeitar a ideia de "código", preferindo-se a de "lei de regulação da atividade empresarial para o desenvolvimento".[3]

A análise abaixo, dos pontos teóricos centrais para a referida regulamentação, será dividirá em dois tópicos básicos: *questões de método* e *questões de conteúdo*.

2.2 Questões de método

Não são muitas as questões metodológicas a serem abordadas de início, exatamente porque muitas delas confundem-se com a própria discussão de direito material.

Mas as poucas que existem são bem relevantes. Todas relacionam-se diretamente com a ideia estruturalista do Direito. Em primeiro lugar

2. V., a respeito deles, a discussão teórica sobre os tipos de interesses realizada em C. Salomão Filho, "Função social dos contratos: primeira anotações", *RT* 823/67 e ss., Ano 93, São Paulo, Ed. RT, maio/2004.

3 A razão para utilização da denominação atividade empresarial e não comercial parece óbvia e decorrente do exposto acima, por isso pareceu prescindir de explicação no texto principal. A velha noção de comerciante está ligada à atividade econômica principal da época em que surgiu (Idade Média). Passados mais de 600 anos é em torna da empresa e não do comércio que se desenvolve a atividade econômica preponderante, seja comercial, industrial ou prestação de serviços. È ela, portanto que envolve e influencia os interesses contrapostos acima mencionados, sendo portanto, a *fattispecie* de relevância aplicativa.

– como já comentado alhures –, é preciso substituir a intervenção tradicional do Direito, de caráter compensatório, por uma intervenção de natureza estrutural. Não basta definir direitos subjetivos e seus titulares que, desprotegidos, buscarão indenização. É preciso disposição para intervir na organização empresarial, estabelecendo interesses que devem ser representados ou, ao menos, considerados. Sendo o conceito de justiça tão relativo e difícil de definir de maneira transcendental e absoluta,[4] o Direito sempre teve a tendência de optar por medidas compensatórias. "Dar a cada um o que é seu" sempre acabou interpretado como uma forma mais ou menos sofisticada de compensar grupos ou indivíduos por injustiças causadas pelos processos de inter-relacionamento econômico e social. O Direito não interfere nesse processo de relacionamento econômico e social; apenas compensa aqueles indivíduos ou grupos prejudicados por ele. Esse é o caso do direito do trabalho, do direito do consumidor, do direito privado e, mesmo, de parte do sistema de direitos humanos (ao menos como interpretado pelos tribunais), onde a compensação é imaginada caso a caso, indivíduo a indivíduo. Todas essas são regras de suma importância e inegável valor, mas insuficientes para alterar o funcionamento do sistema econômico.

A visão estruturalista ora sugerida propõe algo completamente diferente. O Direito não é feito apenas para compensar indivíduos ou grupos de indivíduos. Seu objetivo é, na verdade, organizar o funcionamento da sociedade. Isso quer dizer: ser capaz de intervir diretamente nas estruturas econômicas (e nos institutos jurídicos que as protegem), de modo a criar inclusão e escolha para os indivíduos. Observe-se que o objetivo da intervenção não é definir os resultados do processo econômico – tarefa, como visto no primeiro capítulo, impossível e inútil. Mas ela pode e deve proteger valores (inclusão ou acesso e escolha) que são instrumentais para a construção de um devido processo econômico.

Para tanto, é necessário que uma outra modificação de método se faça sentir. É passada a hora de complementar as tradicionais declarações de princípios por uma identificação dos interesses a serem protegidos pelos princípios e normas. Explico-me. Declarações de princípios, indefinidas, prestam-se tanto à sua aplicação quanto ao contrário dela. Imagine-se, por exemplo, o princípio da função social do contrato. Já foi interpretado tanto como um desidratado dever de equilíbrio interno ao

---

4. Essa é a crítica mais ponderosa feita por Sen ao conceito de Rawls de justiça (cf. A. Sen, *The Idea of Justice*, Cambridge, The Belknap Press, 2009).

contrato como de consideração dos interesses externos ao contrato. Sem uma definição dos interesses envolvidos pelo contrato, e que devem ser considerados em sua aplicação, a força desse princípio como guia valorativo para regras torna-se muito diminuta.

A esse terceiro tipo de norma, ao lado dos princípios e regras, e voltado à definição específica dos interesses envolvidos, denominar-se--á, de ora em diante, *dispositivo declaratório* (de interesses). Observe-se que os dispositivos declaratórios não podem ser genéricos e aplicáveis a uma generalidade de áreas. Dispositivos declaratórios (como, de resto, os princípios) são tão mais úteis quanto mais específicos e menos genéricos. Assim, é preferível uma regulamentação que meramente enumere interesses envolvidos (através de dispositivos declaratórios) e os princípios a eles relacionados. O novo regulamento ou lei deve conter apenas esses dispositivos e princípios. Referidos dispositivos declaratórios e princípios são, então, guias de interpretação para o restante da legislação, *que deve ser mantida em diversos microssistemas, cada um deles iluminado por seu específico dispositivo declaratório e princípio*. Esses dispositivos e princípios podem, sim – mas só eles, e desde que nesse formato –, ser agrupados em um único regulamento. Essa solução deve ser preferida a um código genérico e abstrato, que tem a pretensão de aplicação universal e de consolidação de todas as diversas matérias envolvidas pela empresa, que, como visto, convida ao intimismo e fechamento em relação à discussão de valores – erro do passado a não ser repetido no presente.

Afinal, se o direito da empresa é realmente marcado pelo dinamismo e pelas mudanças rápidas, deve dar o exemplo também quanto ao método. Para corrigir erros do passado, consistentes em codificações unificadoras, não deve repetir os mesmos erros de universalidade e intimismo. O método de desenvolvimento e enumeração apenas de dispositivos declaratórios e princípios em um regulamento geral, com manutenção dos microssistemas, é, evidentemente, muito mais apto tanto ao reconhecimento de interesses quanto a permitir rápidas mudanças de entendimento legislativo e jurisprudencial – o que é fundamental para todo o Direito, e em particular para o direito empresarial.

No direito empresarial – talvez mais que em qualquer outro ramo do Direito – é importante reconhecer a existência e a realidade próprias desses microssistemas. O que os une são interesses que devem ser resguardados sempre que se trata de atuação da empresa (pois sua atuação afeta todos eles) – e, portanto, é preciso ter um conjunto geral de dispositivos declaratórios (de interesses) e princípios a eles ligados. É deles que deve se compor uma lei geral de atuação da empresa. Tentar unificar microssistemas, dotados de realidade própria, unificando todas as regras em detalhes a eles pertinentes (tente-se imaginar, por exemplo, qual seria o sentido da unificação de disciplinas díspares como a do direito societário e a dos títulos de crédito), nada mais será que uma justaposição de dispositivos diversos apenas para atribuir-lhes o pomposo nome de "código" (com todos os problemas expostos acima).

Os dois elementos metodológicos retroexpostos nos encaminham a um terceiro, consequência necessária dos anteriores e já intimamente ligado ao mérito. Se visão estrutural e reconhecimento de interesses são necessários, as regras que devem resultar desses dispositivos declaratórios devem necessariamente permitir o acesso amplo a essas estruturas econômicas e aos produtos de sua atividade. O acesso surge, portanto, como um princípio a ser consubstanciado em regras específicas dessa regulação empresarial para o desenvolvimento. Acesso, como aqui utilizado, que tem vários sentidos, a serem explorados a seguir. Tanto o acesso amplo de empresas, grandes, pequenas e médias, ao mercado quanto o acesso de potenciais usuários da atividade empresarial e de grupos por ela afetados (comunidades, trabalhadores etc.), de todos os espectros e poderio econômico. A ideia de acesso torna-se central, então, para qualquer desenvolvimento posterior de legislação. Por isso, os dispositivos declaratórios devem estar particularmente atentos à ideia de acesso e aos interesses a serem por ela tutelados.

2.3 O conteúdo: uma visão jurídico-estruturalista da regulação da empresa

A consequência de tudo isso é um conteúdo específico, particular, para a regulamentação da empresa. Trata-se de conteúdo nem sempre reconhecido e sistematizado, ainda que tenha previsão esparsa em certos dispositivos sobre a empresa. Essa disciplina parte da convicção que em qualquer setor de atividade deve existir regulamentação voltada a organizar os interesses afetados pela empresa. É preciso garantir que a atividade da empresa não seja cega a esses multifacetados interesses. Exatamente para fugir ao intimismo supracriticado, não se pode cair na armadilha dos códigos, que, em meio à miríade de artigos, escondem um sistema que visa a garantir a permanência das estruturas existentes, sob as mais diversas justificativas (econômicas, sempre) possíveis, desde a garantia da segurança jurídica até o incentivo à eficiência da atuação empresarial.

Nenhum desses é objetivo central da ordem jurídica. O último (eficiência da atuação empresarial) é objetivo econômico, que não pode ser determinante no mundo dos valores. Quanto ao primeiro (segurança jurídica), corresponde a outro resquício do Positivismo. O uso do argumento da insegurança jurídica é comum no final dos séculos XVIII e XIX. É, com efeito, um dos principais argumentos para sustentar a necessidade de codificação àquela época.[5] Corresponde à necessidade de eliminar a multiplicidade de ordens jurídicas da Idade Média e ajudar a unificar e impor a supremacia dos Estados Nacionais.

Não é o caso de repristinar tais argumentos mais de 250 anos depois. Obviamente, não são esses os problemas atuais. Muito pelo contrário. Em nossos dias, sistemas de estruturas econômicas concentradas produzem, eles sim – como se procurou indicar no capítulo anterior –, insegurança jurídica, exatamente porque substituem o reino jurídico dos valores pelo comando do poder. Manter tais estruturas inalteradas corresponde, portanto, a garantir a perpetuação dessa situação de insegurança.

Os interesses da empresa e de todos os afetados por sua atividade são melhor perseguidos, então, por soluções includentes, que escapem da lógica das compensações e das soluções visando a proteger interesses de grupos. É da regulamentação da empresa que deve partir a ideia de acesso e inclusão, exatamente para que não seja necessário – como foi no passado – que grupos prejudicados (trabalhadores, consumidores) pelo exercício de seu poder buscassem compensações em leis específicas. Essas regras compensatórias são fundamentais, mas não bastam. É preciso que soluções estruturais impeçam o contínuo produzir de desequilíbrios que não podem ser continuamente compensados.

Assim, uma regulamentação da empresa deve estar alheia a códigos e sistemas que tudo pretendem resolver. Deve declarar interesses envolvidos e daí derivar princípios que possam ser guias concretos para a interpretação de leis. Nesse sentido, abaixo se farão sugestões concretas do conteúdo desse regulamento da atividade da empresa. Seguindo a linha de raciocínio até agora adotada, ele será dividido em três gran-

---

5. V., a respeito do uso desses argumentos na época e de seus defensores: H. Coing, *Europäisches Privatrecht*, vol. II ("19. Jahrhundert"), Munique, Beck, 1989, pp. 16 e ss.

des partes: (i) a *organização empresarial* – onde se discutem as formas de organização básica e os direitos e deveres dos que dela participam; (ii) a *estrutura interna dessa organização* – onde devem ser enumerados, através de dispositivos declaratórios, os interesses que devem ter reconhecimento interno, daí decorrendo certos princípios; (iii) as *condutas externas da sociedade* e os *padrões de comportamento* a serem seguidos pela organizações empresariais.

Observe-se que a repartição em estruturas e condutas da discussão dos interesses envolvidos é fundamental. Na primeira estarão presentes os interesses de mais fácil internalização às organizações empresariais, enquanto na segunda serão enumerados os interesses que em um primeiro momento podem permanecer externos a essa organização, mas que devem ser respeitados nas condutas externas da sociedade.

Finalmente, uma última ressalva é de rigor. Aqui, o que se está sugerindo é uma regulamentação mínima, de dispositivos declaratórios e de princípios, aplicável a todo e qualquer tipo de atividade empresarial. Obviamente, isso não exclui leis e regulamentos especiais que existem em específicos setores regulados. Esses são e continuam a ser relevantes, e devem ser continuamente aperfeiçoados, no sentido da maior intervenção estrutural. Ocorre que isso só pode ser discutido em sede de estudo específico sobre os setores regulados[6] ou em estudos específicos sobre cada setor regulado.

Segue, portanto, proposta de uma regulamentação da atividade empresarial que tenha em conta todos os elementos mínimos (cooperação, visão estruturalista etc.) que devem – segundo as convicções de seu autor –, estar contidos numa regulamentação empresarial para o desenvolvimento. A ideia é contribuir para o debate sem pretensão de completude e sem a perigosa pretensão de que, em sede doutrinária, como resultado de um exercício intelectual, possam ser elaborados sistemas completos de disciplina da realidade, que acabam por servir ao engessamento do Direito, de estruturas de poder e dos interesses hoje dominantes. Por outro lado, entende-se que, uma vez que a intenção é renovar o direito empresarial, as alterações propostas devem tocar pontos efetivamente relevantes, em que interesse da empresa e interesse coletivo estão face a face, identificando convergências quando possível, mas propondo realocações e redistribuições quando necessário. Sem isso, o enorme esforço

6. É o que tentamos fazer em *Regulação da Atividade Econômica – Princípios e Fundamentos Jurídicos*, 2ª ed., São Paulo, Malheiros Editores, 2008.

exigido para uma reforma legislativa carece de sentido nessa área, sendo melhor concentrá-lo em questões socialmente mais sensíveis.

O texto será transcrito de forma sequencial, sem explicações, pois a grande maioria dos dispositivos é autoexplicativa. Quando um ou outro esclarecimento se fizer necessário, constará de nota de rodapé.

2.4 A proposta de "Regulamento da Atividade Empresarial"

I – Dispositivos Declaratórios e Princípios Derivados

1. Para os fins desta Lei, entende-se por dispositivo declaratório[7] toda enumeração de interesses envolvidos por um determinado princípio ou norma. Os dispositivos declaratórios são determinantes para a interpretação do princípio ou normas a eles relacionados.

II – Organizações Societárias

2. Toda organização empresarial, seja em forma societária ou cooperativa, reconhece como relevantes e compromete-se a tutelar em sua organização interna e nas suas condutas externas os interesses dos sócios ou cooperados, dos trabalhadores e da comunidade afetada pela sua atividade.

3. As organizações empresariais com mais de quinhentos empregados, em qualquer regime jurídico e de qualquer tipo societário, estão obrigadas a admitir a participação de ao menos um legítimo representante dos trabalhadores em ao menos um de seus órgãos de direção superior. Caberá à empresa indicar o órgão em que haverá participação, desde que se trate de um órgão de efetiva direção da organização empresarial.[8]

4. São direitos essenciais dos sócios de qualquer organização empresarial sob a forma de sociedade:

(i) direito ao voto na exata proporção de sua participação no capital social;

(ii) direito à participação nos lucros passíveis de distribuição a sócios na exata proporção de sua participação no capital social;

---

7. Para maiores esclarecimentos sobre esse conceito, v. item 2.2.

8. A proposta, como se vê é de início, minimalista (prevendo de forma obrigatória um único representante dos trabalhadores). Obviamente, passado período inicial de experimentação, é de se esperar e supor que essa representação venha a ser substancialmente alargada

(iii) direito de retirada nas hipóteses previstas em lei, apurado com base no valor econômico da sociedade;

(iv) direito de preferência à subscrição de novas ações ou quotas nos aumentos de capital, a ser exercido por valor que impeça sua diluição injustificada;

(v) direito a uma administração independente que persiga o interesse social próprio das organizações, não o confundindo com o interesse de sócios ou sócios controladores.

Parágrafo único. Tratando-se de sociedades anônimas, os incisos (i) e (ii) aplicam-se somente a companhias que venham a se constituir após a promulgação desta Lei, permanecendo quanto às demais em vigor os princípios da Lei das Sociedades Anônimas. Estas últimas terão o prazo de três anos para se adaptar aos referidos dispositivos, alterando ou adaptando seus estatutos.

5. As sociedades cooperativas são reconhecidas como meios eficazes de promoção de empreendimentos pequenos e médios e de seu acesso ao mercado. Aquelas cooperativas direcionadas aos pequenos e médios empreendedores e que demonstrem ter em sua organização interna meios de participação efetiva desses empreendedores no processo de decisão deverão gozar de todos os benefícios previstos em lei para as pequenas e médias empresas, desde que cabíveis.

6. Reconhecendo que a ideia de cooperação exige certas garantias institucionais, as sociedades cooperativas contarão em sua estrutura interna com regras que estimulem a convivência continuada e a informação completa entre cooperados,[9] respeitados os direitos e garantias individuais dos cooperados previstas na Constituição.

III – Dispositivos e Regras
sobre a Estrutura Interna das Organizações Empresariais

7. A limitação de responsabilidade independe do número de sócios, podendo subsistir mesmo na ausência superveniente, definitiva ou temporária da pluralidade de sócios ou mesmo da totalidade dos sócios, desde que a organização empresarial continue dotada de interesse próprio e apta jurídica e economicamente a cumprir sua finalidade.

9. A ideia, aqui, é reforçar os requisitos institucionais tidos como fundamentais para a existência efetiva de comportamento cooperativo em qualquer agrupamento social (v., a respeito: R. Axelrod, *The Evolution of Cooperation*, Nova York, Basic Books, 1984).

Parágrafo único. Será admitida também a constituição de sociedade unipessoal com responsabilidade limitada.[10]

8. É criado o tipo societário sociedade por quotas de responsabilidade limitada (SRL). A ela são aplicáveis todos os dispositivos aplicáveis às sociedades anônimas de capital fechado, com exceção dos dispositivos sobre organização societária interna. Com relação a esta, é permitida uma organização simplificada com um só órgão de gestão (gerente delegado ou diretoria) além da assembleia de quotistas.[11]

9. Na crise da empresa, seja em caso de recuperação judicial ou falência, o princípio da preservação da empresa deverá ser interpretado no sentido de permitir a retirada do controlador, quando necessário, no todo ou em parte, de seus poderes de gestão e transferi-los a grupo ou grupos de credores, acionistas ou trabalhadores que comprovem maior interesse na preservação da empresa através da apresentação de plano de recuperação direcionado à sua preservação. Não será admitida a rejeição do plano baseada exclusivamente em interesses creditícios de curto prazo. Alternativamente à retirada do controlador, poderá ser nomeado um coadministrador, com poderes equivalentes aos do controlador e vinculado ao cumprimento do plano de preservação da empresa.

Parágrafo único. Para a garantia do previsto no *caput*, deverão participar da assembleia de credores, com garantia de equivalência de representação, membros indicados por acionistas minoritários, trabalhadores sem créditos a receber e representantes da comunidade em que atua a empresa.[12]

---

10. Após o envio para publicação e durante a revisão do presente trabalho foi editada a Lei 12.441, de 11.7.2011, introduzindo a "empresa individual de responsabilidade limitada" no ordenamento brasileiro, dando guarida, ainda que de forma imperfeita do ponto de vista doutrinário, aos ideais de reconhecimento jurídico do empreendedor individual, simplificação e realidade das formas propostos de há muito em doutrina.

11. A ideia, aqui, é corrigir a enorme confusão criada pelo Código Civil de 2002, modernizando a ideia de sociedade por quotas, através da cumulação de (i) uma estrutura administrativa simplificada, (ii) com regras de relacionamento interno e externo (emprestadas das companhias fechadas) que garantam os vários interesses envolvidos.

12. A ideia de ampliação da participação na assembleia de credores foi apresentado por Sheila C. N. Cerezetti em sua tese de Doutorado intitulada *Lei de Recuperação e Falência e o Princípio da Preservação da Empresa: uma Análise do Proteção aos Interesses Envolvidos pela Sociedade por Ações em Recuperação Judicial*, São Paulo, 2009 (Malheiros Editores, 2012), que sugere como representante da comunidade um membro do Ministério Público

10. As organizações empresariais devem respeitar a pluralidade de interesses envolvidos pelos bens comuns. Toda vez que forem titulares de direitos que lhes garantam posse ou propriedade, direta ou indireta, dos referidos bens, deverão reconhecer os efeitos que a utilização empresarial de tais bens pode ter sobre a comunidade em que atuam e garantir o contínuo acesso da comunidade afetada a esses recursos, zelando pelo respeito à sua integridade e preservação.

§ 1º. Entende-se por bem comum aquele que contém recursos naturais, renováveis ou não, escassos para uma determinada comunidade ou população, seja ela geograficamente definível ou não, desde que essa comunidade ou população esteja localizada dentro do território brasileiro.[13]

§ 2º. Para dar atuação ao dispositivo declaratório de interesses do *caput*, deverá a empresa, entre outras ações, instituir um comitê interno de gestão do bem comum, em que tenha participação representante ou representantes da comunidade afetada e de entidades de proteção do meio ambiente relevantes no cenário nacional na proteção daquele tipo específico de recurso natural.

IV – Dispositivos e Regras de Conduta na Atividade Empresarial

11. No relacionamento entre empresas, seja através de contratos ou relações contratuais de fato, devem ser observados os seguintes dispositivos declaratórios e princípios:

(i) interpretação favorável do contrato ou condições do negócio a empresas que estejam em situação de dependência;

(ii) reconhecimento da função social do contrato como princípio protetor de interesses de terceiros que não são partes do contrato e que podem ser afetados pelo contrato e seu cumprimento. Tais interesses podem ser tanto coletivos como institucionais;

(iii) reconhecimento e aplicação do princípio da boa-fé às partes, na fase pré-contratual, durante a realização do negócio e após a sua conclusão;

13. Os bens comuns são caracterizados por alta subtração de uso e também alta dificuldade de exclusão – ou seja: o uso por um diminui a possibilidade de uso por outro (imaginem-se florestas, pastos, rios); mas, por outro lado, não é possível, dada a necessidade comum envolvida, excluir pessoas envolvidas pelos bens (participantes da comunidade de seu uso – v., a respeito, o capítulo anterior).

(iv) reconhecimento e aplicação à interpretação dos negócios empresariais dos usos e costumes, equivalente sempre aos padrões éticos mais elevados aplicados em relações empresariais da mesma espécie;

(v) proibição do conflito de interesses nos contratos associativos, aplicando-se sempre uma vedação de participação do sócio ou contratante em conflito na deliberação em que se for tratar do contrato ou prestação em que tem interesse conflitante com a sociedade ou grupo de contratantes da associação.

§ 1º. Para os fins do inciso (i), entende-se que há situação de dependência sempre que, por razões estruturais de mercado ou por força de relações empresariais, a vontade de uma das partes se deva presumir sujeita ou submetida ao poder da outra.

§ 2º. Os interesses institucionais mencionados no inciso (ii) são todas aqueles interesses não individuais reconhecidos na Constituição Federal como passíveis de proteção pela ordem econômica.

12. Nos contratos ou relações contratuais de fato entre empresas em que não haja relações de dependência não se aplica o instituto da lesão ou a cláusula *rebus sic stantibus*, salvo, para este último caso, as hipóteses de catástrofes naturais ou financeiras inevitáveis ou imprevisíveis mesmo para profissionais experientes.

Parágrafo único. Em qualquer caso, mesmo naquelas hipóteses excepcionais de aplicação do instituo da lesão e da cláusula *rebus sic stantibus*, admitidos no *caput*, as instituições financeiras só poderão invocar o instituto da lesão ou a cláusula *rebus sic stantibus* nos contratos firmados com outra instituição financeira e, mesmo assim, caso haja dependência. É terminantemente vedado às instituições financeiras invocar tais cláusulas contra pessoa física ou jurídica que não seja instituição financeira.

13. Aplicam-se à empresa quando do exercício de sua atividade econômica, além das obrigações e deveres específicos previstos nos diversos diplomas legislativos em vigor, os seguintes princípios e dispositivos declaratórios:

(i) respeito na sua atividade produtiva e empresarial aos direitos humanos e ambientais e correta informação sobre seu cumprimento ao consumidor. Para esse fim, o PROCON elaborará a cada ano, à custa das empresas e se necessário com a contratação de profissionais gabaritados para tanto, *rankings* independentes de respeito aos direitos econômicos do consumidor e aos direitos humanos e ambientas na produção, dando publicidade a seus resultados.

(ii) adesão voluntária aos princípios do chamado *United Nations Global Compact* e prestação de contas ao público em geral sobre a efetividade e extensão de tal adesão.[14]

14. Nas patentes devem conviver o interesse ao estímulo das invenções e do acesso amplo ao conhecimento. Nesse sentido não serão reconhecidas patentes em setores em que essas não sejam, ou não venham demonstrando ser, instrumentos efetivamente relevantes para o estímulo à inovação no país, revelando-se, ao contrário, como instrumentos de obtenção ou reforço de monopólios. Também não se permitirá a manutenção do direito a patentes que sirvam ao abuso de preços ou ao monopólio de conhecimento em setores socialmente sensíveis. Os tratados internacionais e leis existentes sobre patentes serão interpretados de acordo com esses princípios.

V – Disposições Gerais

15. Nos processos judiciais envolvendo litígios societários ou contratos empresariais cujo cumprimento gere efeitos perante terceiros, e em que o pedido seja de nulidade ou anulação de deliberações ou contratos, presente o pedido de tutela antecipada, a decisão a seu respeito deverá ser prolatada no prazo máximo de trinta dias e, desde que a questão independa de prova, valerá como sentença definitiva, de modo a impedir que o tempo crie situações de fato irreversíveis.

---

14. Os 10 Princípios do Acordo Global (*Global Compact*) em matéria empresarial, em matéria de comportamento das empresas em relação a direitos humanos, condições de trabalho, meio ambiente e política anticorrupção são bastante genéricos e, portanto, de fácil adesão. Representam um primeiro passo, bem inicial, no sentido de elevação das preocupações éticas pelas grandes corporações. Sua menção, ainda que em forma não coercitiva, pareceu relevante como maneira de realçar a existência de preocupações éticas para o ambiente corporativo. V., a respeito dos 10 Princípios, o sítio *www.unglobalcompact.org*.

3
O Desenvolvimento Sustentável no Plano Internacional

ALBERTO DO AMARAL JR.

3.1 A importância da proteção do meio ambiente. 3.2 A proteção do meio ambiente no plano internacional. 3.3 O desenvolvimento sustentável como paradigma. 3.4 O desenvolvimento sustentável e o tema da justiça.

3.1 A importância da proteção do meio ambiente

Fenômeno contemporâneo por excelência, o avassalador processo de degradação da Natureza avançou na segunda metade do século XX, fruto das transformações engendradas pela Revolução Industrial. A substituição da energia humana pela energia mecânica abriu caminho para uma revolução copernicana no campo dos transportes, que ensejou a invenção do automóvel e do motor de combustão interna, além de estimular o consumo de matérias-primas como o aço e a borracha. O carvão, o petróleo e o gás natural, ingredientes centrais do novo modelo econômico, eram baratos e abundantes, incentivo para o largo uso desses recursos numa época que não conhecia a extensão dos danos ambientais.

O aquecimento da Terra em ritmo superior às variações naturais é, entretanto, tendência registrada nos anos recentes, devido à atividade humana vinculada à produção e circulação dos bens. Os cientistas concordam que a exagerada acumulação de poluentes – gases que provocam o *efeito estufa*, sobretudo o dióxido de carbono emitido pelas indústrias, residências, meios de transporte e pela agricultura – tem alterado o clima do Planeta.[1]

---

1. Thomas L. Friedman, *Hot, Flat, and Crowded: why the World Needs a Green Revolution – And how we Can Renew our Global Future*, Londres, Allen Lane/Penguin Books, 2006, p. 31.

Desde meados do século XVIII o nível de CO_2 na atmosfera, que se mantivera estável por cerca de 10 mil anos, começou a aumentar – aumento que continua a ocorrer na atualidade. Em virtude do crescimento econômico dos Países ocidentais após a II Guerra Mundial, o volume de dióxido de carbono, estimado em 280 partes por milhão de moléculas de ar em 1750, alcançou a cifra alarmante de 380 partes por milhão de moléculas de ar em 2007 – percentual que se ampliará ainda mais no futuro, se medidas corretivas não forem adotadas. No espaço de dois séculos e meio o aquecimento da Terra foi, em média, de 0,8º C, mas nos quatro últimos decênios a temperatura se elevou com maior rapidez. Tudo leva a crer – mantidas as condições atuais – que 100 ou mais partes de CO_2 serão adicionadas à atmosfera nos 50 anos vindouros.

O *Relatório sobre o Aquecimento Global* elaborado pela Fundação das Nações Unidas em 2007 adverte que a elevação da temperatura de 2 a 2,5º C acima dos níveis verificados em 1750 poderia conduzir a resultados intoleráveis aos seres humanos, não obstante as iniciativas para atenuar os danos provocados pelas alterações climáticas. Os Países em desenvolvimento serão, muito provavelmente, os mais prejudicados: entre 75 e 250 milhões de pessoas estarão expostas, por volta de 2020, à escassez de água na África, e a elevação do nível dos oceanos acarretará, pela baixa capacidade de adaptação desses Países, enormes dificuldades às regiões costeiras, tais como o delta dos rios Ganges e Nilo, onde há grande concentração humana.[2] Conforme o *Relatório* divulgado pelo Painel Intergovernamental sobre Mudança Climática, em 2007, a expressiva redução das emissões de CO_2 é indispensável para impedir o advento de transformações súbitas e irreversíveis que possam afetar os oceanos, as calotas polares, as áreas costeiras e a sobrevivência das espécies. A identificação de propósitos comuns por parte da Convenção-Quadro das Nações Unidas sobre Mudança Climática é apenas a primeira etapa da tentativa para superar esses inconvenientes na esfera internacional. Será preciso, na realidade, executar metas mais ambiciosas e limitar a concentração de gases que provocam o "efeito estufa", objetivo mais amplo que prever, simplesmente, montantes rígidos de emissão, como ocorreu com o Protocolo de Kyoto.

2. Nils Meyer-Ohlendorf e Christiane Gerstetter, *Trade and Climate Change: Triggers or Barriers for Climate Friendly Technology Transfer and Development?*, Berlim, Friedrich-Ebert-Stiftung, 2009 (disponível em *http://library.fes.de/pdf-files/iez/global/06119.pdf*, acesso em 2.6.2009), p. 6.

Jeffrey Sachs recomenda providências complementares, entre as quais o estabelecimento de tributos sobre a emissão de dióxido de carbono, a comercialização de permissões, o auxílio técnico e financeiro aos Países mais vulneráveis, para se adaptarem às adversidades produzidas pelo aquecimento global, e o apoio à pesquisa de novas tecnologias no campo energético e em outros setores relacionados ao sequestro de carbono, ao manejo da terra e ao transporte sustentável.[3] O segredo é combinar, com engenho e astúcia, estratégias de mitigação, adaptação e fomento à pesquisa no setor ambiental que proporcionem benefícios ao meio ambiente.

Diante da ameaça ao ecossistema, o Estado parece demasiado grande ou excessivamente pequeno: demasiado grande para a tarefa de conceber políticas viáveis para o desenvolvimento sustentável no plano local, e excessivamente pequeno para tratar de temas globais – como a mudança climática –, que demandam formas amplas de cooperação internacional.[4] O *desafio ecológico* suscita – consoante Andrew Hurrel[5] – quatro importantes questões:

(1) *A consciência dos limites materiais do progresso e do desenvolvimento, que viabilizaram a ordem política das sociedades ocidentais modernas* – paira dúvida sobre se a forma de organização dominante é adequada para administrar de maneira sustentável a relação entre a espécie humana e o ambiente natural. Enquanto nos anos 1970 o mundo debatia o esgotamento dos recursos naturais, em função das sombrias conclusões anunciadas pelo Clube de Roma, no presente a comunidade científica preocupa-se com a mudança do meio ambiente e a capacidade do Planeta para absorver os resíduos acumulados pela sociedade industrial.

(2) *A universalidade dos problemas ambientais* – tais problemas dizem respeito à generalidade dos indivíduos e somente se resolvem pela cooperação de todos os Estados, ou ao menos de um grande número deles. Certos fenômenos locais ou regionais – a degradação urbana, o desmatamento e a desertificação – solapam a estrutura social e econômica dos Países pobres, induzindo vastos contingentes humanos a pleitear re-

---

3. Jeffrey D. Sachs, *Common Wealth: Economics for a Crowded Planet*, Nova York, Penguin Press, 2008, p. 111.

4. Andrew Hurrel, *On Global Order: Power, Values, and the Constitution of International Society*, Nova York, Oxford University Press, 2007, pp. 216 e 221.

5. Idem, p. 218.

fúgio em outras partes do Globo. Convém notar, além disso, a complexa e intrínseca relação entre as adversidades ambientais e a economia globalizada. Os níveis insustentáveis de consumo de algumas Nações, causa de irresistível pressão sobre os recursos naturais, coexistem com o elo que une a pobreza, o crescimento demográfico e a devastação do meio ambiente. A universalidade dos assuntos ambientais não reside no seu caráter internacional ou na ação concertada dos Estados, mas na aceitação de que a escassez dos recursos naturais interfere nos fundamentos da ordem social e política. A organização da política em escala global é fator decisivo a influenciar, no longo prazo, a relação sustentável entre os seres humanos e a Natureza.

(3) *O caráter da cooperação* – a novidade, nesse terreno, está no engajamento de uma rede variada de atores nacionais e transnacionais, do governo central e de grupos domésticos da sociedade civil.

(4) *A enorme quantidade de Estados que não promovem a gestão satisfatória do meio ambiente no interior das fronteiras nacionais* – a ineficiência da Administração Pública provém da corrupção governamental, da falta de meios técnicos e financeiros apropriados, da oposição de grupos poderosos que se beneficiam com a desenfreada exploração da Natureza ou da leniente regulação da vida social.[6]

Dada a persistente saliência do Estado – conclui Hurrel –, é preciso imaginar meios que contenham seu poder destrutivo e liberem o potencial emancipatório requerido pela proteção ao meio ambiente.[7] A abertura para visões múltiplas da sustentabilidade passou a ser, em um mundo plural, condição para o êxito das regras estabelecidas. A proteção ambiental transforma as noções tradicionais de Estado e soberania que organizaram a sociedade internacional desde a Paz de Westfália, em meados do século XVII. Compete averiguar, com o devido equilíbrio, o alcance dessas transformações, sem esquecer o papel relevante desempenhado pelos governos.

3.2 A proteção do meio ambiente no plano internacional

A Resolução 44.228 aprovada pela Assembleia-Geral da ONU em 22.12.1989, que convocou a Conferência da ONU sobre Meio Ambien-

---

6. Andrew Hurrel, *On Global Order: Power, Values, and the Constitution of International Society*, cit., p. 221.
7. Idem, p. 235.

te e Desenvolvimento, ocorrida no Rio de Janeiro em 1992, sublinhou o caráter global dos problemas ambientais. Estes problemas requerem ações locais, regionais e universais, a denotar a estreita interdependência que as relaciona. A globalidade do meio ambiente, anunciada pela Convenção sobre o Direito do Mar de 1982 e pela Convenção sobre a Proteção da Camada de Ozônio de 1985, altera a perspectiva dominante na regulação internacional do meio ambiente.

A visão do todo, e não das partes isoladas que o constituem, passou a guiar as convenções mais recentes, interessadas em compreender as conexões entre elementos aparentemente dispersos. A literatura especializada divide a regulação internacional do meio ambiente em quatro fases distintas: (1) do final do século XIX ao término da II Guerra Mundial; (2) de 1945 até 1972; (3) da Conferência sobre o Meio Ambiente Humano, em 1972, à Conferência do Rio sobre Meio Ambiente e Desenvolvimento, realizada em 1992; e (4) da Conferência do Rio sobre Meio Ambiente e Desenvolvimento aos dias atuais. Iniciada no século XIX com os tratados bilaterais sobre a pesca, a primeira fase inclui convenções sobre a fauna e a flora e sobre a poluição da água. O utilitarismo e o antropocentrismo, vestígios de uma consciência ecológica distorcida, marcaram, nesse período, os tratados relativos à proteção da fauna e da flora selvagem.

Incorporam esse espírito a Convenção de 1902 sobre a Proteção dos Pássaros Úteis à Agricultura e o Tratado de Washington de 1911 Referente à Preservação e Proteção das Peles de Foca. De forma pioneira, a Convenção de 1902 desejou preservar os locais de reprodução das espécies selvagens e vedou o uso de métodos ainda hoje empregados para a morte e captura dessas espécies. Com intuito preservacionista, dispositivos encontrados em ambos os instrumentos regulam o comércio de objetos produzidos a partir da caça de focas e reivindicam o estabelecimento de cotas.

O Tratado sobre Águas Fronteiriças de 1909 entre os Estados Unidos e o Canadá, símbolo de uma bem-sucedida parceria na gestão dos recursos hídricos, continua em vigor nos dias atuais, por regular assunto de vital interesse para ambos os Países. Datam também desse período a decisão arbitral de 1883 na controvérsia que opôs a Grã-Bretanha aos Estados Unidos sobre a captura de focas além da jurisdição nacional inglesa e a decisão do caso "Trail Smelter" proferida em 1941, que exerceu enorme influência no direito internacional do século XX.

A segunda fase da proteção internacional do meio ambiente principia em 1945, com a criação da ONU e das agências especializadas que dela fazem parte. A Carta de São Francisco não protegeu o meio ambiente, mas mobilizou esforços em numerosas ocasiões, por meio da cooperação, objeto de diversos artigos, para adotar medidas com essa finalidade. Cabe o registro de que até agora não se logrou criar, no âmbito da ONU, uma organização específica incumbida de zelar pela preservação ambiental. Os instrumentos constitutivos da FAO e da UNESCO, num horizonte mais limitado, esboçaram a preocupação com o meio ambiente no contexto das atividades que estas organizações desempenham.

Vieram à luz, em setores determinados, organizações com responsabilidades ambientais explícitas, como é o caso da União Internacional para a Proteção da Natureza, instituída em 1948, e da Organização Marítima Internacional, criada em 1954. A União Internacional para a Proteção da Natureza, primeira organização internacional de destaque a cuidar da matéria, contou com a participação de governos e entidades não governamentais, tendo contribuído para o desenvolvimento do direito internacional mediante a celebração de tratados sobre a conservação dos recursos naturais.[8]

A Conferência das Nações Unidas sobre a Conservação e Utilização dos Recursos, convocada pelo Conselho Econômico e Social, abordou, entre outros temas, sem grande repercussão prática, as técnicas de preservação da Natureza e o auxílio aos Países em desenvolvimento, que tiveram lugar proeminente na agenda internacional nas décadas posteriores. Mais que preservar espécies da fauna e da flora, nessa fase o

8. Philippe Sands, *Principles of International Environmental Law*, 2ª ed., Cambridge, Cambridge University Press, 2003, p. 31. Cf. também: Peter H. Sand, "The evolution of international environmental law", in Daniel Bodansky, Jutta Brunnée e Ellen Hey (eds.), *The Oxford Handbook of International Environmental Law*, Nova York, Oxford University Press, 2007, pp. 29-43. T. Kuokkanen, *International Law and the Environment: Variations on a Theme*, The Hague, Kluwer Law International, 2002; K. Mickelson, "South, North, international environmental law and international environmental lawyers", *Yearbook of International Environmental Law* 11/52, Oxford, 2000; E. W. Orts, "Autopoiesis and the natural environment", in J. Přibaň e D. Nelken (eds.), *Law's New Boundaries: the Consequences of Legal Autopoiesis*, Aldershot, Ashgate, 2001, p. 159; Peter H. Sand, "A century of green lessons: the contribution of Nature conservation regimes to global governance", *International Environmental Agreements: Politics, Law and Economics* 1(1)/33, janeiro/2001; Edith Brown Weiss, "International environmental law: contemporary issues and the emergence of a new world order", *Georgetown Journal of International Law* 81(3)/675, Washington, D.C., março/1993.

interesse reside nos efeitos das atividades humanas capazes de degradar o meio ambiente natural.

A poluição dos mares, provocada pelo crescimento do transporte e pela industrialização, figurava, juntamente com as consequências dos testes nucleares realizados na atmosfera, entre os perigos a reclamar pronto e imediato combate. É celebrada em 1954, sob o influxo dos novos temores que rapidamente se alastravam, a partir do trabalho desenvolvido pela Organização Marítima Internacional, a Convenção de Londres sobre a Prevenção da Poluição do Mar por Óleo (*Olipol Convention*), modificada em 1973 pela Convenção Internacional para Prevenção da Poluição por Navios (*Marpol Convention*).

As Convenções de 1958 sobre a Pesca no Alto-Mar e sobre a Conservação dos Recursos Marinhos reconheceram o direito de pesca dos Estados-Partes, que, entretanto, pode ser limitado, para não causar danos irreversíveis à diversidade biológica. Digna de nota, por regular ecossistemas particulares, é a Convenção Ramsar de 1971, elogiada pela disciplina que estabelece para conservação das áreas úmidas onde vivem e procriam muitas espécies. A Convenção Africana sobre a Conservação da Natureza e dos Recursos Naturais de 1968, sob ótica inovadora, considerou que a utilização do solo, da água, da fauna e da flora será regida por critérios científicos e beneficiará as populações locais.

As Convenções de 1958 sobre o Alto-Mar e sobre a Plataforma Continental vedaram o lançamento de dejetos radioativos nos oceanos. O compromisso com a exploração pacífica da região levou, em 1959, o Tratado sobre a Antártica a banir todas as atividades nucleares naquele Continente. Convém lembrar, no rol dos instrumentos internacionais de controle da poluição marinha, a Convenção de Oslo de 1972, que proscreveu o lançamento de substâncias nocivas no mar.

A Conferência sobre o Meio Ambiente Humano, que teve lugar em Estocolmo de 5 a 16.6.1972, abre a terceira fase da proteção internacional do meio ambiente. Convocada pela Assembleia-Geral da ONU mediante a Resolução 2.398 (XXIII), de 3.9.1968, a Conferência contou com a participação de 114 Estados, além de grande número de observadores de organizações intergovernamentais e não governamentais – indício do êxito que o evento obteve. Na oportunidade foram aprovados a Declaração das Nações Unidas sobre o Meio Ambiente (Declaração de Estocolmo), com 26 Princípios, um Plano de Ação, que reúne 109 Recomendações, e a Resolução sobre Aspectos Financeiros e Organizacionais no Âmbito da ONU, origem do Programa das Nações Unidas sobre o Meio Ambiente, conhecido pela sigla inglesa UNEP – sem dúvida, o resultado mais significativo então alcançado.

A UNEP, a que se atribuiu a coordenação das agências especializadas da ONU, é órgão subsidiário da Assembleia-Geral composto por um Secretariado, no qual trabalham funcionários internacionais, e um Conselho de Administração, integrado por membros que atuam na condição de representantes dos governos nacionais. Lembrada em decisões judiciais e citada com frequência pela doutrina, a Declaração de Estocolmo guiou, nos anos posteriores, a proteção do meio ambiente na esfera internacional.

Nos termos do Princípio 21, que repercutiu a decisão do caso "Trail Smelter", os Estados devem evitar que as atividades desenvolvidas em seu interior causem dano a outro Estado ou venham a afetar áreas situadas além da jurisdição nacional – a exemplo do que se passa com o alto-mar ou com o espaço exterior. O Princípio 22 determina a obrigação de cooperar para que sejam elaboradas as normas internacionais; e o Princípio 23 declara que algumas regras serão nacionais e terão por base os valores e custos sociais de cada País, em virtude da necessidade de padrões ambientais diferentes para cada Nação. Já, o Princípio 24 instiga a cooperação para o efetivo controle, prevenção, redução e eliminação dos efeitos ambientais adversos decorrentes de atividades conduzidas em todas as esferas. O Plano de Ação sugeriu que se pusesse em prática uma verificação ambiental ampla (*Earthwatch*), que abarcasse atividades de monitoramento e um sistema internacional de referência.

O direito internacional assistiu, após a Conferência de Estocolmo, à celebração de novos tratados, que introduziram obrigações antes desconhecidas e técnicas para assegurar a eficácia dos compromissos, como a verificação do impacto ao meio ambiente e o acesso à informação. Surgiram organizações intergovernamentais de cunho ambiental paralelamente à atribuição, nesse setor, de competências específicas às organizações internacionais existentes. Merecem referência, em particular, os tratados sobre o lançamento de substâncias perigosas no mar, a poluição causada por navios e o comércio de espécies em extinção, bem como sobre o patrimônio cultural do mundo.

A Convenção das Nações Unidas sobre o Direito do Mar de 1982 é, entre os acordos firmados, paradigmática, pelo tratamento conferido ao meio ambiente marinho, notadamente aos recursos vivos do mar. Afora a transferência de tecnologia – aspecto devidamente valorizado –, a Convenção organizou com extremo esmero o procedimento para a solução das controvérsias. As regras ambientais adotadas pelas Comunidades Europeias e o Comitê sobre o Meio Ambiente instituído pela OCDE são, na esfera regional, acontecimentos que retratam as transformações em curso. Complementam essas iniciativas tratados sobre a proteção de todas as espécies migratórias, a proteção de *habitats*, a poluição transfronteiriça, a proibição de atividades comerciais que envolvam minerais na Antártica e as regras sobre a cooperação entre Países desenvolvidos e em desenvolvimento.[9]

A Carta Mundial para a Natureza, aprovada pela Assembleia-Geral da ONU em 1982, que não tem força obrigatória, visou a persuadir os Estados de que os princípios nela contidos são úteis e devem ser acatados. Afasta-se da Declaração de Estocolmo, que protege a Natureza com o propósito exclusivo de satisfazer as necessidades humanas. O ângulo escolhido, em harmonia com os valores que se cristalizavam no cenário internacional, concebe a Natureza como fim digno de tutela. Do ponto de vista axiológico, começava a delinear-se um quadro de referências tão poderoso, que viria a impregnar a própria finalidade da regulação jurídica ambiental.

A Carta Mundial para a Natureza tenta, com recomendações variadas, prevenir catástrofes, combater a poluição e reabilitar áreas degradadas. Coube à Assembleia-Geral da ONU estabelecer, em 1983, a Comissão Mundial sobre Meio Ambiente e Desenvolvimento, presidida pela Primeira-Ministra da Noruega, Gro Harlem Brundtland. O *Relatório Brundtland*, publicado em 1987, com espírito inovador, teve importância capital para a proteção do meio ambiente: propôs e divulgou a noção de *desenvolvimento sustentável*, a fim de suplantar a crise global, que conduzira à visão segmentada da realidade. Atenta – entre outras questões – ao crescimento populacional, à segurança alimentar, ao consumo de energia e ao desaparecimento de espécies com prejuízo ao patrimônio genético, a Comissão Brundtland aconselha esforços cooperativos para cuidar do delicado elo que une a paz, a segurança, o desenvolvimento e a conservação dos recursos naturais. Apregoou-se também a tutela do direito das gerações presentes e futuras a um meio ambiente saudável, a ser previsto em convenção elaborada com esse propósito; como também

---

9. Philippe Sands, *Principles of International Environmental Law*, cit., 2ª ed., p. 41.

o fortalecimento dos meios para evitar e resolver disputas ambientais. A Comissão Brundtland quis, ainda, patentear a urgência de auxílio financeiro fornecido pelo Banco Mundial, pelo FMI e pelos bancos regionais de desenvolvimento. Muitos desses pontos permaneceram atuais e vieram a constar da agenda da Conferência do Rio de 1992, que inaugura a quarta fase da proteção internacional do meio ambiente.

Realizada sob os auspícios da ONU de 3 a 14.6.1992, a Conferência do Rio sobre Meio Ambiente e Desenvolvimento avança em relação à Conferência de Estocolmo, ao analisar conjuntamente temas que receberam tratamento separado. Almeja o equilíbrio, nem sempre fácil, entre o desenvolvimento e a proteção do meio ambiente, já que a persistência da pobreza e os efeitos que dela derivam ameaçam seriamente a integridade dos ecossistemas naturais. A Conferência do Rio – o maior evento desse porte verificado até aquela data – reuniu 176 Estados, mais de 50 organizações intergovernamentais e milhares de representantes de organizações não governamentais e corporações.

Na oportunidade foram abertas à assinatura a Convenção sobre Diversidade Biológica e a Convenção-Quadro sobre Mudança Climática, tendo sido adotadas a Declaração sobre Meio Ambiente e Desenvolvimento (Declaração do Rio), a Agenda 21 e a Declaração de Princípios sobre Todos os Tipos de Florestas. Foi instituída a Comissão para o Desenvolvimento Sustentável, subordinada ao Conselho Econômico e Social da ONU (ECOSOC), com a incumbência de efetuar recomendações à Assembleia-Geral e acompanhar a execução das metas estipuladas na Declaração do Rio e na Agenda 21.

A Convenção sobre Diversidade Biológica indicou, no art. 1º, os motivos pelos quais foi concluída: "(...) a conservação da biodiversidade, a utilização sustentada de seus componentes e a participação justa e equitativa dos benefícios derivados da utilização dos recursos genéticos, mediante, entre outras coisas, o acesso adequado a tais recursos e a transferência apropriada das tecnologias pertinentes, tendo em conta todos os direitos sobre tais recursos e tecnologia, bem como mediante financiamento apropriado". O empobrecimento do patrimônio genético em virtude do desaparecimento de espécies prejudica a cadeia alimentar dos animais e a produção agrícola, com a sensível diminuição das colheitas. A mesma sorte atinge a produção e a pesquisa de novos medicamentos cuja matéria-prima se encontra, em larga escala, nas florestas tropicais do Planeta. A tecnologia que esses medicamentos demandam e que as normas sobre propriedade intelectual amparam é cara e sofisticada, de difícil acesso aos Países em desenvolvimento.

Os Estados Unidos recusaram-se, durante a Conferência, a assinar a Convenção sobre Diversidade Biológica, a pretexto de que não respeitava adequadamente a propriedade intelectual, obrigava ao pagamento de *royalties* aos Países onde são extraídas as espécies utilizadas para a fabricação de fármacos e definia um mecanismo de financiamento permanente.

A Convenção-Quadro sobre Mudança Climática, nascida do justo receio que o aquecimento global engendra, contém normas para reduzir as emissões de dióxido de carbono na atmosfera e outros gases não regulados pelo Protocolo de Montreal para a Proteção da Camada de Ozônio. Os Estados concordaram em traçar a orientação geral que seria futuramente convertida em compromissos específicos, graças ao entendimento das partes. A Declaração sobre Meio Ambiente e Desenvolvimento, aceita pela generalidade dos Estados, exprime o consenso em torno de princípios que o Relatório Brundtland já havia focalizado. A conciliação entre desenvolvimento econômico e preservação ambiental, objetivo que norteia a Declaração do Rio, beneficia os interesses das gerações presentes e futuras, independentemente de prioridade temporal.

O conceito de *desenvolvimento sustentável* simboliza essa conciliação ao congregar numa fórmula sugestiva o direito ao desenvolvimento, o combate à pobreza e o bem-estar das gerações futuras. A Declaração do Rio favorece a avaliação do comportamento dos governos no tocante à gestão dos assuntos ambientais, e com maior força impulsiona a formulação de políticas voltadas ao desenvolvimento sustentável. Consagra o direito soberano dos Países de explorarem seus recursos naturais em conformidade com a Carta das Nações Unidas e os princípios do direito internacional, acentuando, na linha da Declaração de Estocolmo, o dever de assegurar que as atividades no interior de cada jurisdição nacional não causem dano ao meio ambiente de outros Estados ou a áreas que se situem além dos limites da jurisdição nacional.

Em homenagem à distinta situação econômica das Nações, estatuiu-se o princípio da responsabilidade comum, porém diferenciada, com a atribuição aos Países desenvolvidos de maiores obrigações na conservação dos bens naturais. Avultam também na Declaração do Rio o princípio de precaução, determinado pela incerteza científica sobre a eventualidade de danos ambientais, e o princípio do poluidor-pagador, admitido pelo art. 16, segundo o qual os custos da produção de bens e serviços que lesam o meio ambiente devem ser ressarcidos pela fonte poluidora, e não pela sociedade.

No capítulo das garantias procedimentais, relevo especial foi dado à participação popular nas decisões, à avaliação de impacto ambiental e ao acesso amplo à informação. A riqueza e a amplitude da Declaração do Rio, que incorporou princípios consolidados e outros em plena formação, colaboraram para o desenvolvimento do direito internacional consuetudinário, ao torná-lo permeável aos valores que emergiram com vigor nas últimas duas décadas.

A Agenda 21 é, por outro lado, um plano de ação com vistas à qualidade do meio ambiente que encarece a cooperação de múltiplos atores: o Estado, as organizações internacionais e não governamentais, além do próprio indivíduo. É um programa ambicioso, que cobre numerosas áreas, imaginado para dar efetividade às normas e princípios internacionais sobre meio ambiente. Minuciosamente negociada, a Agenda 21 espelha o consenso havido a respeito das práticas que melhor realizam essa finalidade. Versa vários aspectos, entre os quais a cooperação internacional, os padrões de consumo, a saúde humana, a conservação e gestão dos recursos, a proteção da atmosfera, o desmatamento e a desertificação, a área de agricultura sustentável e a diversidade biológica.

O ativo envolvimento da ONU e das entidades que a integram é exigido para coordenação das ações, sem olvidar o aperfeiçoamento institucional para compartilhar responsabilidades e evitar a superposição de competências. A Declaração de Princípios sobre Florestas surgiu após a resistência oferecida pela Índia e pela Malásia à Convenção sobre a Exploração, Proteção e Desenvolvimento Sustentado de Florestas, que não chegou a ser concluída. Pouco expressiva, a Declaração sobre Florestas não fez outra coisa senão articular princípios universalmente aceitos que não tiveram, no correr dos anos, peso decisivo na conduta dos governos.

É perceptível nos documentos emanados pela Conferência do Rio, sob a ótica dos valores, a interdependência entre a paz, o desenvolvimento e a proteção do meio ambiente. Realçou-se, de modo análogo, devido à globalidade do meio ambiente, a formação de parcerias entre organizações públicas e privadas para atuarem com eficácia em nível local, regional e universal. Importa recordar, no período seguinte à Conferência do Rio, a adoção, em 1997, do Protocolo de Kyoto à Convenção sobre Mudança Climática e, no ano 2000, do Protocolo sobre Biossegurança à

Convenção sobre Diversidade Biológica de 1992. O Presidente George W. Bush – convém lembrar – recusou-se a formalizar a adesão dos Estados Unidos ao Protocolo de Kyoto. A ONU promoveu em Johanesburgo, em setembro/2002, a Cúpula Mundial sobre Desenvolvimento Sustentável, para comemorar o décimo aniversário da Conferência do Rio.

A Declaração de Johanesburgo deplorou a continuidade da devastação da Natureza, tendo conclamado os Estados tão somente a perseguir políticas ambientais sustentáveis. Aprovou-se, no decorrer da Cúpula de Johanesburgo, um Plano de Execução para fazer avançar com a necessária rapidez as metas acordadas na Conferência do Rio. Longo e genérico, o Plano discrimina algumas propostas concretas para aliviar a pobreza, elevar a eficiência energética, diversificar as fontes de energia e melhorar o nível de vida da população.

O aquecimento global, constatado pela comunidade científica a partir das pesquisas que comprovam a diminuição da camada de ozônio, suscitava no âmbito da Convenção sobre Mudança Climática atitudes cujo resultado se discute para atenuar os efeitos nefastos que o acompanham. Para tanto, os Estados firmaram, em dezembro/1997, o Protocolo de Kyoto, que obriga os signatários a atingir, entre 2008 e 2012, índices de emissão de dióxido de carbono na atmosfera em média 5% menores que os níveis de 1990, com metas específicas para cada País. O Protocolo estabeleceu, na esteira do que foi acertado, três mecanismos que auxiliam os Estados nessa tarefa: o sistema de comércio de emissões, a execução conjunta dos projetos de redução de emissões e o mecanismo de desenvolvimento limpo.

3.3 O desenvolvimento sustentável como paradigma

A Comissão Mundial sobre o Meio Ambiente e Desenvolvimento, denominada *Comissão Brundtland*, aludiu expressamente ao desenvolvimento sustentável em 1987. A expressão "desenvolvimento sustentável" foi empregada pela primeira vez, provavelmente, em 1980, na Estratégia de Conservação Mundial (WCS), documento preparado pela União Internacional para Conservação da Natureza e dos Recursos Naturais (IUCN).[10] Referido documento definiu o desenvolvimento sus-

---

10. Daniel Barstow Magraw e Lisa D. Hawke, "Sustainable development", in Daniel Bodansky, Jutta Brunnée e Ellen Hey (eds.), *The Oxford Handbook of International Environmental Law*, Nova York, Oxford University Press, 2007, p. 615.

tentável como: "a integração da conservação e do desenvolvimento para assegurar que as modificações no planeta garantam a sobrevivência e bem-estar de todos os povos." A WCS examinou a relevância da conservação dos recursos vivos para a sobrevivência humana e o desenvolvimento sustentável, identificou prioridades e sugeriu alternativas para alcançar as metas propostas.

O conceito de *desenvolvimento sustentável* já estava implícito nos trabalhos da Conferência sobre o Meio Ambiente Humano e na elaboração da Carta Mundial para a Natureza de 1982. Recebeu, todavia, consagração definitiva na Declaração do Rio sobre Meio Ambiente e Desenvolvimento, na Convenção sobre Mudança Climática e na Convenção sobre Diversidade Biológica, na Agenda 21 e no programa de ação aprovado na Conferência do Rio de 1992. O desenvolvimento sustentável consta, ainda, na Declaração de Copenhague sobre Desenvolvimento Social, na Declaração do Milênio adotada pela ONU no ano 2000, na Declaração de Nova Délhi dos Princípios de Direito Internacional Relacionados ao Desenvolvimento Sustentável, que vieram à luz na Septuagésima Conferência da Associação de Direito Internacional, ocorrida em 2002, e no Resultado da Cúpula Mundial, adotado pela Assembleia-Geral das Nações Unidas em 2005.

O Princípio 12 da Declaração do Rio afirmou: "Os Estados devem cooperar para o estabelecimento de um sistema econômico internacional aberto e favorável, propício ao crescimento econômico e ao desenvolvimento sustentável em todos os Países, de modo a possibilitar o tratamento mais adequado dos problemas da degradação ambiental". Já, o Princípio 27 deu ênfase ao desenvolvimento sustentável e à necessidade de que o direito internacional evolua, para lhe assegurar realização plena.

O conceito de *desenvolvimento sustentável* permanece em larga medida indeterminado, muito embora seja possível apontar os principais elementos que o constituem. Há dúvida, porém, sobre o caráter jurídico desses elementos, sobre como se relacionam e as conexões que mantêm com o restante do direito internacional. A incerteza persiste acerca da natureza do desenvolvimento sustentável, não havendo concordância a respeito da maneira como afeta a evolução das regras e instituições internacionais. O conceito de *desenvolvimento sustentável* inclui elementos substantivos e procedimentais. Os primeiros são, sobretudo, aqueles encontrados nos Princípios 3 a 8 da Declaração do Rio, a saber: a utilização sustentável dos recursos naturais, a integração entre a proteção do meio ambiente e o desenvolvimento econômico, o direito ao desenvolvimento e a busca de equidade na alocação dos recursos entre os membros da geração atual, bem como entre a geração presente e a geração futura.[11]

Apesar de não serem propriamente novos, esses elementos foram agrupados de maneira sistemática e original pela Declaração do Rio. Já, os elementos procedimentais, que nunca antes mereceram reconhecimento tão intenso, figuram nos Princípios 10 e 17 e tratam da participação pública nas decisões e da avaliação de impacto ambiental. O Princípio 8 da Declaração do Rio destaca a necessidade de "reduzir e eliminar padrões insustentáveis de produção e consumo".

A Convenção sobre Mudança Climática e a Convenção sobre Diversidade Biológica incorporaram a ideia de que o desenvolvimento sustentável exige limites na exploração dos recursos naturais, mas a expressão "utilização sustentável" só viria a constar da Convenção sobre Madeira Tropical Internacional de 1994, da Convenção para Conservação dos Estoques de Peixes Altamente Migratórios de 1995 e da Convenção Relativa aos Usos Não Navegáveis dos Cursos Internacionais de Água de 1997.[12]

O objetivo comum aos tratados ambientais, mais antigos ou mais recentes, não obstante a terminologia empregada, é possibilitar a conservação e o uso racional dos recursos naturais. Contribuem para esse desiderato as medidas de precaução admitidas pelo Princípio 15 da Declaração do Rio. A incerteza reinante sobre o potencial nocivo de certas atividades autoriza, segundo o princípio de precaução, as medidas governamentais para coibir danos que poderiam se tornar irreversíveis. A integração entre o desenvolvimento econômico e a proteção do meio ambiente passou a moldar a relação entre o homem e a Natureza em termos diferentes daqueles concebidos desde a Revolução Industrial.

A percepção da finitude dos recursos naturais, aliada ao conhecimento dos efeitos colaterais que a exploração desenfreada desses recursos acarreta, originou nova visão do processo de desenvolvimento, não circunscrita aos aspectos exclusivamente econômicos. A Declaração de Estocolmo de 1972 é indício dessa mudança, corroborada e aprofundada por tratados posteriores de âmbito regional ou universal.

11. Alan Boyle e David Freestone, "Introduction", in Alan Boyle e David Freestone, *International Law and Sustainable Development*, Oxford, Oxford University Press, 1999, pp. 8-9.

12. Idem, p. 9.

O Banco Mundial promove, desde a década de 1980, ações que revelam particular sensibilidade em relação às questões ambientais. Esse comportamento é demonstrado pelas Diretrizes de Avaliação Ambiental, que permitem verificar, em cada caso, se a proteção do meio ambiente encontra guarida nos projetos de desenvolvimento elaborados pelos governos. O Banco examina, ao conceder os empréstimos solicitados, o impacto ambiental dos projetos que financia. Buscou-se auxiliar as Nações em desenvolvimento a reduzirem as emissões de gases estufa, sem afetar negativamente os níveis de crescimento econômico.

Entre as iniciativas adotadas estão a Unidade de Estratégia e Eficiência Energética, para tratar de temas ambientais, e a Unidade de Energia Doméstica, para estimular o uso de energia renovável. O Banco Mundial, a UNEP e o Programa das Nações Unidas para o Desenvolvimento criaram, em 1991, o Fundo Global para o Meio Ambiente (GEF), destinado a conceder assistência financeira aos Países em desenvolvimento que os auxiliem a proteger o meio ambiente e a buscar a transferência de tecnologia. Cobre, basicamente, cinco áreas principais: o aquecimento global, a poluição de águas internacionais, a diminuição da diversidade biológica, a deterioração da camada de ozônio e a degradação do solo. A Agenda 21 delegou-lhe a responsabilidade de encorajar os Estados a cumprirem as obrigações assumidas, por meio da ajuda financeira necessária. Reestruturado em 1994, o GEF conta com os seguintes órgãos: a Assembleia, o Conselho, o Secretariado e o Painel Científico e Consultivo, que seguem, ao tratar do desenvolvimento sustentável, os princípios do direito internacional.[13] O Conselho deve agir de acordo com a política, as prioridades e os critérios de elegibilidade fixados pela Conferência das Partes de convenções ambientais relevantes, ocasião em que atua como mecanismo financeiro para favorecer a concretização do que foi acordado.

O Princípio 4 da Declaração do Rio estabeleceu: "A proteção ambiental deve constituir parte integrante do processo de desenvolvimento, e não pode ser considerada isoladamente deste". Os esforços concentravam-se, agora, na superação da perspectiva unilateral, que via o desenvolvimento sob o prisma eminentemente quantitativo. A integração de aspectos outrora isolados, com ênfase na qualidade ambiental, define o padrão comumente aceito para apreciar a legitimidade das políticas esta-

---

13. Malgosia Fitzmaurice, "International environmental law as special field", *Netherlands Yearbook of International Law* 25/56, The Hague, 1994.

tais. A maneira exata de integrar o desenvolvimento econômico à preservação do meio ambiente continua ainda hoje incerta e sujeita a inúmeras controvérsias. O equilíbrio entre essas finalidades permanece, a despeito das divergências, no horizonte das normas internacionais e enseja a celebração de tratados sobre assuntos que necessitam do empenho dos Estados para criar regras que ofereçam resposta a tal desafio.

O mesmo propósito permeou a Convenção sobre Mudança Climática, arts. 3 (4) e 4 (1 (f)), a Convenção sobre Diversidade Biológica, art. 6, e o Capítulo 8 da Agenda 21, além da Convenção de 1994 para Combater a Desertificação, art. 4 (2), e da Declaração de Washington de 1995 sobre a Proteção do Meio Ambiente Marinho das Atividades Localizadas em Terra.[14] No julgamento do caso "Gabčikovo-Nagymaros", em 1997, a Corte Internacional de Justiça ponderou a necessidade de conciliar a proteção do meio ambiente e o desenvolvimento econômico.

Persegue idêntico propósito o "Preâmbulo" do Acordo que criou a Organização Mundial do Comércio. Entre as metas a serem realizadas estão o pleno emprego, o crescimento da renda, o aumento da demanda e o uso dos recursos mundiais em conformidade com o princípio do desenvolvimento sustentável.

Concebido nos anos 1970, no contexto do conflito Norte-Sul, o direito ao desenvolvimento cumpriu papel importante nos debates sobre a nova ordem econômica internacional ocorridos na Assembleia-Geral das Nações Unidas em 1974. Seu escopo consistia em sintetizar numa fórmula de grande força motivadora as reivindicações de crescimento econômico, justiça social e distribuição internacional da riqueza formuladas sobretudo pelos Países recém-independentes da África e da Ásia.

Ainda que o tema da nova ordem econômica internacional tenha, em boa parte, perdido vigor na década seguinte, o direito ao desenvolvimento passou a ser reconhecido de maneira cada vez mais intensa. A Carta Africana de Direitos Humanos e dos Povos de 1981 dispôs, no art. 22, que todos os povos têm direito ao desenvolvimento econômico, social e cultural. A Declaração das Nações Unidas sobre o Direito ao Desenvolvimento, aprovada em 1986 pela Assembleia-Geral, repercutiu o pleito das Nações pobres, muitas das quais conquistaram a independência política por obra do processo de descolonização das décadas de 1950 e 1960. Antes disso, a referência ao direito ao desenvolvimento figura no

14. Alan Boyle e David Freestone, "Introduction", cit., in Alan Boyle e David Freestone, *International Law and Sustainable Development*, p. 10.

laudo, de 18.2.1983, emanado pelo Tribunal Arbitral no caso da delimitação marítima entre a Guiné e a Guiné Bissau.[15] A Declaração de 1986 considera o direito ao desenvolvimento um direito humano inalienável de que são titulares todos os povos e indivíduos. Estão, nessa qualidade, habilitados a participar do desenvolvimento econômico, social, cultural e político, a contribuir para sua realização e a desfrutar dos benefícios que proporciona.

Todos os aspectos do direito ao desenvolvimento são indivisíveis e interdependentes, a formar uma unidade incindível, que não permite análises segmentadas. O direito ao desenvolvimento, assim formulado, reforça outros direitos humanos anteriormente reconhecidos ao enfatizar, simultaneamente, os interesses dos indivíduos e coletividades. Assume natureza global em função das transformações profundas da sociedade contemporânea, que propuseram, em curto espaço de tempo, novos desafios, como a justiça social, a capacidade de destruição em massa das armas existentes, o crescimento da população, a sustentabilidade ambiental e a mudança dos padrões de produção e consumo.[16]

As grandes conferências internacionais dos anos 1990 ressaltaram o direito ao desenvolvimento, que foi admitido pela Declaração e Programa de Ação de Viena de 1993, pelo Programa de Ação do Cairo de 1994, pelo Programa de Ação de Copenhague de 1995, pela Plataforma de Ação de Pequim de 1995 e pela Agenda do Habitat-II de Istambul de 1996. A Conferência do Rio de 1992, em especial, houve por bem valorizar o direito ao desenvolvimento em harmonia com o esforço empreendido para proteger o meio ambiente. A Agenda 21 menciona, no rol dos objetivos perseguidos, o atendimento das necessidades humanas básicas em matéria de alimentação, saúde, educação e moradia.

Estima que a pobreza – um problema multidimensional e complexo – só será resolvida mediante programas específicos, elaborados pelos governos, no âmbito nacional, que proponham solução para as múltiplas questões envolvidas e contem com ampla participação popular. A Agenda 21 conclui, no Capítulo 4, que a perpetuação da pobreza é causa da degradação ambiental. Sugere, enfim, a integração entre o de-

15. Ian Brownlie, *The Human Right to Development: Study Prepared for the Commonwealth Secretariat, Human Rights Unit Occasional Paper Series*, Londres, Commonwealth Secretariat, 1989, pp. 1-2 e 13, n. 1.
16. Antônio Augusto Cançado Trindade, *Tratado de Direito Internacional dos Direitos Humanos*, Porto Alegre, Sérgio Antônio Fabris Editor, 1997, p. 281.

senvolvimento e a proteção do meio ambiente, requisito para satisfazer as necessidades humanas essenciais, resguardar o ecossistema e melhorar as condições de vida da Humanidade. A erradicação da pobreza constou expressamente no "Preâmbulo" da Convenção sobre o Clima e da Convenção sobre Diversidade Biológica, bem como da Declaração de Princípios sobre as Florestas, que se referiu às necessidades sociais, econômicas, ecológicas, culturais e espirituais das gerações presentes e futuras.

O Princípio 3 da Declaração do Rio, alvo de ampla adesão, acolheu o direito ao desenvolvimento, ao ignorar as críticas que lhe foram dirigidas. Tais críticas acentuaram-lhe o conteúdo indefinido, que lhe dá a natureza de fim a ser alcançado, e não de um direito passível de ser exercido. O Princípio 5 da Declaração do Rio, em conformidade com os demais documentos adotados na ocasião, conclama os Estados a erradicarem a pobreza – meta imprescindível para que o desenvolvimento sustentável seja alcançado. Atribuiu-se, no Princípio 10, grande prestígio ao direito à informação, à participação e aos recursos internos eficazes. A Declaração do Rio emprestou notável evidência ao direito de participar na gestão ambiental e na promoção do desenvolvimento sustentável, destacando o papel da mulher, da juventude, dos povos indígenas e das comunidades locais (Princípios 20, 21 e 22). Fruto da evolução operada nos anos 1990, para a qual colaboraram os relatórios do PNUD e as conferências organizadas sob os auspícios das Nações Unidas, o desenvolvimento passou a abranger quatro dimensões: a produtividade, a equidade, a sustentabilidade e a capacitação – que aludem, respectivamente, ao crescimento econômico, à justiça na distribuição dos recursos, ao equilíbrio ambiental e à obtenção de conhecimentos.

O desenvolvimento sustentável encerra a ideia de evolução, de florescimento e persistência, ao longo do tempo, da diversidade humana, de equilíbrio dinâmico entre a atividade econômica, a preservação e a regeneração dos sistemas ecológicos.[17] Abarca a interdependência dos recursos naturais, a dependência humana desses recursos e os efeitos globais que a degradação do meio ambiente tem para a Humanidade, somente controlados por ações de alcance planetário. Contém uma indisfarçável dimensão ética, manifestada no aperfeiçoamento de toda a

17. Aphrodite Smagadi, "Analysis of the objectives of the Convention on Biological Diversity: their interrelation and implementation guidance for access and benefit sharing", *Columbia Journal of Environmental Law* 31(2)/260, Nova York, 2006.

sociedade. O desenvolvimento sustentável busca integrar a conservação e o desenvolvimento, satisfazer as necessidades humanas básicas, realizar a equidade e a justiça social, promover a autodeterminação e a diversidade cultural, bem como manter a integridade ecológica.[18]

É fato inquestionável que o direito ao desenvolvimento adquiriu progressivamente caráter consuetudinário, fundado em um consenso quase universal. Os Países desenvolvidos, após percorrerem as várias etapas do processo de crescimento econômico, insistem nos perigos para o ecossistema de certos processos industriais e do uso corrente de combustíveis fósseis. No estágio inicial da industrialização, os Países em desenvolvimento alegam a impossibilidade de abandonar por completo esta prática e substituí-la por métodos alternativos de energia. Às voltas com altos níveis de pobreza, tais Países não dispõem dos recursos apropriados para dar vida a iniciativas tão ambiciosas. Defendem, por isso, a transferência de tecnologia pelos Países desenvolvidos, condição sem a qual não se sentem habilitados a alterar o modelo vigente de desenvolvimento econômico. O contraste entre essas posições, presente na Conferência de Estocolmo de 1972, não desapareceu, mas diminuiu com o aumento da consciência dos riscos causados pela degradação ambiental.

O Relatório Nosso Futuro Comum, preparado pela Comissão Brundtland em 1987, deu mostras de que o direito ao desenvolvimento não é absoluto – o que foi reiterado na Conferência do Rio de 1992. Essa Conferência discutiu o desenvolvimento e a proteção do meio ambiente, ao contrário da Conferência de Estocolmo, que não se ocupou de tal relação. A proteção ao meio ambiente passou a ser, nos documentos internacionais, limite interno que molda e qualifica o direito ao desenvolvimento. Reduzir a pobreza e preservar o meio ambiente são, nessa lógica, metas complementares, e não fins incompatíveis avessos à realização conjunta e simultânea.

A ideia de *desenvolvimento sustentável*, exposta pela primeira vez pela Comissão Brundtland, cria, na realidade, um acordo entre as gerações pelo qual o uso dos recursos naturais e culturais no presente não deve comprometer a satisfação das necessidades das gerações futuras. Reside nesse acordo o fundamento da justiça intergeracional, a seguir

---

18. J. Ronald Engel, "Introduction: the ethics of sustainable development", in J. Ronald Engel e Joan Gibb Engel (eds.), *Ethics of Environment and Development: Global Challenge and International Response*, Tucson, University of Arizona Press, 1990, pp. 8-9.

aprofundada, que oferece às gerações futuras a mesma qualidade e o mesmo acesso aos recursos naturais, além das opções atualmente disponíveis. Nessa acepção, a justiça intergeracional completa a justiça intrageracional, concretizada entre os membros da mesma geração no interior de uma organização social ou política.

A justiça intrageracional perpassa as Convenções sobre Mudança Climática e sobre Diversidade Biológica, tendo sido explicitamente referida no Princípio 5 da Declaração do Rio, que clama pela erradicação da pobreza. Inspira também as iniciativas para a assistência financeira e a capacitação técnica dos Países em desenvolvimento, além do princípio da responsabilidade comum porém diferenciada. A Convenção sobre Diversidade Biológica determinou que os Países em desenvolvimento têm direito de obter uma divisão justa e equitativa dos benefícios derivados dos recursos genéticos encontrados em seu território.[19]

Os elementos procedimentais, objeto de alguns tratados na atualidade, formam parte importante do conceito de desenvolvimento sustentável. A participação popular e a avaliação de impacto ambiental – para citar dois procedimentos sempre lembrados – ampliam a qualidade e a legitimidade das decisões, abrindo caminho para que sejam facilmente aceitas.

O *status* jurídico do desenvolvimento sustentável continua ainda hoje sujeito a inúmeras controvérsias. Os Países, a doutrina e a jurisprudência assumiram posições variadas sobre o tema, ora ressaltando o caráter vinculante do desenvolvimento sustentável, ora concedendo-lhe o papel de mera recomendação, que não obriga os destinatários. Alguns tratados aludiram ao desenvolvimento sustentável mas lhe deram posição topográfica distinta. A referência constante no preâmbulo serve para determinar o objeto e propósito do acordo, orientando a interpretação das diferentes cláusulas que o compõem.

Em certas ocasiões o desenvolvimento sustentável aparece no próprio texto operativo do tratado.[20] É o que sucede no art. 2º da Conven-

19. Alan Boyle e David Freestone, "Introduction", cit., in Alan Boyle e David Freestone, *International Law and Sustainable Development*, p. 15.
20. Daniel Barstow Magraw e Lisa D. Hawke, "Sustainable development", cit., in Daniel Bodansky, Jutta Brunnée e Ellen Hey (eds.), *The Oxford Handbook of International Environmental Law*, p. 622. Cf. também: Herman E. Daly, *Beyond Growth: the Economics of Sustainable Development*, Boston/MA, Beacon Press, 1998, e *Sustainable Development: Definitions, Principles, Policies, Invited Address*, Washington/D.C., World Bank, 2002; M.-C. Cordonier Segger e A. Khalfan, *Sus-*

ção sobre Mudança do Clima, que estipulou a meta de estabilizar as concentrações de gases responsáveis pelo aquecimento global em um período de tempo para permitir o desenvolvimento econômico com base na sustentabilidade dos recursos naturais; e com o art. 1º da Convenção sobre Diversidade Biológica, segundo o qual o objetivo é buscar a conservação da diversidade biológica e o uso sustentável dos seus componentes. Essa hipótese assemelha-se à anterior, pois indica que o desenvolvimento sustentável integra o objeto e o propósito do acordo – o que lhe confere peso significativo na interpretação dos seus dispositivos.[21]

Conforme a redação do texto do compromisso, o desenvolvimento sustentável pode criar direitos e obrigações para as partes, como acontece com o quarto princípio do art. 3º da Convenção sobre Mudança do Clima, que dispõe que "as Partes têm o direito ao desenvolvimento sustentável e devem promovê-lo". Há, por outro lado, divergência sobre se o desenvolvimento sustentável é um princípio de direito internacional costumeiro.

Na decisão do caso "Gabčikovo-Nagymaros" a CIJ ponderou: "Através dos tempos, a espécie humana tem, por razões econômicas e motivos diferentes, constantemente interferido na Natureza. No passado isto foi feito com frequência sem considerar os efeitos sobre o meio ambiente. Graças aos novos avanços científicos e à crescente consciência dos riscos para a Humanidade – para as gerações presentes e futuras – da busca de tais intervenções em um ritmo desconhecido, as novas normas e padrões foram desenvolvidos [e], numa demonstração de que surgiram grande número de instrumentos nas duas últimas décadas. Estas novas normas devem ser levadas em consideração e deve ser atribuído peso adequado aos novos padrões, não somente quando os Estados contemplam novas atividades, mas também quando continuam atividades iniciadas no passado. Esta necessidade de reconciliar o desenvolvimento econômico e a proteção do meio ambiente é adequadamente expressa no conceito de desenvolvimento sustentável. Para os propósitos do presente caso, isso significa que as Partes devem olhar novamente para os efeitos sobre o meio ambiente da operação da usina Gabčikovo-Nagymaros.

tainable Development Law Principles, Practices, and Prospects, Oxford, Oxford University Press, 2004; Roberto de Campos Andrade, "Desenvolvimento sustentável e direito internacional", in Alberto do Amaral Jr. (org.), *Direito Internacional e Desenvolvimento*, São Paulo, Manole, 2005, pp. 325-389.

21. Daniel Barstow Magraw e Lisa D. Hawke, "Sustainable development", cit., in Daniel Bodansky, Jutta Brunnée e Ellen Hey (eds.), *The Oxford Handbook of International Environmental Law*, p. 623.

Em particular elas devem encontrar uma solução satisfatória para o volume de água a ser lançado no antigo leito do Danúbio e nos braços de ambas as margens do rio".[22]

A maioria dos membros da CIJ salientou que o desenvolvimento sustentável é tão somente um conceito relevante, sem efetuar uma análise mais aprofundada. Em voto separado, o Juiz Weeramantry divergiu da opinião majoritária quanto à concepção do desenvolvimento sustentável: "(...). Eu o considero mais que um mero conceito, [ele é] (...) um princípio com valor normativo". Argumenta, ainda, que desde a Declaração de Estocolmo o princípio do desenvolvimento sustentável foi recepcionado por inúmeras convenções internacionais e instrumentos de *soft law*, sendo aceito pelos Países desenvolvidos e em desenvolvimento.[23] Seria, assim, parte do direito internacional moderno tanto por uma necessidade lógica quanto pela aceitação generalizada que desperta.

O desenvolvimento sustentável, na opinião do Juiz Weeramantry, não é um princípio novo, mas uma das ideias mais antigas pertencentes à cultura humana. Teria, assim, a natureza de princípio jurídico de direito internacional costumeiro, com caráter *erga omnes*, em sentido oposto aos que o consideram um programa político, destituído de força normativa. O papel desse metaprincípio não é claro; seria, entretanto – acreditam alguns autores –, similar ao da norma de direito internacional costumeiro que ordena agir de boa-fé em contextos diferentes, tais como a negociação dos acordos e a solução das controvérsias internacionais.[24] Parece existir analogia entre o metaprincípio e a função do preâmbulo nas convenções, já que, à semelhança da linguagem preambular, o metaprincípio ajuda a esclarecer os objetivos visados e a interpretar as normas, particularmente nos casos de sobreposição ou conflito.[25]

O Órgão de Apelação da Organização Mundial do Comércio entendeu, no caso "EUA Camarões", que o desenvolvimento sustentável, afirmado no "Preâmbulo" do Acordo que criou a OMC, é um conceito que "tem sido geralmente aceito como integrando o desenvolvimento social,

---

22 "Gabčikovo-Nagymaros Project (Hungary/Slovakia). Judgment", *ICJ Reports 1997*. Também disponível em *http://www.icj-cij.org/docket/files/92/7375.pdf* (acesso em 18.11.2008, p. 78, § 140).

23. "Gabčikovo-Nagymaros Project (Hungary/Slovakia). Separate opinion of Vice-President Weeramantry", *ICJ Reports 1997*, cit., p. 5.

24. Daniel Barstow Magraw e Lisa D. Hawke, "Sustainable development", cit., in Daniel Bodansky, Jutta Brunnée e Ellen Hey (eds.), *The Oxford Handbook of International Environmental Law*, p. 625.

25. Idem, ibidem.

econômico e a proteção do meio ambiente".²⁶ Esse entendimento certamente influiu na conclusão de que as tartarugas marinhas são recursos naturais exauríveis, consoante o art. XX (g) do GATT de 1994. Segundo o Órgão de Apelação, o conceito de *desenvolvimento sustentável* adiciona "cor, textura e sombra à nossa interpretação dos acordos anexos ao Acordo da OMC, nesse caso o GATT de 1994. Nós já observamos que o art. XX (g) do GATT de 1994 é apropriadamente lido na perspectiva expressa no 'Preâmbulo'".

A obscuridade e a excessiva indeterminação são críticas normalmente dirigidas ao conceito de *desenvolvimento sustentável*. Alegou-se a ausência de uma definição adequada de pobreza, de degradação ambiental e dos objetivos do desenvolvimento; bem como a falta de um conceito de *sustentabilidade* – o que permitiria a adoção de medidas com base em conhecimento científico ainda não consolidado.²⁷ De qualquer modo, o desenvolvimento sustentável indica a direção geral a ser seguida, mesmo que não forneça um guia específico para situações particulares. Trata-se do nascimento de um novo paradigma, com forte carga valorativa, que orienta a razão técnica ao integrar perspectivas que antes não obedeciam a uma diretriz comum.

Apesar da timidez de algumas Cortes Internacionais sobre a matéria, o desenvolvimento sustentável – seja como conceito, seja como princípio de direito internacional consuetudinário –, por força da aceitação que cada vez mais o acompanha, influencia em todas as esferas as decisões que repercutem no campo ambiental. Concorreu, ademais, para o aparecimento dos conceitos de *uso sustentável* e de *equidade intergeracional* e para a integração entre o crescimento econômico, a justiça social e a proteção do meio ambiente.

3.4 O desenvolvimento sustentável e o tema da justiça

Com intuito de aliviar os custos que as Nações em desenvolvimento devem suportar, surgiram instrumentos de auxílio financeiro, isenções

26. World Trade Organization, "United States – Import prohibition of certain shrimp and shrimp products: AB-1998-4: report of the Appellate Body. WT/DS58/AB/R (12 Oct. 1998)", *International Legal Materials* 38(1)/121-175, Washington, D.C., janeiro/1999 (disponível em *http://www.lexisnexis.com/us/lnacademic*, acesso em 8.3.2009, § 129, nota 107).

27. P. Malanczuk, "Evolving principles of sustainable development and good governance", in K. Ginther, E. Denters e J. I. M. de Waart (eds.), *Sustainable Development and Good Governance*, Dordrecht, Martinus Nijhoff, 1995, p. 26.

aos deveres contraídos, meios que viabilizam a transferência de tecnologia e prazos mais dilatados para o cumprimento das obrigações previstas nos tratados internacionais. A Convenção sobre Mudança Climática e a Convenção sobre Diversidade Biológica assinalaram que a ajuda financeira e a transferência de tecnologia são imprescindíveis para que os Países em desenvolvimento possam respeitar o disposto em ambos os pactos. O Princípio 6 da Declaração do Rio de 1992 confere prioridade às necessidades dos Países em desenvolvimento, particularmente aos menos desenvolvidos e àqueles que são mais vulneráveis do ponto de vista ambiental.

Duas razões principais realçaram a importância da justiça distributiva para o direito internacional do meio ambiente.[28] A proteção ambiental impõe limites ao uso dos recursos naturais – o que significa fixar critérios relativos à conservação e à utilização de bens escassos. Nesse caso, o postulado que orienta o raciocínio sustenta que cada indivíduo tem direito a uma parte dos benefícios resultantes da exploração dos recursos existentes e a ninguém é dado apoderar-se da totalidade. Em segundo lugar, é tarefa das normas ambientais repartir o ônus das medidas que buscam diminuir a poluição entre Países que contribuem de forma diversa para degradar a Natureza e não apresentam a mesma capacidade para atenuar o impacto do crescimento econômico sobre o meio ambiente.

As grandes disparidades de riqueza afetam a variedade dos problemas ambientais, a participação de cada País na deterioração do meio ambiente, bem como a capacidade dos Estados para impedir e corrigir os danos causados. Os tratados internacionais sobre a proteção do meio ambiente, ao abordarem a relação entre as gerações presentes e futuras, trouxeram à baila uma nova dimensão da justiça, inconfundível com as dimensões já reveladas pelo direito internacional moderno. A alusão às gerações futuras apareceu, nos últimos tempos, em várias áreas do direito internacional, notadamente nos tratados ambientais firmados nas últimas décadas. O "Preâmbulo" da Carta das Nações Unidas expressamente mencionou a resolução de preservar as gerações vindouras do flagelo da guerra como motivo para a existência de uma nova organização internacional encarregada de limitar o uso da força e promover o progresso da Humanidade.

28. Dinah Shelton, "Equity", *Oxford Handbook of International Environmental Law*, Daniel Bodansky, Jutta Brunnee e Ellen Hey (edits.), Oxford, Oxford University Press, 2007, pp. 639-662 (esp. p. 652).

A Convenção das Nações Unidas sobre o Direito do Mar de 1982 consigna que os fundos marinhos são patrimônio comum da Humanidade a serem explorados por uma autoridade encarregada dessa tarefa. Concepção similar encontra-se no Tratado de 1967 sobre os Princípios que Governam as Atividades dos Estados na Exploração e Uso do Espaço Exterior Incluindo a Lua e Outros Corpos Celestes (art. 1), bem como no Tratado de 1979 sobre as Atividades dos Estados na Lua e Outros Corpos Celestes (arts. 4 e 11). Os problemas intertemporais não foram ignorados pela Convenção de Viena sobre Direito dos Tratados: os arts. 26 e 61 cuidaram, respectivamente, da retroatividade dos tratados e da impossibilidade superveniente de cumprimento de uma obrigação.

O princípio *pacta sunt servanda*, de origem consuetudinária, tem repercussão temporal na fundamentação das obrigações internacionais. A Carta sobre Direitos e Deveres Econômicos dos Estados de 1974 estabeleceu que a proteção, preservação e melhoria do meio ambiente, em benefício das gerações presentes e futuras, são responsabilidade de todos os Estados (art. 30). Ecoa, sob esse aspecto, a Declaração de Estocolmo sobre o Meio Ambiente Humano de 1972, que cuidou, no "Preâmbulo", do bem-estar das gerações futuras: "(...) defender e melhorar o meio ambiente, tanto para as gerações atuais como para as futuras, objetivo que se deve procurar atingir em harmonia com os fins estabelecidos e fundamentais da paz e do desenvolvimento econômico e social em todo o mundo". O Princípio 1 da Declaração recomendou que: "O homem tem o direito fundamental à liberdade, à igualdade e a desfrutar condições de vida adequadas, em um meio ambiente de qualidade que lhe permita levar uma vida digna, gozar do bem-estar e ter a obrigação de proteger e melhorar o meio ambiente, para as gerações presentes e futuras. A esse respeito, as políticas que promovem ou perpetuam o *apartheid*, a segregação racial, a discriminação, a opressão colonial e outras formas de opressão e de dominação estrangeira são condenadas e devem ser extintas". Enquanto o Princípio 2 declara: "Os recursos naturais da Terra, incluídos o ar, a água, o solo, a flora e a fauna e, especialmente, parcelas representativas dos ecossistemas naturais, devem ser preservados em benefício das gerações atuais e futuras, mediante um cuidadoso planejamento ou administração adequada".

O "Preâmbulo" da Carta Mundial para a Natureza contém uma declaração análoga – prova de que, nesse terreno, o direito internacional experimentava mudanças profundas. No plano convencional, três instrumentos que vieram à luz no limiar dos anos 1970 aludiram aos interesses das gerações futuras: a Convenção de Londres de 1972 sobre Descarga Oceânica, a Convenção de 1973 Relativa ao Comércio Internacional de Espécies em Extinção da Flora e da Fauna Selvagem e a Convenção de 1972 a Respeito da Proteção da Herança Natural e Cultural do Mundo.

Os princípios elaborados pela Comissão Mundial sobre o Meio Ambiente e Desenvolvimento (Comissão Brundtland), em 1987, deram destaque à equidade intergeracional: "Os Estados devem conservar e usar o meio ambiente e os recursos naturais em benefício das gerações presentes e futuras" (Princípio 2). A Conferência sobre Meio Ambiente e Desenvolvimento, ocorrida no Rio de Janeiro em 1992, marcou a recepção desse princípio na Agenda 21, na Convenção sobre Mudança Climática e na Convenção sobre a Diversidade Biológica.

A tutela dos interesses das gerações futuras, convertida em objetivo a ser alcançado, altera a perspectiva tradicional que informa as regras jurídicas. Durante séculos as normas internacionais privilegiaram a dimensão interespacial, que se resumia, em última instância, em propiciar a coexistência pacífica, dada a ausência de centralização e concentração do poder político. Não se concebe a justiça, nesse contexto, fora das relações interestatais estabelecidas para disciplinar interesses passados ou presentes.[29] A preocupação com o futuro introduz a importância do fator *tempo* para a finalidade do Direito em geral e do direito internacional em particular.[30]

A preservação da biosfera requer não somente que se regulem os valores e situações presentes, mas também aqueles que deverão ainda existir. Constata-se, assim, um vínculo indissociável entre a proteção do meio ambiente e a equidade intergeracional, na medida em que ambas almejam combinar o presente e o futuro de maneira até então inusitada. Alexandre Kiss lembra, a propósito, que: "Aqueles que vivem hoje não são senão um elemento de uma cadeia que não deve ser interrompida. Existe uma solidariedade mundial não somente no espaço entre

---

29. Antônio Augusto Cançado Trindade, "The contribution of international human rights law to environmental protection, with special reference to global environmental change", in Edith Brown Weiss (ed.), *Environmental Change and International Law: New Challenges and Dimensions*, Tóquio, United Nations University Press, 1992, pp. 256-257.

30. Alexandre Kiss, "The implications of global change for the international legal system", in Edith Brown Weiss (ed.), *Environmental change and international law: new challenges and dimensions*, Tóquio, United Nations University Press, 1992, p. 337.

os povos do mundo, mas também no tempo, entre as gerações que se sucedem".[31]

Kiss observa, ainda, que "o tempo torna-se um elemento de finalidade. Não é um tempo limitado, mas um tempo indeterminado, o tempo das gerações futuras que deverão suceder-se".[32] Com efeito, a consciência de que a geração presente é apenas um simples elo em uma cadeia mais ampla alarga extraordinariamente o horizonte da solidariedade, não mais circunscrito às relações interespaciais. A solidariedade humana atua em três dimensões: dentro de cada grupo social; no relacionamento externo entre grupos, povos e Nações; bem como entre as sucessivas gerações na História. A finalidade do direito internacional, do mesmo modo, também se enriquece: abrange as gerações futuras, próximas ou distantes, numa perspectiva temporal indeterminada.

O direito internacional conta pelo menos com três princípios de justiça: a justiça formal, a distributiva e a justiça intergeracional. O conceito de *justiça formal* privilegia a criação de um sistema jurídico internacional estático, fundado na certeza, previsibilidade e estabilidade do todo normativo, enquanto os conceitos de *justiça distributiva* e *justiça intergeracional* possibilitam a formação de um sistema dinâmico, que favorece a adaptação das normas e a operacionalidade das prescrições normativas. A tensão muitas vezes contamina a convivência entre os princípios, já que o interesse das gerações presentes e futuras pode não só dispensar a reciprocidade como, também, impor nova repartição dos custos trazidos pelo crescimento econômico. A solidariedade – diga-se de passagem – comporta a divisão de ônus e benefícios segundo critérios que vão muito além da mera disposição das partes para lograr um fim comum. A justiça intergeracional, nesses termos, funda-se na concepção de que a Terra é um bem que os nossos ancestrais nos legaram para ser usado e transmitido aos que viverão no futuro.

Os recursos do Planeta nos foram transmitidos em "confiança", a fim de que não sejam inteiramente dilapidados para satisfazer os desejos de consumo daqueles que vivem no presente.[33] Surgem direitos e

31. Alexandre Kiss, "La notion de patrimoine commun de L'humanité", *Recueil des Cours* 175(2)/113, 229, 231 e 240, The Hague, 1982.
32. Idem, pp. 229, 231, 240 e 243.
33. Edith Brown Weiss, "Intergenerational equity: a legal framework for global environmental change", in Edith Brown Weiss (ed.), *Environmental Change and International Law: New Challenges and Dimensions*, Tóquio, United Nations University Press, 1992, p. 395.

responsabilidades derivados da convicção de que a espécie humana, em conjunto, deve compartilhar os recursos naturais do Planeta por intermédio das gerações passadas, presentes e futuras. Na condição de beneficiários, podemos usar os bens que nos foram legados, tomando a devida cautela para que outros não sejam privados desse direito. Esta assertiva repousa em duas premissas essenciais que inserem a espécie humana no sistema ambiental e interligam as gerações num todo indivisível. O homem é diretamente afetado pelas mudanças naturais que engendra, pois é o único ser capaz de introduzir modificações voluntárias no meio ambiente. As gerações têm, ademais, a mesma posição perante a Natureza, sendo incorreto sustentar a prioridade da geração presente na exploração dos recursos planetários.[34]

Da paridade entre as gerações decorrem direitos idênticos, inconciliáveis com as preferências que distorcem a igualdade entre elas. A comunidade humana torna-se uma parceria entre as gerações, organizada em torno da divisão de direitos e obrigações para preservar o patrimônio natural. Essa parceria é necessária para a manutenção do ciclo vital, dos processos ecológicos e das condições para a existência de um meio ambiente saudável. Cada geração obriga-se, por isso, a não transmitir o Planeta à geração seguinte mais degradado do que o recebeu, proporcionando-lhe acesso aos recursos de que necessita para sobreviver. Já se alegou que a salvaguarda dos interesses das gerações futuras colide com o direito ao desenvolvimento da geração presente – o que levaria à renúncia de desejos e necessidades atuais em prol de hipotéticas vantagens futuras. É lícito sustentar, contudo, que a consecução de um objetivo não exclui o outro, e ambos podem ser realizados conjuntamente.

O postulado de que as gerações são beneficiárias da Natureza e responsáveis pela integridade ecológica não impede o desenvolvimento, apenas limita a degradação ambiental indiscriminada. Edith Brown Weiss considera que os seguintes princípios informam a equidade intergeracional:[35]

(1) *A conservação das opções* – cada geração deve conservar a diversidade na base dos recursos naturais e culturais, de tal modo que não sejam restringidas as opções disponíveis para que as gerações futuras resolvam seus problemas e satisfaçam suas necessidades. Para tanto, é preciso que seja assegurado o direito à diversidade comparável àquele

34. Idem, p. 396.
35. Idem, p. 401.

de que eram titulares as gerações anteriores. O princípio da conservação das opções postula que a diversidade, assim como a qualidade, contribui para a manutenção dos ecossistemas, fato que a diversidade biológica tão bem evidencia. Requer que se preserve o equilíbrio dos recursos pela adoção de medidas destinadas a impedir a devastação de áreas tropicais para o plantio de monoculturas que causam graves danos à diversidade biológica. É claro que conservar as opções não significa manter intacto o meio ambiente natural. O desenvolvimento tecnológico cria alternativas para a substituição das técnicas empregadas, possibilitando maior eficiência na exploração dos recursos existentes.[36]

(2) *A conservação da qualidade* – compete a cada geração transmitir à geração seguinte os recursos naturais do Planeta em condições tais que não sejam piores que as recebidas. É preciso evitar, nessa lógica, que a poluição do solo, do ar e da água se prolongue no tempo, vindo a causar danos, inclusive de natureza irreversível, à vida e à saúde humanas, bem como aos animais e vegetais.[37] A conservação da qualidade não pretende, obviamente, deixar o meio ambiente inalterado, mas encorajar o crescimento sustentável. Na busca da sustentabilidade serão úteis a contribuição oferecida pelo progresso científico e o desenvolvimento de indicadores para avaliar a diversidade biológica e o grau de aproveitamento dos recursos naturais. A capacidade de prever os pontos de ruptura do sistema natural, devido às mudanças sociais contínuas, tornou-se essencial para determinar o momento exato em que a intervenção humana é necessária. A conservação das opções e a conservação da qualidade são complementares e estabelecem uma relação de interdependência mútua. A qualidade depende da multiplicidade de opções, ao passo que a conservação destas supõe a manutenção da qualidade.

(3) *A conservação do acesso* – cada geração deve prover aos seus membros direito de acesso ao legado das gerações passadas e deve conservar o referido acesso às gerações futuras. É imperativo que o patrimônio natural e cultural, cujo acesso se procura garantir, seja comparável em qualidade e diversidade ao patrimônio das gerações passadas e que os membros da geração presente tenham recursos suficientes para usufruir-lhe os benefícios.[38]

Os princípios apontados acima não definem o modo como cada geração irá utilizar os recursos terrestres, nem autorizam estimativas sobre

36. Idem, pp. 402-404.
37. Idem, pp. 404-405.
38. Idem, p. 405.

estilos de vida e preferências de consumo que terão lugar no futuro. Almejam, antes, assegurar às gerações posteriores um patrimônio natural e cultural de tal sorte variado que permita a realização dos seus valores e preferências. Edith Brown Weiss salienta que a conservação da diversidade, da qualidade e do acesso são princípios que estabelecem direitos e obrigações intergeracionais, de alcance planetário, que derivam da posição que cada geração ocupa como parte da natureza intertemporal da sociedade humana.[39]

A geração presente mantém com as gerações anteriores e posteriores relações jurídicas que criam direitos e obrigações: a geração atual tem obrigações perante a geração futura, enquanto esta é titular de direitos em face daquela. As obrigações são devidas a todos quantos nos sucederão, não importando o fato de estarem mais próximos ou mais distantes no tempo. Os direitos intergeracionais são direitos de titularidade coletiva que pertencem às gerações no curso do processo histórico. Existem independentemente do número e da identidade dos indivíduos que constituem cada geração.

Edith Brown Weiss repudia a tese de que as gerações futuras não são titulares de direitos, porque estes somente existem caso se possa identificar os indivíduos que têm interesses a proteger. Segundo esta tese, a impossibilidade de saber quem são esses indivíduos não autoriza afirmar que as gerações futuras são titulares de direitos em face da geração atual. Contra este argumento cabe sustentar que, ao invés de exibirem titularidade individual, os direitos planetários são direitos coletivos, concebidos no contexto temporal das gerações. Trata-se, na verdade, do direito de compartilhar equitativamente o uso do Planeta com as demais gerações. No caso "Minors Oposa *versus* Secretary of the Department of Environment and Natural Resources" a Suprema Corte das Filipinas considerou que as gerações presentes têm legitimidade para representar as gerações futuras em grande parte porque "toda geração tem responsabilidade perante a geração subsequente de preservar o ritmo e harmonia para o pleno gozo da ecologia saudável e equilibrada".[40]

É sabido que a coleta e a disseminação das informações se vinculam à justiça intergeracional aqui exposta. A Convenção Internacional que Regula a Pesca da Baleia estabelece uma comissão encarregada de

---

39. Idem, ibidem.
40. "Minors Oposa *versus* Secretary of the Department of Environment and Natural Resources", p. 168.

compilar e analisar as informações estatísticas relativas à quantidade atual de baleias e aos efeitos das atividades de pesca, com o propósito de salvaguardar os interesses das gerações futuras. O art. 4º da Convenção da UNESCO para a Proteção do Patrimônio Cultural e Natural do Mundo exige que cada Estado assegure a identificação, proteção, conservação, apresentação e transmissão para as gerações futuras do patrimônio cultural e natural situado em seu território. Cada parte deve submeter ao Comitê do Patrimônio Mundial os bens que formam parte da herança cultural e natural da nossa civilização. O Comitê atualiza constantemente esse inventário, e de tempos em tempos prepara uma lista da herança mundial ameaçada.

Os princípios da justiça intergeracional moldam o conteúdo das gerações presentes, determinando, em cada caso, o âmbito das ações possíveis. Entre os critérios utilizados para julgar a compatibilidade de certos comportamentos com o direito das gerações futuras estão o impacto das atividades humanas no tempo e no espaço, a reversibilidade ou irreversibilidade dos seus efeitos e o significado que possuem para um grande número de pessoas.[41] Citam-se entre os atos que infringem os direitos intergeracionais: a devastação de florestas, de modo a reduzir a diversidade das espécies e a sustentabilidade do solo; a poluição do ar e as transformações do ecossistema capazes de provocar mudança climática em larga escala; e a destruição de bens que interessam às gerações futuras, como as bibliotecas e os bancos genéticos.

A eficácia dos direitos intergeracionais vincula-se também a normas que instituem procedimentos para garantir o acesso à informação, a participação pública e a avaliação das consequências das atividades humanas.

---

41. Edith Brown Weiss, "Intergenerational equity: a legal framework for global environmental change", cit., in Edith Brown Weiss (ed.), *Environmental Change and International Law: New Challenges and Dimensions*, p. 408.

II – Problemas e Setores em Concreto

4. *Regulação dos Serviços de Saneamento Básico: Cooperação Institucional para o Desenvolvimento do Setor* – Vinícius Marques de Carvalho
5. *Regulação da Propriedade Privada: Inovações na Política Agrária e a Redução dos Custos de Equidade* – Carlos Portugal Gouvêa
6. *Regulação do Mercado de Capitais e Desenvolvimento* – Sheila Christina Neder Cerezetti

4
Regulação dos Serviços de Saneamento Básico: Cooperação Institucional para o Desenvolvimento do Setor

VINÍCIUS MARQUES DE CARVALHO

4.1 Introdução. 4.2 Saneamento básico na atualidade: desafios e interfaces do setor. 4.3 Saneamento básico como serviço público na Constituição Federal de 1988. 4.4 Saneamento básico e Federação: competências e titularidade: 4.4.1 Distribuição de competências na Constituição Federal de 1988: competências comuns, serviços sociais e saneamento básico: 4.4.1.1 Competências da União – 4.4.1.2 Competências dos Estados – 4.4.1.3 Competências dos Municípios – 4.4.2 Competências constitucionais e serviços de saneamento básico: a controvérsia da titularidade. 4.5 Relações intergovernamentais e os serviços de saneamento básico: o desafio da cooperação e do planejamento. 4.6 Conclusão.

4.1 Introdução

Em um País com acentuados problemas de desigualdade social, qual o papel que se espera do Estado na prestação de serviços públicos de infraestrutura? Que princípios e objetivos deveriam nortear a regulação desses serviços? Como coordenar políticas públicas em âmbito nacional para assegurar que esses serviços cumpram seu papel no desenvolvimento econômico e social?

Não é possível responder a essas questões sem entender os dois movimentos históricos que compõem o contexto que conformou as políticas de gestão dos serviços públicos nos últimos anos.

O primeiro refere-se à subtração do papel do Estado de ofertante direto de alguns serviços à população. Esses serviços, componentes essenciais da realização do objetivo constitucional da dignidade da pessoa humana, compunham aquilo que pode ser chamado de salário indireto e permitiam à parcela da população atendida por eles um padrão de vida não totalmente vinculado aos ganhos advindos da renda do trabalho, na medida em que eram subsidiados. Com o processo de privatização, a garantia da sua prestação passa a ser mediada pela relação de consumo estabelecida, de modo que esta última alcança um novo patamar na agenda da cidadania.

O segundo movimento é uma consequência do primeiro. Nota-se que as políticas públicas de desenvolvimento social direcionaram-se para promover a mobilidade social da população mais pobre usando como estratégia a garantia de renda digna a essa parcela da sociedade. Ou seja: o Estado deixa de prestar os serviços, de um lado, e, de outro, garante recursos diretamente aos mais pobres. Essa segunda estratégia, aliada a outras políticas econômicas e de distribuição de renda, além de reduzir a pobreza e levar à classe média 26 milhões de brasileiros, também permitiu que as pessoas identificassem nas relações de consumo o caminho para sua constituição como cidadãs. Enfim, de um lado, relações de consumo pautam relações antes "quase estatais"; de outro, políticas de renda permitem que o acesso à cidadania se estabeleça por meio do consumo.

Não obstante o quadro acima, e mesmo identificando a figura do cidadão como consumidor, os serviços públicos ainda têm um papel essencial na superação do quadro de subdesenvolvimento que ainda vivemos. Não é por acaso que muitas políticas públicas apontam para a universalização desses serviços como seu objetivo primordial. O grande problema é que esse objetivo raramente se instrumentaliza em princípios ou regras operacionais, que, no nosso quadro de desigualdades, deveria voltar-se explicitamente para a construção de estratégias de regulação do acesso.

Neste estudo pretendemos discutir aas questões suscitadas acima e tentar delinear como uma política pública para os serviços de saneamento básico pode articular tais princípios na regulação desse setor.

Estima-se que 1,2 bilhão de pessoas no mundo são desprovidas de água potável e 2,5 bilhões de esgotamento sanitário. Segundo as *Metas do Milênio* fixadas pela ONU, até 2015 esses números devem ser reduzidos à metade. A intensidade da discussão sobre as estratégias de financiamento para se atingir essas metas tem estimulado uma diversidade de posições no debate sobre a gestão dos serviços de saneamento básico.

Em um extremo, há quem defenda, como estratégia central, o incentivo à participação direta do setor privado no financiamento da expansão desses serviços. No contexto de restrições fiscais severas ao Poder Público, a iniciativa privada poderia, desde que assegurada por um marco institucional favorável, ser uma prestadora dos serviços mais eficiente e ampliar o acesso das populações mais carentes à água.

A defesa da participação privada na prestação dos serviços de saneamento básico é feita, frequentemente, com base nos mesmos argumentos usados para os outros setores de infraestrutura: aumento de eficiência e novos aportes de investimentos. O principal objetivo da abordagem acima é fazer com que os preços exerçam sua função de sinalizar a melhor eficiência alocativa na relação entre a produção e o consumo de água, e não apenas conferir um valor econômico para os recursos hídricos. Para tanto, em alguns casos deveria haver uma reforma tarifária que assegurasse a viabilidade econômica dos empreendimentos. Considera-se importante também a autonomia financeira dos empreendimentos, que, em conjunto com as definições claras das obrigações contratuais, promoveriam a sustentabilidade dos serviços.

No outro extremo aparecem argumentos que identificam a participação privada na gestão dos serviços de saneamento básico a uma desconsideração da água como bem comum, de propriedade de todos, cujo acesso deveria ser considerado um direito humano. Segundo essa perspectiva, estaríamos diante da última e mais grave etapa do avanço da teoria neoliberal em direção à mercantilização dos bens indispensáveis à vida.

Esse ponto de vista, ao promover uma equiparação entre a privatização dos recursos hídricos e a privatização dos serviços públicos de saneamento básico, tenta demonstrar que caminhamos para uma conjuntura em que até a água como recurso será comercializada, e as multinacionais deixarão as populações mais pobres perecerem sedentas. Para combater esse prognóstico sombrio, consolidam-se a defesa de um direito à água gratuita e a ideia de que a participação privada conduz necessariamente à exclusão dos mais pobres.

Essa contraposição acaba por menosprezar possibilidades de conciliação entre a participação privada e a gestão pública dos serviços. Do lado dos *privatistas*, inflacionam-se as oportunidades e as vantagens do capital privado, não apenas em termos de eficiência produtiva e de inovação tecnológica, mas principalmente seu papel na redução da pobreza por meio da universalização dos serviços. Do lado dos *publicistas*, a recusa absoluta do setor privado subestima a existência de restrições fiscais e a necessidade de uma gestão eficiente dos serviços. Isso leva a um desprezo pelo debate sobre os possíveis arranjos institucionais de participação privada que mantenham o caráter público dos serviços e a universalização como meta exequível.

O debate sobre um novo modelo de gestão dos serviços de saneamento básico no Brasil vem se intensificando nos últimos anos. Grande parte do desenho institucional vigente até hoje deriva da estrutura criada pelo Plano Nacional de Saneamento/PLANASA. Apesar das críticas ao modelo (muitas delas pertinentes, como as relativas aos aspectos centralizadores relacionados à distribuição dos recursos financeiros e à falta de transparência e controle social), os resultados obtidos em termos de cobertura e de acessibilidade da população às redes de infraestrutura urbanas não são desprezíveis.

Nos últimos anos, como ocorreu em outros setores de infraestrutura, buscou-se definir um sistema nacional que fornecesse os parâmetros para a participação privada nos serviços de saneamento básico. Esse novo desenho institucional teria como missão combinar o interesse público na universalização e na qualidade dos serviços com o retorno financeiro esperado pela iniciativa privada. Para isso, seria necessário garantir ao Poder Público instrumentos de regulação e controle da atividade privada.

Sustenta-se que a análise dos limites da participação privada na gestão dos serviços de saneamento básico não pode prescindir de uma abordagem relacionada ao ambiente institucional que envolve o setor, tendo em vista a importância do caráter intersetorial e intergovernamental que o delimita.

A importância dos serviços de saneamento básico para a saúde pública, para a preservação ambiental – principalmente relacionada à gestão dos recursos hídricos – e para a própria organização do espaço urbano, por si só, já demonstraria a existência de desafios impostos à consolidação de um novo arcabouço jurídico-institucional para o setor. Adicione-se, ainda, em decorrência de tais questões, a forma pela qual o saneamento básico se insere na órbita federativa. A Constituição Federal de 1988 atribui competências para os três entes federativos nessa matéria – o que estimula uma disputa sobre a titularidade para a prestação dos serviços.

O fato de o saneamento básico ser um serviço público justifica a necessidade da intervenção pública no setor, que deve ser definida levando-se em consideração os aspectos mencionados.[1] Com vistas a contribuir para o debate, o objetivo deste artigo consiste em compreender os elementos que estruturam e conformam a gestão dos serviços de saneamento básico no Brasil, ou seja, que identificam sua dimensão institucional. Para tanto, discutiremos inicialmente os desafios a serem enfrentados pelas políticas públicas do setor e a disciplina constitucional do serviço de saneamento básico. Em seguida, nossa análise recairá sobre a importância das relações intergovernamentais para a gestão desses serviços e sobre a importância que o planejamento, enquanto método de ação pública, adquire na gestão dos serviços de saneamento. Por fim, e já nas considerações finais, nossa abordagem recairá sobre as melhores formas de estruturação da ação pública e privada no setor.

4.2 Saneamento básico na atualidade: desafios e interfaces do setor

Certamente, a universalização dos serviços de saneamento básico é ainda o principal desafio das políticas públicas.[2] Tentaremos, a partir de alguns dados sobre o setor, quantificar e qualificar essa tarefa,[3] examinando sua relação com as desigualdades sociais e espaciais.

Não obstante ser o mais abrangente entre os serviços de saneamento básico do País, a rede de distribuição de água atinge, segundo a Pesquisa Nacional de Saneamento Básico/PNSB, apenas 63,9% do número total de domicílios. Tais serviços caracterizam-se, também, por um desequilíbrio regional: enquanto na região Sudeste a proporção de domicílios

1. É importante ressaltar que este trabalho se insere num momento histórico decisivo para o futuro da gestão do saneamento básico no Brasil. Após anos de indefinição regulatória – desde a extinção do Banco Nacional de Habitação/BNH, em 1985, não havia uma política pública nacional para o setor –, foi promulgada a Lei federal 11.445, de 5.1.2007, que estabelece diretrizes nacionais para a gestão dos serviços de saneamento básico, bem como uma política federal relativa ao setor.

2. Nesse sentido, a Lei 11.445/2007 dispõe, no art. 2º, I, que os serviços públicos de saneamento básico devem ser prestados com base no princípio fundamental da universalização do acesso. A universalização é definida, no art. 3º, III, como a ampliação progressiva do acesso de todos os domicílios ocupados ao saneamento básico.

3. Utilizamos, para compor o quadro estatístico do setor de saneamento básico e quantificar o desafio da universalização, os resultados da Pesquisa Nacional de Saneamento Básico/PNSB de 2000, realizada pelo IBGE (disponível em www.ibge.gov.br, acesso em 20.8.2006).

atendidos é de 70,5%, nas regiões Norte e Nordeste o serviço alcança apenas 44,3% e 52,9% dos domicílios, respectivamente.

Segundo a referida pesquisa, é importante mencionar que entre 1989 e 2000 o volume de água distribuída sem tratamento aumentou significativamente. Do volume total de água distribuída no conjunto do País em 1989, apenas 3,9% não eram tratados. Em 2000 esta proporção quase dobrou, atingindo 7,2%.

A desigualdade entre os estratos populacionais dos Municípios brasileiros manifesta-se de forma mais evidente examinando-se o volume *per capita* da água tratada distribuída. Os menores Municípios recebem menor volume *per capita*, em todas as regiões, particularmente nas regiões Nordeste e Norte. Nos Municípios com menos de 20 mil habitantes da região Norte a água tratada distribuída alcança somente 40 litros diários *per capita* (0,04m^3). A região Sudeste apresenta situação bem mais favorável, apesar do porte populacional.

O serviço de esgotamento sanitário é o menos estruturado nos Municípios brasileiros. No Brasil, segundo a PNSB, apenas 33,5% do número total de domicílios recenseados são atendidos por rede geral de esgoto. A proporção dos Municípios que têm apenas serviço de coleta supera a proporção daqueles que coletam e tratam o esgoto (32,0% e 20,2%, respectivamente). Além disso, os resultados revelam um quadro marcante de desigualdades regionais. O atendimento chega ao seu nível mais baixo na região Norte, onde apenas 2,4% dos domicílios são atendidos; seguida das regiões Nordeste (14,7%), Centro-Oeste (28,1%) e Sul (22,5%). A região Sudeste apresenta o melhor atendimento, mesmo assim ele cobre pouco mais da metade dos domicílios da região (53,0%), e mesmo nessa região somente um terço deles apresentam condição adequada de esgotamento sanitário.

Do ponto de vista econômico-financeiro, Ricardo Araújo[4] aponta uma tendência a receitas estacionárias e custos crescentes, baseada em vários fatores, entre eles:

(1) A busca de universalização dos serviços impõe a necessidade de expansão dos sistemas de água em áreas periféricas novas, ocupadas por usuários de baixa renda, sendo que as arrecadações tarifárias nessas áreas encontram-se, em geral, abaixo dos custos de investimento e de

---

4. Ricardo Guilherme de Araújo, *A Transição Institucional do Setor de Saneamento e a Questão Metropolitana*, Dissertação (Mestrado), Faculdade de Filosofia, Letras e Ciências Humanas/USP, São Paulo, 2003, pp. 31-32.

operação (comercial, inclusive) das prestadoras de serviços, o que explica o fato de tais expansões serem fortemente subsidiadas.

(2) Há uma perda relativa ou absoluta de clientes nas faixas mais altas de consumo, sobretudo industriais. Esses clientes subsidiam os investimentos de expansão dos sistemas para a população de renda mais baixa, como se verificava tanto na estrutura tarifária do PLANASA quanto nas estruturas tarifárias adotadas pelos Municípios. Por conta disso, os usuários de maior porte passam a recorrer a outras fontes de suprimento (sobretudo poços profundos) ou a equipamentos que promovem economia de água.

(3) As prestadoras dos serviços de saneamento básico defrontam-se cada vez mais com a necessidade de substituição de equipamentos e manutenção de grandes, médias e pequenas estruturas, devido a um inexorável envelhecimento dos sistemas.

(4) Por fim, as expansões dos sistemas dependem da busca de novos mananciais, os quais se situam em locais mais distantes. Com isso, ampliam-se os custos de investimento e operação, elevando-se o custo médio por metro cúbico de água produzido.

O quadro exposto sugere um desafio a qualquer proposta de reorganização do marco regulatório da gestão dos serviços de saneamento básico no Brasil: a imperiosa necessidade de universalizar os serviços.

No entanto, para assegurar a todos condições adequadas de saneamento básico, são necessárias políticas que considerem questões relacionadas às desigualdades regionais e sociais, além de tratar especificamente a questão do esgotamento sanitário – a qual, sem dúvida, relaciona-se à preservação dos recursos hídricos.

Enfim, ainda mais que os outros serviços de infraestrutura, o saneamento básico não admite excluídos. É necessário entender que a universalização dos serviços de saneamento é objetivo que não pode ser tratado de maneira segmentada, especialmente em uma sociedade periférica, que sofre um processo de urbanização espacial e socialmente segregador. A universalização exige, para sua própria eficácia social, estratégias concertadas e planejadas, porque universalizar os serviços de saneamento básico significa garantir a todos o acesso à rede de distribuição de água e coleta de esgoto, assegurar que ninguém seja excluído do serviço devido à incapacidade de pagamento e, por fim, garantir o tratamento do esgoto coletado. Enquanto os dois primeiros aspectos relacionam-se diretamente com a dimensão espacial e social, o último envolve diretamente a proteção da qualidade do insumo básico desses serviços: a água.

Como podemos observar nas estatísticas da PNSB/2000, apesar dos avanços nos serviços de abastecimento de água e, em menor medida, nos serviços de esgotamento sanitário, ainda há uma relevante parcela da população carente desses serviços. Ao se buscar qualificar essas carências, percebemos nítidas distinções entre níveis de cobertura por tipos de serviço (abastecimento de água e esgotamento sanitário), distinções entre regiões e distinções em função da renda das populações atendidas. A pesquisa demonstra que, se a desigualdade do serviço domiciliar de rede geral de esgoto está relacionada ao tamanho da população dos Municípios, os distintos estágios de desenvolvimento do País explicam as diferenças inter-regionais encontradas.

Em relação aos serviços de saneamento básico, as distorções dos processos de urbanização nos Países de industrialização tardia como o Brasil tiveram uma grave consequência: a reprodução e a intensificação da segregação social por meio da segregação espacial. Uma das formas de mensurar esse fenômeno é analisar a distribuição dos serviços públicos essenciais entre a população.

Com efeito, há uma distribuição desigual tanto sob o ponto de vista regional quanto intraurbano dos serviços de saneamento básico – o que evidencia a relação entre os serviços públicos de saneamento básico e a má distribuição de renda da população.

Essa dinâmica revela-se nas dificuldades de financiamento dos serviços apenas pela via tarifária. Disso decorre a importância do debate sobre a política de subsídios. No caso brasileiro, por exemplo, o comprometimento da renda com a conta de água e esgoto representava, em 1998, 1% da renda *per capita*, enquanto em Países desenvolvidos – como a França e a Alemanha – representava 0,65% e 0,63%, respectivamente.[5] A própria ligação entre a renda da população e o acesso aos serviços demonstra a necessidade de efeitos tarifários distributivos.

Queremos, com isso, ressaltar que todo o debate sobre o desenho institucional do setor e as questões jurídicas ligadas à participação pri-

---

5. Cf. Aspásia Camargo e Marilene Santos, "Universalização do saneamento: por uma gestão eficiente dos recursos escassos", in Marcos Thadeu Abicalil, Cecy Oliveira e Emerson Medeiros (orgs.), *O Pensamento do Setor de Saneamento no Brasil: Perspectivas Futuras. Série Modernização do Setor de Saneamento*, vol. 16, Brasília, Ministério do Planejamento e Orçamento, Secretaria de Política Urbana/ IPEA, 2002, p. 69.

vada nos serviços de saneamento básico têm como pano de fundo o fato de que qualquer estratégia de universalização tem sua efetividade condicionada à implementação consentânea de políticas públicas de desenvolvimento social, urbano e ambiental.[6]

4.3 Saneamento básico como serviço público na Constituição Federal de 1988

Esperamos, até aqui, ter delimitado os desafios impostos aos serviços de saneamento básico e destacado sua contribuição para a superação das desigualdades sociais e espaciais – além, é claro, da sua importância ambiental no que tange à preservação dos recursos hídricos e, por consequência, da saúde da população.

A questão a que tentaremos responder agora refere-se a como os serviços de saneamento básico se enquadram na divisão que se pode realizar a partir da Constituição entre *serviços econômicos* e *serviços sociais*.

Observa-se um duplo papel dos serviços de saneamento básico ao longo da história da sua prestação no Brasil, evidenciado, inclusive por contradições de políticas públicas, como o PLANASA, que não conseguiu resolver o "caráter ambíguo de sua inserção como empresa ou como serviço público, a justificar a ineficácia no atendimento social pela condição de empresa e, vice-versa, a ineficiência econômica pela condição de serviço essencial".[7]

Por um lado, o saneamento básico é serviço econômico ou industrial-comercial: organiza-se na forma de redes de infraestrutura, sua prestação envolve a cobrança de tarifas e é passível de ser concedido à iniciativa privada. Tais características o submetem às disposições contidas nas leis que regulamentam a prestação desses serviços,[8] segundo as exigências do art. 175 da CF.

---

6. Nesse sentido, a Lei 11.445/2007 instituiu como princípio fundamental de gestão dos serviços de saneamento básico a "articulação com as políticas de desenvolvimento urbano e regional, de habitação, de combate à pobreza e de sua erradicação, de proteção ambiental, de promoção da saúde e outras de relevante interesse social voltadas para a melhoria da qualidade de vida, para as quais o saneamento básico seja fator determinante" (art. 2º, VI).

7. Ricardo Toledo Silva, *Elementos para Regulação e o Controle da Infraestrutura Regional e Urbana em Cenário de Oferta Privada de Serviços*, Tese (Livre-Docência), Faculdade de Arquitetura e Urbanismo/USP, São Paulo, 1996, pp. 4-13.

8. A Lei federal 8.987/1995 estipula que tais serviços devem satisfazer as condições de regularidade, continuidade, eficiência, segurança, atualidade, generalida-

Por outro lado, o serviço de saneamento básico pode ser considerado um serviço social, na medida em que é responsável por uma dimensão essencial do direito à saúde, imprescindível para a efetivação da dignidade da pessoa humana (art. 1º da CF) e para a realização dos objetivos da sociedade brasileira (art. 3º da CF).

A união entre saneamento básico e saúde pública resultou, ao longo da História, no incremento substancial da presença do Estado no território nacional e da atuação deste perante a sociedade.[9] Esse aspecto histórico de desenvolvimento das políticas públicas foi acompanhado pela consagração da saúde como um direito.

Há, dessa forma, um paralelismo entre a tomada de consciência dos problemas de saneamento básico e a constituição da saúde como problema coletivo, seguida de seu reconhecimento como direito. Essa relação nos permite enxergar o saneamento básico como fator determinante do direito à saúde.

Com base nas considerações sobre essa relação, é possível associar diretamente os serviços de saneamento básico aos serviços de saúde pública e considerá-los, portanto, serviços sociais. O art. 196 da CF determina: "A saúde é direito de todos e dever do Estado, garantido mediante políticas sociais e econômicas que visem à redução do risco de doença e

de, cortesia na sua prestação e modicidade das tarifas (art. 6º, § 1º). Sendo ainda mais específica, a Lei federal 9.074/1995 impõe ao poder concedente "o atendimento abrangente ao mercado, sem exclusão das populações de baixa renda e das áreas de baixa densidade populacional, inclusive as rurais" (art. 3º, IV).

9. Não seria exagero afirmar que na história da expansão dos serviços de saneamento básico verifica-se uma relação direta entre urbanização, espontânea ou não, e saúde pública. A denúncia das condições de vida da classe trabalhadora durante a Revolução Industrial proporcionou o surgimento da Medicina como prática política, e o saneamento básico ascendeu como instrumento poderoso de política sanitária. Os processos de industrialização, urbanização e crescimento populacional tinham constituído uma sociedade na qual a doença assumia papel central, em especial quando esta se apresentava à sociedade sob a forma epidêmica. A extensão do fenômeno também estava vinculada à constituição do Estado Nacional, sendo crescente a convicção da perda de eficácia das soluções individuais e locais, então vigentes, para resolver um problema que se tornava crescentemente coletivo e nacional. Assim, descobriram-se os elos de interdependência social que tornavam os indivíduos social e politicamente interdependentes e percebeu-se que a possibilidade de regular os efeitos negativos desses processos exigia reconhecer seu alcance nacional. Sobre o tema, v.: Cristina Sonaly Rezende e Léo Heller, *Saneamento no Brasil: Políticas e Interfaces*, Belo Horizonte, UFMG, 2002. V., também: Gilberto Hochman, *A Era do Saneamento. As Bases da Política de Saúde Pública no Brasil*, São Paulo, Hucitec, 1998.

de outros agravos e ao acesso universal e igualitário às ações e serviços para sua promoção, proteção e recuperação". Ora, o principal efeito da prestação dos serviços de saneamento básico consiste exatamente na redução do risco de doença.

Como salientamos, o saneamento básico consagrou-se como uma manifestação da saúde enquanto problema coletivo. Tal afirmação, aliada às disposições legais, revela a importância da questão do ponto de vista social. O saneamento básico é reconhecido como um dos serviços que mais contribuem para a melhoria da saúde, da qualidade de vida e do meio ambiente – o que explica a necessidade de sua universalização, pressuposto essencial da realização do princípio da igualdade. Isso significa que os serviços de saneamento básico devem atender às demandas sanitárias mínimas e essenciais da população, considerando as condições e diferenças sociais dos usuários e a determinação da expansão dos serviços, que devem atingir, inclusive, as populações de baixa renda e as áreas de baixa densidade populacional, tendo como horizonte a satisfação de toda a população. Trata-se, portanto, de serviços essenciais, de interesse de todos indistintamente, cujos parâmetros não podem ser medidos segundo os critérios de mercado.[10]

De fato, o saneamento básico e a saúde inserem-se em um sistema público de solidariedade social que, fundamentado na Constituição Federal de 1988, visa a garantir aos cidadãos a capacidade para seu pleno desenvolvimento e bem-estar. O saneamento básico consiste, enfim, em um direito social, que, como tal, tem no princípio da solidariedade seu fundamento inarredável.

A partir da caracterização feita acima, é possível destacar algumas implicações, em termos da relação dos serviços com a sociedade, que revelam a atualidade do desafio de conciliar as lógicas econômica e social que permeiam essa atividade.

Podemos salientar, inicialmente, o debate sobre as consequências da inadimplência, isto é, o não pagamento das tarifas dos serviços pelos usuários. Em primeiro lugar, quando se trata de serviço com a relevância social que apresenta o saneamento básico, deve-se garantir que a população, principalmente a de baixa renda, não seja, de forma alguma, excluída do acesso ao serviço. Em segundo lugar, é preciso que em todos os casos seja assegurado um nível mínimo de abastecimento de água

10. Alaôr Caffé Alves, *Saneamento Básico: Concessões, Permissões e Convênios Públicos*, Bauru, EDIPRO, 1998, p. 24.

para garantir condições adequadas de salubridade ambiental da unidade de consumo. Por fim, no caso dos serviços de esgotamento sanitário não há dúvida, pelas implicações mencionadas relativas à saúde pública, de que a interrupção da prestação não é possível. É claro que tais iniciativas devem estar claramente inseridas numa política pública de universalização dos serviços que pode assegurar, inclusive, a gratuidade tarifária em determinadas situações.

Uma segunda implicação digna de nota diz respeito à obrigação de conexão de todas as unidades de consumo à rede pública. Autorizar grandes consumidores, principalmente industriais, ou setores econômicos a não se conectarem à rede pública pode significar o comprometimento de toda a estrutura tarifária – e, por decorrência, de toda a organização econômico-financeira do setor. Isso impediria, enfim, a realização do saneamento básico como um serviço ou direito social.

Mas, sem dúvida, a maior implicação de considerar o saneamento básico como serviço social está na dimensão institucional; mais especificamente, na forma como a Constituição Federal organiza as competências relativas à gestão dos serviços sociais, exigindo, de um lado, a ação de todos os níveis de Poderes Públicos na sua efetivação e, de outro, uma solução gerencial que se aplique a todo o território nacional, levando em consideração as especificidades regionais.

Acreditamos que, se no começo do século XX a solidariedade consistia em conferir caráter nacional ao problema do saneamento básico, reconhecendo-o como tarefa do Estado Brasileiro, no começo do século XXI agrega-se a essa tarefa a dimensão federativa. A universalização dos serviços relacionados ao saneamento básico é um compromisso com a Nação Brasileira, cuja implementação envolve todas as esferas federativas, por meio de seus mecanismos de cooperação e coordenação.

4.4 Saneamento básico e Federação: competências e titularidade

A amplitude e a diversidade das situações individuais e sociais relacionadas à saúde exigem o envolvimento simultâneo de vários entes públicos. De fato, a consolidação do direito à saúde comporta, além das atividades de controle e vigilância sanitárias, a prestação de serviços. Neste item, a partir de uma análise contextual dos critérios de distribuição de competências adotados na Constituição Federal, afirmamos a tese de que os serviços sociais – instrumentos de realização de direitos humanos – dependem do esforço conjunto de todas as esferas de poder político, o que se evidencia pela predominância de competências materiais e legislativas comuns nesse âmbito (item 4.4.1). Em seguida, ressaltamos a controvérsia sobre a titularidade dos serviços de saneamento básico (item 4.4.2). Por fim, nos detemos sobre o impacto dessa análise sobre a gestão dos serviços, ressaltando o desafio da cooperação, do planejamento e do financiamento (item 4.5).

4.4.1 Distribuição de competências na Constituição Federal de 1988: competências comuns, serviços sociais e saneamento básico

Em primeiro lugar, é preciso mencionar que os critérios e a própria repartição de competências referentes aos serviços de saneamento básico conferem concretude a um modelo de organização de Estado que, no caso brasileiro, é o federativo.

Levando em conta a organização das competências no cenário de federalismo cooperativo adotado pela Constituição de 1988, não podemos deixar de concordar com as considerações de Alaôr Caffé Alves: "Na verdade, entre nós, exatamente em razão daquele desenvolvimento altamente integrado que caracteriza a dinâmica socioeconômica contemporânea, triunfa a concepção solidária das instâncias governamentais federativas, onde as competências comuns e concorrentes sobrelevam às exclusivas".[11]

Em segundo lugar, podemos afirmar que nenhum dos entes integrantes de uma Federação é autorizado a identificar ou promover interesses próprios sem levar em consideração os interesses dos demais, sendo a cada um vedado estabelecer prerrogativas em prol de si mesmo. Talvez o aspecto primordial seja o reconhecimento de que todos os entes integrantes da Federação são cotitulares de interesses comuns, cuja promoção se desenvolve por meio da atuação conjunta e indissociável, assegurando-se a todos respeito recíproco. Os entes federativos são parcelas de um todo, e esse conjunto não é uma simples soma de partes. O todo – a Federação – é mais que a mera soma das partes – os entes federados.[12]

11. Alaôr Caffé Alves, *Saneamento Básico: Concessões, Permissões e Convênios Públicos*, cit., p. 172.
12. Marçal Justen Filho, *Parecer Elaborado sobre Minuta de Anteprojeto da Lei da Política Nacional de Saneamento Básico*, p. 5 (disponível em *www.cidades.gov.br/media/ParecerMarcalJustenSaneamento.pdf*, acesso em 22.10.2006).

Em terceiro lugar, o critério de titularidade de competências não é uniforme e homogêneo. As competências atinentes a bens públicos são orientadas por critérios diversos daqueles relacionados à discriminação de competências tributárias. A diferenciação de competências legislativas não observa critérios idênticos aos adotados para competências administrativas/materiais.[13]

Apesar de a Constituição Federal realizar uma diferenciação clara entre as competências materiais e as competências legislativas, fixamo-nos na distinção entre competências privativas/exclusivas e competências comuns/concorrentes, tendo em vista o objetivo do nosso estudo, que consiste em compreender a dimensão federativa da gestão dos serviços de saneamento básico.

O que singulariza as competências comuns ou concorrentes é a organização nacional de funções de grande relevância para a sociedade como um todo e que, por isso mesmo, envolvem a concretização de direitos fundamentais. O rol apresentado pelo art. 23 do texto constitucional contempla essa dimensão ao salientar as questões de natureza social (incisos II, V, VIII, IX, X e XII) e ambiental (incisos VI, VII e XI).

Detalhemos cada uma das competências dos entes federativos na gestão dos serviços de saneamento básico.

4.4.1.1 Competências da União

Tratamos, aqui, da principal competência da União na gestão dos serviços de saneamento básico: estabelecer as diretrizes para o setor (art. 21, XX, da CF) – o que oferece, inclusive, suporte para que a União exerça sua função executiva de contribuir para a melhoria das condições de saneamento básico.

A análise dessa competência é fundamental para identificarmos os limites da ação da União na gestão dos serviços de saneamento. E é impossível realizá-la sem nos determos sobre o que se entende por "diretrizes".

Nota-se que na maioria das vezes a Constituição Federal utiliza essa expressão para tratar de competências legislativas concorrentes, em que o papel da União se restringe ao estabelecimento de normas gerais (art. 24, § 1º). No entanto, no caso em apreço o texto constitucional insere a competência de estabelecer diretrizes entre as competências materiais.

---

13. Idem, p. 7.

A singularidade do enquadramento das diretrizes como competência executiva está no seu maior âmbito de atuação, para além do estabelecimento de normas gerais, e demonstra o importante papel da União na gestão dos serviços de saneamento básico. Concordando com Floriano Azevedo Marques, entendemos que as diretrizes, como não são normas gerais, não regulam o serviço de maneira meramente abstrata ou principiológica. O papel da União é estruturante, orientado para a integração das ações de saneamento básico e para sua operacionalização.[14]

A partir dessas considerações, podemos afirmar que as diretrizes determinadas pela Constituição Federal nada mais são que a concretização da função planejadora da União no setor de saneamento básico. Elas estipulam os fins a serem perseguidos pelos atores que interagem na gestão dos serviços e os meios mais adequados para persegui-los. Além disso, por se tratar da organização em âmbito nacional de um serviço sujeito a intervenções de todos os entes da Federação, as diretrizes nacionais não podem se abster de instituir critérios de repartição e compartilhamento das funções regulatórias, estimulando o relacionamento cooperativo.[15] Com isso, a União assume o papel de coordenadora das ações referentes à implementação da política pública no setor de saneamento básico.

Sem dúvida, há um grande limite a essa forma de atuação estatal. Trata-se da necessidade de se preservar a autonomia dos entes federativos. Embora as diretrizes tenham abrangência nacional, devem atentar para esse interesse, não devendo, contudo, invadir a capacidade de autoadministração e auto-organização das demais instâncias da Federação.

4.4.1.2 *Competências dos Estados*

Um dos temas mais polêmicos relacionados aos serviços de saneamento básico no Brasil diz respeito ao papel reservado aos Estados na gestão desses serviços.

---

14. Floriano de Azevedo Marques Neto, *Parecer Elaborado sobre Minuta de Anteprojeto da Lei da Política Nacional de Saneamento Básico*, p. 86 (disponível em *www.cidades.gov.br/media/ParecerFlorianoAzevedoMNetoSaneamento.pdf*, acesso em 22.10.2006).

15. Foi exatamente para o estabelecimento dessas diretrizes que veio a Lei 11.445/2007. Ela estabelece diretrizes para a prestação regionalizada dos serviços, estimulando a cooperação entre os entes federativos (arts. 14 a 18), para o planejamento (arts. 19 e 20), para a regulação (arts. 21 a 27), para a definição dos aspectos econômicos, sociais (arts. 29 a 42), técnicos (arts. 43 a 46) e para o controle social (art. 47).

Além da competência comum de empreender esforços para a melhoria das condições de saneamento básico, há outro fundamento constitucional, que reside na competência dos Estados para instituir regiões metropolitanas, aglomerações urbanas e microrregiões com o objetivo de integrar a organização, o planejamento e a execução de funções de interesse comum (art. 25, § 3º, da CF).

A existência do fenômeno metropolitano é inquestionável. A grande dificuldade, na verdade, consiste em estruturar um padrão de relações intergovernamentais que, em um ambiente federativo, estimule a ação conjunta e não represente um obstáculo à atuação de nenhum dos entes políticos envolvidos. É esse o desafio de caráter institucional que foi deixado pela Constituição Federal de 1988.

Não se pode negar a necessidade real de integração das funções públicas comuns – sua complexidade institucional exige coordenação, planejamento e articulação das políticas públicas. A própria explicitação do conceito de *interesse comum metropolitano*, reconhecendo-se a premência de se enfrentarem os desafios da prestação dos serviços públicos, foi um avanço, possibilitando, inclusive, conferir uma dimensão territorial à gestão dos serviços. Nota-se que a Constituição Federal de 1988 substituiu a expressão "serviços de interesse comum" por "funções de interesse comum", revelando que as regiões metropolitanas podem visar à conjugação de atividades-meio – ou seja, o planejamento, o controle, a fiscalização e o próprio financiamento –, indo além da mera execução de serviços.

A Constituição Federal institucionalizou uma nova arena para o estabelecimento de acordo entre os vários atores pertencentes ao cenário metropolitano, permitindo o surgimento de formatos institucionais flexíveis, mais condizentes com as diferentes realidades regionais e resistentes à dicotomia entre centralização e descentralização.

Principalmente a partir de meados dos anos 1990 consolidou-se a ideia de que, embora a descentralização política possa ter sido um mecanismo importante para maior eficácia, transparência e acesso a serviços e equipamentos urbanos (especialmente para a população mais pobre), trata-se de medida que não pode ser generalizada, estando longe de ser solução aplicável a qualquer caso. A consolidação desse contexto, em termos de formato institucional, vem à tona com as tentativas de combinar diferentes formas de associações compulsórias, reguladas pelos três âmbitos de governo, com diversas modalidades voluntárias de cooperação metropolitana, valorizando-se a colaboração entre as três esferas de governo.[16]

Identifica-se como pressuposto desses novos mecanismos institucionais a necessidade de se arrefecerem as tensões entre as esferas federativas – o que constitui exigência da gestão dos serviços de saneamento básico.

Como essa dimensão territorial comanda a dinâmica metropolitana, quando nos referimos às *funções públicas de interesse comum* na gestão dos serviços públicos não pretendemos fazer alusão à organização mais direta de sua execução, no tocante ao controle e à fiscalização do prestador da atividade, mas à sua regulamentação mais ampla, abrangendo desde a disciplina do uso do solo e o estabelecimento de parâmetros ambientais até a formulação e a implementação das políticas públicas. Há, assim, conforme cada caso, o compartilhamento de funções de planejamento, financiamento, controle e fiscalização.

4.4.1.3 *Competências dos Municípios*

Segundo a Constituição Federal de 1988, aos Municípios cabe a prestação dos serviços públicos de *interesse local*, em substituição à expressão "peculiar interesse", utilizada nas Constituições anteriores.

Entendemos que em praticamente todos os serviços públicos há uma parcela de interesse local, em que o Município pode, portanto, interferir. A questão é analisar, de acordo com os preceitos constitucionais, quais a extensão e a profundidade dessa intervenção em cada serviço.

Consideramos que no caso de serviços públicos pode haver funções relacionadas à sua gestão em que não se identifica a predominância do interesse local, especialmente se essas funções representarem interesses da sociedade como um todo, como os relacionados à saúde pública ou ao meio ambiente. Nesses casos há dimensões do planejamento, do financiamento e da regulação que devem ser compartilhadas pelos entes federados, segundo as diretrizes fixadas pela União. Podemos citar como exemplo típico dessa situação a saúde pública, que abrange temas relativos a cada uma das esferas de gestão.

---

16. Cf. Sérgio de Azevedo e Virgínia Rennó dos Mares Guia, "Os dilemas institucionais da gestão metropolitana no Brasil", in Luiz César de Queiroz Ribeiro (org.), *Metrópoles: entre a Coesão e a Fragmentação, a Cooperação e o Conflito*, São Paulo, Perseu Abramo, 2004, pp. 104-105.

Entretanto, a Constituição Federal não define quais seriam os serviços predominantemente locais. Nesses casos, que são a grande maioria,[17] a absorção de serviços pelos Municípios depende de considerações históricas e geográficas.

No que diz respeito a aspectos históricos, pode-se dizer que a prestação de um serviço, ao longo do tempo, pelo Município consolida sua titularidade. Esse entendimento, entretanto, não resolve a questão, uma vez que, historicamente, um mesmo serviço pode ter sido oferecido conjuntamente por Estados e Municípios ou, mesmo, pela União. Diante dessa realidade, deve prevalecer uma análise caso a caso, sendo a titularidade do serviço definida pela realidade da prestação.

No que tange a aspectos geográficos, a definição de um interesse como local pode derivar de sua circunscrição aos limites do território do Município. O problema, nesse caso, está em determinar essa circunscrição, principalmente no caso dos serviços organizados em redes de infraestrutura. Muitas vezes a própria organização industrial impõe que etapas essenciais da produção do insumo oferecido à população não se circunscrevam ao território municipal.

Na verdade, a dificuldade em se determinar a titularidade de certos serviços públicos decorre da natureza do processo histórico de formação da Administração Pública brasileira, caracterizado pela sobreposição de planos e de competências – em diversos casos, o surgimento de uma nova estrutura não implicou a substituição da anterior, criando-se um emaranhado de atribuições coincidentes, limitadas apenas pelas características físicas de cada atividade.

4.4.2 Competências constitucionais e serviços de saneamento básico: a controvérsia da titularidade

A análise da distribuição das competências constitucionais, aliada à consideração da evolução histórica da prestação dos serviços de saneamento básico e da realidade geográfica de sua infraestrutura, proporciona interpretações diversas sobre a titularidade desses serviços.

É da natureza ambígua de tais serviços que decorre a dificuldade de se definir sua titularidade. Como característica de serviço econômico o saneamento básico apresenta a possibilidade de concessão de sua

17. A Constituição Federal só define explicitamente como serviço local o transporte coletivo (art. 30, V).

prestação a um particular, que pode auferir sua renda das tarifas pagas pelos usuários – o que decorre da organização industrial do serviço na forma de redes de infraestrutura. Como característica de serviço social o saneamento básico apresenta relação direta com o direito à saúde. Disso decorre sua importância na realização da dignidade da pessoa humana e a necessidade de torná-lo uma responsabilidade nacional, um dever do Estado Brasileiro. Como nos demais serviços sociais – educação e saúde, por exemplo –, o saneamento básico constitui, segundo essa premissa, serviço de competência comum a todos os entes da Federação.

Tendo em vista tais considerações, acreditamos ser necessário distinguir as funções públicas decorrentes dessas competências compartilhadas das funções relativas à titularidade dos serviços, que, sem dúvida, acabam sendo limitadas.

Considera-se titular, nesse contexto, o ente responsável pela prestação dos serviços – o que inclui a escolha do prestador. Entretanto, o titular do serviço regulamenta, controla e fiscaliza essa prestação não apenas segundo os parâmetros por ele próprio estabelecidos, uma vez que há funções cuja competência não lhe pertence. As funções públicas de planejamento, regulação e, em alguns casos, até de execução são divididas entre os entes conforme as disposições constitucionais.

Com base no conjunto das disposições constitucionais, entende-se ser possível resolver o problema da titularidade dos serviços de saneamento básico a partir da diferença entre a titularidade da prestação dos serviços e a titularidade das outras competências relacionadas à gestão dos serviços em âmbito nacional.

Entendemos que, em face da atual configuração constitucional e dos pressupostos do federalismo brasileiro, que asseguram a autonomia das esferas político-administrativas, a titularidade da prestação dos serviços de saneamento básico é municipal.

A questão diz respeito à possibilidade de transferência dessa titularidade aos Estados por ocasião do estabelecimento das regiões metropolitanas. Acreditamos que essa transferência não se realiza. A partir da leitura do § 3º do art. 25 da CF não é possível sustentar tal interpretação, visto que o fenômeno da regionalização enseja a necessidade de integração das funções de interesse comum – comuns aos Municípios que compõem a região. A transferência da titularidade ao Estado seria incompatível com os objetivos da regionalização dos serviços, que é a integração das políticas públicas locais de desenvolvimento urbano. Ora, transferir ao Estado a competência dos serviços cujo impacto da gestão não se circunscreve ao âmbito local significaria a desintegração desses serviços, sua fragmentação em etapas que dificultam a gestão conjunta. Ou seja: acarretaria o efeito inverso ao pretendido.

Vislumbra-se, por ocasião da superação dos limites locais, o surgimento de uma região de prestação de serviços que exige a articulação dos Municípios envolvidos. Constatada, assim, a emergência de interesse regional, em especial metropolitano – que, nos serviços de saneamento básico, pode ser identificado por diretrizes da União[18] –, lei complementar estadual pode tornar compulsória a associação entre os Municípios por meio da criação de uma região metropolitana, aglomeração urbana ou microrregião. Sendo assim, respondemos à questão sobre qual é o ente titular dos serviços públicos regionalizados por meio de lei complementar estadual da seguinte forma: a titularidade dos serviços pertence aos Municípios conjuntamente ou, no máximo, em comunhão com o respectivo Estado Federado, não havendo fundamento constitucional para qualificar determinado serviço como sendo de titularidade exclusivamente estadual quando sua organização não se restringir aos limites de apenas um Município.

4.5 Relações intergovernamentais e os serviços de saneamento básico: o desafio da cooperação e do planejamento

Com base nas considerações de Alaôr Caffé Alves, podem ser distinguidas as escalas micro e macro de intervenção estatal, nas vertentes econômica e de qualidade. A escala micro, tanto na vertente econômica (relação com o usuário e universalização do serviço: tarifas, subsídios, custos etc.) quanto na de qualidade dos serviços (produto e processo, qualidade dos efluentes, sistemas de captação e tratamento, manutenção dos ativos, operação etc.), constitui o núcleo da competência direta para a regulamentação da prestação dos serviços, em relação imediata com

---

18. A Lei 11.445/2007 estabeleceu o que caracteriza a *prestação regionalizada*: "Art. 14. A prestação regionalizada de serviços públicos de saneamento básico é caracterizada por: I – um único prestador do serviço para vários Municípios, contíguos ou não; II – uniformidade de fiscalização e regulação dos serviços, inclusive de sua remuneração; III – compatibilidade de planejamento". Embora tenha estipulado corretamente o compartilhamento do planejamento, da regulação e da fiscalização – o que, na prática, significa a titularidade comum –, não estipulou as diretrizes para se identificar o interesse regional nos serviços de saneamento básico.

os usuários, sob a responsabilidade daquele que detém a titularidade dos mesmos. A escala macro, por outro lado, quer na vertente econômica (relação com o poder econômico: uso e ocupação das bacias hidrográficas; grandes consumidores; grandes produtores de insumo; e relação com os processos de desenvolvimento regional e urbano), quer na vertente de qualidade (relação com os cursos d'água das bacias, observadas as classificações pertinentes; grandes vazões; qualidade da água na captação e no retorno à bacia; qualidade e equilíbrio ecológicos etc.), constitui o quadro de competências reguladoras e executoras de políticas públicas regionais e/ou nacionais que exigem a inserção articulada ou harmonizada dos serviços regulados como instrumentos daquelas políticas mais amplas.[19-20] Como há muitas competências comuns em jogo, a articulação entre elas, no âmbito das relações intergovernamentais, torna-se imprescindível.

Em tese, a competência comum atribui a todos os entes governamentais, conjuntamente e em nível de igualdade, a faculdade de praticar determinados atos administrativos, no âmbito de uma mesma matéria. Desse modo, caracteriza-se um campo de atuação comum em que a competência é exercida cumulativamente, sem que a atividade de um ente exclua a atuação de outro. Por exemplo, a competência de promover melhorias nas condições de saneamento básico permite aos Estados gerir estruturas destinadas a esses serviços, especialmente empresas que

19. As competências estaduais e nacionais no âmbito da gestão dos serviços de saneamento básico e que compõem a escala macro derivam também da titularidade desses entes sobre o insumo essencial desses serviços: os recursos hídricos. Isso não determina, necessariamente, a titularidade dos serviços, mas, sem dúvida, inclui Estados e União na discussão sobre sua gestão. Note-se que no caso dos serviços de energia elétrica, por exemplo, a Constituição Federal considerou os potenciais de energia hidráulica propriedades da União, tendo em vista fazer coincidir o domínio do insumo com a titularidade dos serviços e garantir as condições materiais necessárias à sua prestação. No caso do saneamento básico, embora não ocorra o mesmo – já que o art. 20, III, determina que "os lagos, rios e quaisquer correntes de água em terrenos de seu domínio, ou que banhem mais de um Estado, sirvam de limites com outros Países, ou se estendam a território estrangeiro ou dele provenham, bem como os terrenos marginais e as praias fluviais" sejam de domínio da União e o art. 26, I, determina que "as águas superficiais ou subterrâneas, fluentes, emergentes e em depósito" pertencem aos Estados –, isso não significa que a União ou o Estado possam impedir o uso dos recursos hídricos para o abastecimento humano, que, como salientamos, é a prioridade do uso da água.

20. Alaôr Caffé Alves, *Saneamento Básico: Concessões, Permissões e Convênios Públicos*, cit., p. 28.

estejam sob seu controle, o que pode se confrontar com a existência de órgãos municipais com os mesmos objetivos.

Como afirma Ricardo Araújo, a Constituição Federal de 1988 teve como efeito mais visível, no que se refere ao problema de serviços públicos de interesse comum, uma mudança de conteúdo na organização proposta para o tratamento da questão regional. As metrópoles são vistas como uma questão regional, em que "a cooperação e a coordenação intergovernamental passam a ter uma dimensão institucional própria, representada pela exigência de unidades integradas e personalizadas de ações públicas de interesse comum".[21]

Evidencia-se, assim, uma nova dimensão cooperativa e coordenadora, coerente com os princípios constitucionais. Essa dimensão introduz uma abordagem associativista que não se dirige apenas à execução de serviços públicos e respectivas concessões, mas também à normatização (como a disciplina regulamentar e administrativa do uso e ocupação do solo, a fixação de parâmetros, padrões etc. – ou seja, a regulação), ao estabelecimento de políticas públicas (diretrizes, planos, projetos programas, bem como políticas de financiamento, operação de fundos etc.) e aos controles (medidas operacionais, licenças, autorizações, fiscalização, polícia administrativa etc.). Para evitar que determinadas superposições ineficazes ocorram, os Poderes Públicos devem partilhar, mediante o exercício de funções complementares e coordenadas, a gestão dos serviços, controlando-os e fiscalizando-os em suas respectivas fases, etapas ou dimensões (local, microrregional, regional, estadual ou nacional).[22]

Nesse contexto, o grande desafio da gestão consiste em assegurar a cooperação entre os entes da Federação responsáveis pela gestão associada dos serviços. Estamos, aqui, diante do disposto no art. 241 da CF: "Art. 241. A União, os Estados, o Distrito Federal e os Municípios disciplinarão por meio de lei os consórcios públicos e os convênios de cooperação entre os entes federados, autorizando a gestão associada de serviços públicos, bem como a transferência total ou parcial de encargos, serviços, pessoal e bens essenciais à continuidade dos serviços transferidos".

21. Ricardo Guilherme de Araújo, *A Transição Institucional do Setor de Saneamento e a Questão Metropolitana*, cit., 2003.
22. Alaôr Caffé Alves, *Saneamento Básico: Concessões, Permissões e Convênios Públicos*, cit., p. 31.

É recente na legislação brasileira a regulamentação dos chamados *consórcios públicos*, instrumentos destinados a viabilizar a cooperação entre os entes da Federação. Trata-se da Lei federal 11.107, de 6.4.2005.[23] Os consórcios públicos podem se revestir da forma de autarquias, pertencendo à Administração indireta de todos os consorciados, ou ainda da forma de uma pessoa jurídica de direito privado (art. 1º, § 1º). A União só poderá participar dos consórcios de que também façam parte todos os Estados em cujos territórios estejam situados os Municípios consorciados.[24] Por constituir pessoa jurídica,[25] o consórcio pode assumir praticamente todas as funções de gestão de serviços públicos.[26] Pode, ainda, sem a exigência de licitação, celebrar contratos de progra-

23. A Lei 11.107/20 foi regulamentada pelo Decreto 6.017, de 17.1.2007.

24. A União poderá, porém, de acordo com o art. 14 da lei, celebrar convênios com os consórcios públicos, com o objetivo de viabilizar a descentralização e a prestação de políticas públicas em escalas adequadas.

25. Trata-se, portanto, de figura distinta dos consórcios previstos na Lei federal 6.404, de 15.12.1976 – Lei das Sociedades Anônimas –, que, em seu art. 278, § 1º, dispõe que o consórcio não tem personalidade jurídica e que as consorciadas somente se obrigam nas condições previstas no respectivo contrato, respondendo cada uma por suas obrigações, sem presunção de solidariedade. Também não se assemelha aos conhecidos consórcios administrativos, também despersonalizados e tampouco disciplinados pela Lei 11.107/2005. Como aponta Maria Sylvia Zanella Di Pietro, "antes da promulgação da Lei 11.107/2005 havia certo consenso doutrinário em considerar o convênio e o consórcio como acordos de vontade, sendo o consórcio utilizado quando os entes consorciados eram do mesmo nível (consórcio entre Municípios ou entre Estados) e o convênio quando se tratava de entidades de níveis diferentes, como, por exemplo, os convênios entre União, Estados e Municípios, ou entre Estados e Municípios" (*Direito Administrativo*, 19ª ed., São Paulo, Atlas, 2006, p. 465).

26. Entre essas funções: (i) firmar convênios, contratos, acordos de qualquer natureza, receber auxílios, contribuições e subvenções sociais ou econômicas de outras entidades e órgãos do governo; (ii) nos termos do contrato de consórcio de direito público, promover desapropriações e instituir servidões nos termos de declaração de utilidade ou necessidade pública, ou interesse social, realizada pelo Poder Público; e (iii) ser contratado pela Administração direta ou indireta dos entes da Federação consorciados, dispensada a licitação. Pode, ainda, emitir documentos de cobrança e exercer atividades de arrecadação de tarifas e outros preços públicos pela prestação de serviços ou pelo uso ou outorga de uso de bens públicos por ele administrados ou, mediante autorização específica, pelo ente da Federação consorciado (art. 2º, § 2º, da Lei 11.107/2005) e, principalmente, outorgar concessão, permissão ou autorização de obras ou serviços públicos mediante autorização prevista no contrato de consórcio público, que deverá indicar de forma específica o objeto da concessão, permissão ou autorização e as condições a que deverá atender, observada a legislação de normas gerais em vigor (art. 2º, § 3º).

ma[27] com entidades de direito público ou privado que integrem a Administração indireta de qualquer dos entes da Federação consorciados para a prestação dos serviços públicos em gestão associada[28] (art. 13, § 5º).

O consórcio público configura-se em importante instrumento do aparato institucional de gestão dos serviços de saneamento básico, uma vez que, em certo sentido, assume uma característica importante do modelo administrativo desenvolvido para as regiões metropolitanas: a possibilidade de assumir alguns serviços, identificados como de interesse comum, discriminando também as atividades que envolvem sua gestão, como o planejamento, o financiamento, a regulação e a execução. Cumpre mencionar que o consórcio público não se equipara a uma esfera de poder da Federação – o que acabaria dificultando a coordenação das políticas públicas de interesse comum. A existência de interesses comuns deixa evidente que a gestão dos serviços de saneamento básico não pode se restringir a apenas um ente da Federação.

Os consórcios assemelham-se aos *établissements publics de coopération intercommunales/* EPCIs franceses, na medida em que nos dois casos a cooperação assume caráter institucional, pois acarreta o surgimento de uma entidade específica, não se tratando apenas de uma cooperação contratual entre entidades públicas. Essa dimensão institucional pode ajudar na consolidação de projetos de desenvolvimento urbano conjugados, que, aliados à gestão de serviços, podem formar um conjunto homogêneo, um espaço de solidariedade para elaborar e conduzir um projeto comum de organização do território.

27. De acordo com a Lei 11.107/2005, em seu art. 13, deverão ser constituídas e reguladas por contrato de programa, como condição de sua validade, as obrigações que um ente da Federação constituir para com outro ente da Federação ou para com consórcio público no âmbito de gestão associada em que haja a prestação de serviços públicos ou a transferência total ou parcial de encargos, serviços, pessoal ou de bens necessários à continuidade dos serviços transferidos. Ou seja, desde que o ente federado pertença ao consórcio público ou celebre um convênio de cooperação – participando, portanto, da gestão dos serviços –, poderá, diretamente ou por meio de um órgão da sua Administração indireta, prestar os serviços. Para isso basta celebrar um contrato-programa sem a exigência de licitação prévia, conforme redação conferida pela referida lei ao art. 24 da Lei 8.666, de 21.6.1993 – Lei de Licitações.
28. O Decreto 6.017/2007, em seu art. 2º, IX, define *gestão associada de serviços públicos* como o exercício das atividades de planejamento, regulação ou fiscalização de serviços públicos por meio de consórcio público ou de convênio de cooperação entre entes federados, acompanhadas ou não da prestação de serviços públicos ou da transferência total ou parcial de encargos, serviços, pessoal e bens essenciais à continuidade dos serviços transferidos.

O consórcio público apresenta-se tanto como instrumento de concretização de estratégias de coordenação federativa como de cooperação.[29] No primeiro caso estamos diante das hipóteses de *regionalização dos serviços*, previstas no art. 25, § 3º, da CF, em que, como vimos, a gestão associada dos serviços se impõe – ou seja: é compulsória. No segundo trata-se da associação voluntária dos Municípios em torno da gestão dos serviços.

Embora no Brasil a regionalização não seja um imperativo decorrente do poder econômico das empresas privadas, como na França, de certo modo também pode ser vista como uma resposta à crise do modelo de gestão estritamente local. Entre as causas desse modelo está a diminuição da disponibilidade dos recursos hídricos – seja em qualidade ou em quantidade – devido ao aumento considerável das necessidades de diferentes setores e ao contato crescente com os dejetos poluentes das redes de esgotos e da indústria. De fato, as respostas para esses problemas variam de País para País em função da geografia, das relações entre os poderes locais e os poderes centrais e da estrutura político-administrativa.

Amparados pelas diretrizes nacionais, os Estados, ao exigirem a regionalização dos serviços, assumem um papel de mediação e, conforme o caso, de coordenação das relações entre os Municípios, na medida em que estabelecem as diretrizes para a integração dos serviços regionalizados. Cabe à lei complementar estadual que instituir a regionalização dos serviços estabelecer quais são os interesses comuns e possibilitar ao Estado a utilização desses instrumentos de coordenação federativa (regiões metropolitanas, aglomerações urbanas e microrregiões) para o exercício das funções de planejamento, regulação e fiscalização dos serviços. Há, ainda, a possibilidade de que, em comum acordo com os Municípios, o Estado organize a prestação de alguns serviços.[30] Tudo isso pode ser

---

29. Algumas experiências de cooperação federativa, por meio da formação de consórcios públicos, já vêm se desenvolvendo nos Estados do Paraná, Piauí, Santa Catarina, Minas Gerais e Ceará.

30. Nesse sentido, Floriano Azevedo Marques Neto afirma: "A constituição jurídica de região metropolitana faz com que nova dimensão regional seja acrescida, mas não substituidora da local. Assim, a região metropolitana tem a natureza de área de 'serviços especiais', de natureza meramente administrativa. O que se torna necessário é a integração, coordenação, o fomento de políticas regionais, a inclusão de questões que transbordam o território dos Municípios. É claro que às competências locais soma-se a atuação do Estado, mas isso não significa a exclusão do poder local. Fixamos, assim, o entendimento de que as funções de 'organização, planejamento

implantado por meio da constituição de consórcios públicos e convênios de cooperação.

Em ambos os casos o papel da União é fundamental. É por meio das diretrizes por ela definidas que se identificam a exigência ou a conveniência de regionalização dos serviços de saneamento básico. Dessa forma, além de consolidar o saneamento básico como direito fundamental, de acesso universal a todos os cidadãos, a União deve criar os mecanismos para que tal objetivo se realize.

Acreditamos que um dos principais instrumentos para a concretização desse objetivo é a criação de oportunidades para a cooperação entre os entes federativos. Trata-se da tentativa de se conformarem regiões ótimas de prestação dos serviços – não no sentido de garantir apenas a eficiência econômica, mas essencialmente de assegurar a sustentabilidade territorial, social, ambiental e técnico-administrativa das políticas públicas de universalização dos serviços de saneamento básico.

De fato, como observamos na análise dos serviços na França, não há apenas ganhos financeiros no processo de regionalização. Frequentemente a transferência de competências para uma escala regional é acompanhada de um progresso técnico que permite melhorar a qualidade dos serviços, que devem, por sua vez, se adequar às normas ambientais cada vez mais exigentes. Para tanto, exige-se do Estado – no caso brasileiro, União e Estados – um poder de condução sobre a implementação da cooperação, por um lado, estimulando-a e, por outro, assumindo um papel de coordenação, que pode ser traduzido na forma de um poder de iniciativa, pelo qual o Estado interfere na definição dos limites dos consórcios. Somente com a incorporação do papel de promotor da cooperação pela União e Estados o processo de regionalização dos serviços no Brasil pode desenvolver-se e aprimorar-se a longo prazo.

A busca da regionalização deve ser um dos principais objetivos de uma política nacional para o saneamento básico, porque o problema da exclusão do acesso aos serviços se apresenta de várias formas, inclusive territorial, exigindo estratégias conjugadas de atuação. Além da impossibilidade de parcela da população pagar as tarifas, por exemplo, há limi-

e execução' que, devido ao fenômeno metropolitano, tornem-se comuns devem ser compartilhadas entre o Estado e os Municípios envolvidos" (*Parecer Elaborado sobre Minuta de Anteprojeto da Lei da Política Nacional de Saneamento Básico*, cit., disponível em *www.cidades.gov.br/media/ParecerFlorianoAzevedoMNetoSaneamento.pdf*, acesso em 22.10.2006).

tes de acesso ao saneamento básico relacionados às condições precárias dos assentamentos populacionais nos grandes centros urbanos. O equacionamento desse problema exige, portanto, a integração territorial das políticas de desenvolvimento urbano, entre elas as de saneamento básico e habitacional. Essa orientação demonstra, assim, a necessidade de que se supere a separação entre as dimensões territorial e setorial,[31] o que só é possível com a constituição de regiões de serviço que coincidam territorialmente com as regiões de desenvolvimento urbano, acarretando

31. Ricardo Toledo Silva afirma que a tensão entre as lógicas setorial e territorial pode ser explicada por analogia à tensão entre dois âmbitos de linguagem. Em suas palavras: "A rede de infraestrutura, em sua materialidade sobre o espaço urbano e regional, envolve uma fortíssima territorialidade. Em alguns casos essa territorialidade parece determinante da forma da rede, em outros parece determinada por ela. A explicação é sempre insatisfatória, e a causalidade é dificilmente identificada, porque o processo de apreensão da realidade e de direcionamento da intervenção sobre esta é – na lógica setorial – essencialmente substantivo, e não espácio-temporal. A decisão sobre a oferta de capacidades de infraestrutura, desde os sistemas centrais de produção (geração energética, produção de água, tratamento de esgoto) até sua capilaridade mais desagregada na conexão predial, é regida pela existência real ou prevista de uma demanda para essa capacidade, e não por sua localização (da capacidade) em si mesma. No entanto, a demanda se define de forma específica no território, e isso leva a uma relação unívoca e muito forte entre a rede e o território. E como essa rede é funcionalmente pouco reversível – por exemplo, uma rede de distribuição de água dificilmente pode ser usada para outra coisa que não o transporte de água –, cria-se uma relação imperfeita de causalidade entre a rede e o território, que conduz a interpretações que acabam por abstrair a mediação original dos atributos de demanda que regeram essa territorialidade. (...). A territorialidade das redes é forte e inegável, mas é mediada por atributos de demanda que criam uma relação particular com o território, distinta da que rege o processo urbano. Neste, o primeiro elemento de determinação é definido em linguagem espácio-temporal. Não existe processo urbano – e portanto, política, planejamento ou gestão urbanos – dissociado do território, mesmo no plano das ideias mais elementares de pré-concepção funcional. Nas redes, por outro lado, a relação funcional/tecnológica entre as partes é passível de simulação mediante cenários de carregamento, abstraindo-se a territorialidade específica de cada caso. É com base predominantemente nessa relação funcional, parcialmente abstraída do território, que se definem as medidas estruturais de ampliação de oferta nos sistemas de infraestrutura. São muito recentes as iniciativas de planejamento da oferta baseadas em medidas não estruturais, que levam em conta não apenas a ampliação de capacidade estrutural da oferta, mas a gestão da demanda por meio de articulação com processos de desenvolvimento urbano/regional e ocupação do território. É nessa perspectiva que se assentam as bases para novas posturas em relação ao gerenciamento da oferta, na interface entre as lógicas urbano/regional e setoriais" ("Infraestrutura urbana, necessidades sociais e regulação pública: avanços institucionais e metodológicos a partir da gestão integrada de bacias", in Luiz César de Queiroz Ribeiro (org.), *Metrópoles: entre a Coesão e a Fragmentação, a Cooperação e o Conflito*, São Paulo, Perseu Abramo, 2004, pp. 366-367).

a integração da dimensão urbana e espacial com as políticas de desenvolvimento econômico e social.

Não se trata de tarefa trivial. A coordenação, em escala regional, das ofertas setoriais de infraestrutura urbana e serviços a ela associados é uma meta que não foi atingida no Brasil sob nenhum dos modelos institucionais até agora implementados – ou seja: nem sob o modelo de oferta estatal dos serviços, predominante até meados da década de 1990, nem sob o regime de oferta privada regulada.[32] Apesar dessas dificuldades, o aparato institucional do setor deve promover a coesão da estrutura reguladora com os contextos regionais e locais, tendo em vista, inclusive, as diversidades e desigualdades regionais que imperam no Brasil. A União deve, assim, assegurar a conformidade dos sistemas locais e regionais de prestação e regulação dos serviços às diretrizes estabelecidas, com o objetivo de garantir o caráter público dos serviços – caráter, este, que está irremediavelmente ligado ao compromisso com a universalização.

Temos, dessa forma, como diretrizes fundamentais da gestão dos serviços de saneamento básico: a *sustentabilidade* – ou seja, a garantia do caráter duradouro dos benefícios das ações, considerados os aspectos jurídico-institucionais, sociais, ambientais, energéticos e econômicos relevantes; a *intersetorialidade* – compreendendo a integração das ações de saneamento básico entre si e com as demais políticas públicas, em especial com as de saúde, meio ambiente, recursos hídricos, desenvolvimento urbano e rural, habitação e desenvolvimento regional; e a *cooperação* entre a União, os Estados, o Distrito Federal e os Municípios na melhoria das condições de salubridade ambiental.[33]

---

32. Ricardo Toledo Silva, "Infraestrutura urbana, necessidades sociais e regulação pública: avanços institucionais e metodológicos a partir da gestão integrada de bacias", cit., in Luiz César de Queiroz Ribeiro (org.), *Metrópoles: entre a Coesão e a Fragmentação, a Cooperação e o Conflito*, p. 365.

33. Adotamos os conceitos de *sustentabilidade*, *intersetorialidade* e *cooperação* apresentados no art. 6º, XI, XII, e XIII, do Projeto de Lei 5.296/2005, que visava a instituir as diretrizes para os serviços públicos de saneamento básico e a Política Nacional de Saneamento Básico. Essas diretrizes foram adotadas pela Lei 11.445/2007 (art. 48). Entre elas, podemos destacar: (i) prioridade para as ações que promovam a equidade social e territorial no acesso ao saneamento básico; (ii) aplicação dos recursos financeiros por ela administrados de modo a promover o desenvolvimento sustentável, a eficiência e a eficácia; (iii) melhoria da qualidade de vida e das condições ambientais e de saúde pública; (iv) colaboração para o desenvolvimento urbano e regional; (v) adoção da bacia hidrográfica como unidade de referência para o planejamento de suas ações; (vi) estímulo à implementação de

Para tanto, as formas de atuação da União destinadas à construção dessa dimensão ótima de prestação e regulação dos serviços de saneamento básico, que ajude no estabelecimento de um intercâmbio explícito entre os âmbitos decisórios urbano, regional e setorial, não se esgotam no estabelecimento de diretrizes nacionais. As funções que a União pode desenvolver no âmbito da competência comum visando a melhorar as condições de saneamento básico são tão importantes quanto as diretrizes, e entendemos que tais competências comuns podem existir também nas atividades de planejamento.

De aplicação variada – no processo de produção industrial, na ordenação do espaço físico urbano ou na economia nacional –, o planejamento desenvolveu-se, sobretudo, como instrumento útil e racional de controle social. Sob este aspecto, pode-se definir *planejamento* como um procedimento ordenado e sistemático, em função de objetivos preestabelecidos. Aplicado à esfera do Poder Público, define-se o planejamento como uma técnica de tomada de decisão que enfatiza a escolha de objetivos explícitos e determina os meios mais apropriados para sua consecução, a fim de que as decisões tomadas possam ser adequadas aos objetivos da população e legitimar os programas efetivos para sua realização.[34]

A configuração do planejamento como uma técnica não impediu que esse tema fosse objeto de inúmeros debates, principalmente no âmbito da Ciência Econômica e da Sociologia, especialmente Sociologia Urbana e do Estado. O planejamento não teve menor amplitude na conformação prática das políticas públicas ao longo do século XX, inclusive no Brasil.[35] Ora se consumou como instrumento ou método de gestão global do sistema econômico, em substituição completa do mercado como mecanismo de alocação e circulação de riqueza, ora se atrelou – com total eficácia – às economias de mercado, sendo aplicado como forma de impulsionar setores econômicos específicos, identificados como essenciais ao processo de desenvolvimento nacional.

O planejamento ganhou vigor no Brasil durante o período de hegemonia do Estado Desenvolvimentista.[36] Há uma vinculação direta en-

infraestruturas e serviços comuns a Municípios, mediante mecanismos de cooperação entre entes federados.

34. Henrique Rattner, *Planejamento e Bem-Estar Social*, São Paulo, Perspectiva, 1979, pp. 7-8.

35. Inclusive na gestão dos serviços de saneamento básico, a partir da década de 1970, com o PLANASA.

36. Não convém, neste trabalho, reproduzir o debate que se estabeleceu em torno do tema do planejamento no Brasil. Ressalta-se, no entanto, que, principalmente

tre planejamento e intervenção estatal, o que explica grande parte dos debates político-ideológicos relativos a esse tema. Como observa Eros Grau, "o planejamento socioeconômico está intimamente vinculado às noções de intervencionismo e dirigismo econômico, (...) afirmando mesmo alguns autores consubstanciar ele uma nova e mais elaborada forma de intervenção. Voltado à consecução de fins sociais e econômicos predeterminados, implica a previsão de desenvolvimentos futuros como base para a tomada de decisões políticas. (...). De outra parte, o planejamento implica que as ações do setor público sejam coordenadamente desenvolvidas".[37]

a partir dos estudos da Comissão Econômica para a América Latina e o Caribe/ CEPAL, ao contrário de ter representado um óbice ao desenvolvimento capitalista, o planejamento se tornou técnica de expansão e modernização do capitalismo brasileiro, tendo sido defendido e utilizado por economistas de quase todas as correntes do pensamento econômico brasileiro. É o caso de Roberto Campos, que, além de não negar a importância do planejamento, preconizava a industrialização planejada, considerando a modalidade de planejamento seccional a mais conveniente. Foi sobre sua supervisão que essa modalidade se transformou na marca básica da política desenvolvimentista brasileira na década de 1950. Roberto Campos distinguia duas modalidades de planejamento, o seccional e o integral: "A vantagem do planejamento seccional é a sua mais fácil exequibilidade. O planejamento integral, ou universalizado, pressupõe a solução prévia de determinados problemas, tais como o da coordenação entre iniciativas públicas e privadas, como o da informação estatística sobre a renda nacional e seus elementos componentes, evolução de preços etc. – problemas cuja solução não é fácil nem rápida. O planejamento seccional teria ainda, argui-se, a vantagem de circunscrever a área de intervenção governamental ao mínimo necessário para o desenvolvimento econômico, consideração, esta, é que de alguma importância quando a eficiência técnica dos órgãos públicos deixa a desejar. De um modo geral, entretanto, as vantagens potenciais do planejamento meramente seccional são de molde a tornar aconselhável um esforço por parte dos Países subdesenvolvidos para chegarem a um planejamento integral". Roberto Campos não era contra a o planejamento integral da CEPAL; suas objeções centravam-se em argumentos relativos à sua operacionalidade e seu significado político: "Num País vasto e complexo como o nosso, com numerosas subdivisões políticas autônomas e uma gama diversíssima de graus de evolução econômica, a tarefa de planejamento integral é simplesmente de meter medo. O resultado de qualquer esforço demasiado ambicioso de planejamento seria provavelmente gastarmos tanto tempo na confecção de um plano que o mesmo, ao ser terminado, estaria obsoleto. Ou, então, teríamos que instalar um governo socialista e altamente centralizado e com violenta fúria dirigista; mas isto seria pagar um preço demasiadamente alto, em termos de liberdade humana, pela dúbia vantagem de um esquema compreensivo" (Roberto Campos, "O desenvolvimento econômico no Brasil", *Digesto Econômico*, agosto/1962, São Paulo, pp. 29-30).

37. Eros Roberto Grau, *Planejamento Econômico e Regra Jurídica*, São Paulo, Ed. RT, 1977, p. 12.

Não há dúvida de que o planejamento exige um Estado forte, com condições de dirigir e coordenar. Por isso, ele tem lugar cativo nas Constituições que procuram conduzir o Estado e a sociedade na direção do desenvolvimento. É assim que o art. 174 da CF de 1988 institui o planejamento como função pública precípua. Em seu § 1º dispõe que "a lei estabelecerá as diretrizes e bases do planejamento do desenvolvimento nacional equilibrado, o qual incorporará e compatibilizará os planos nacionais e regionais de desenvolvimento". Não se trata, aqui, do planejamento da economia ou da atividade econômica, mas de planejamento do desenvolvimento nacional.[38]

O planejamento é, sem dúvida, o instrumento ou o processo que melhor representa o caráter prospectivo da própria Constituição e, nesse sentido, constitui expressão do *government by policies* em contraposição ao modelo liberal clássico do *government by law* – na explicação consagrada no Brasil por Fábio Konder Comparato.[39] Emerge, assim, "ao lado da *função normativa*, da *função jurisdicional* e da *função administrativa*, (...) a *função de planejar*".[40]

A ideia de planejamento como função prospectiva fica evidente na medida em que se trata de processo que tem por objetivo produzir o resultado articulado, sob a forma de um sistema integrado de decisão. O planejamento assume, no âmbito de um Estado considerado "propulsivo", múltiplas funções: (i) assegura uma direção para os comportamentos; (ii) visa à coordenação das decisões complexas e a fornecer ao Direito uma coerência que ele não é mais capaz de produzir no momento da edição da norma; (iii) tende também a produzir uma combinação entre o Direito e os outros modos de ação (infraestrutura, informação, formulação etc.); (iv) serve de catalisador à ação do Estado propulsivo, procurando reduzir a incerteza que reina na realidade social.[41-42]

38. Eros Roberto Grau, *A Ordem Econômica na Constituição de 1988*, 14ª ed., São Paulo, Malheiros Editores, 2010, p. 308.
39. Fábio Konder Comparato, "Planejar o desenvolvimento: perspectiva institucional", *RDP* 21/18-43, Ano 88, São Paulo, Ed. RT, outubro-dezembro/1988.
40. Eros Roberto Grau, *A Ordem Econômica na Constituição de 1988*, cit., 14ª ed., p. 347.
41. Charles Albert Morand, *Le Droit Neo-Moderne des Politiques Publiques*, Paris, LGDJ, 1999, p. 86.
42. No Brasil, Miguel Reale já havia chamado a atenção para essa dimensão ao afirmar que: "A Dogmática jurídica ainda se mantém, paradoxalmente, a modos de pensamento que correspondem a uma 'visão evolucionista' ou 'unilinearmente progressista' da sociedade e da História, mais própria da época pré-eletrônica. Nos-

Portanto, a constatação de que o planejamento é essencialmente uma técnica, um método de administração pública ou privada destinado a conferir racionalidade à ação,[43] e de que não se confunde com as formas de intervenção estatal (direção, indução, absorção ou participação – na conhecida classificação de Eros Grau[44]), uma vez que pode se integrar a cada uma delas, não permite deduzir que seja um método neutro de ação pública. Aprofundemos um pouco mais esse ponto.

Tudo o que envolve uma visão prospectiva implica um processo de compreensão da realidade. Ou seja: o planejamento deixa de ser neutro no momento em que é instrumentalizado para dar conta de determinados objetivos.[45] O processo de planejamento, que envolve uma decisão

sos juristas, em geral, ainda se conservam apegados a uma concepção retrospectiva do Direito, persistindo em querer compreender o sistema 'a partir das fontes'. Essa visão restrita e retrospectiva é típica da mentalidade histórico-cultural que vigia até a I Grande Guerra, podendo-se dizer que ela vem cedendo lugar, paulatinamente, a uma compreensão unitária, na qual o aspecto evolutivo se imponha apenas como um dos seus fatores operantes, visto como se prefere considerar todos os elementos de maneira sincrônica e diacrônica, o que quer dizer integral e dinâmica, a salvo de reducionismos abstratos. Corresponde à nova compreensão da sociedade e da História a crescente preocupação, também no plano das ciências humanas, pela interpretação e configuração dos fatos sociais em termos de modelos, isto é, de maneira não retrospectiva, mas prospectiva" ("Direito e planificação", *RDP* 24/95-96, São Paulo, Ed. RT, abril-junho/1973).

43. Nesse sentido, Eros Grau afirma que o planejamento é uma função, um poder-dever, que:

"(...) não configura modalidade de intervenção, mas simplesmente um método mercê de cuja adoção ela se torna sistematicamente racional. É forma de ação racional caracterizada pela previsão de comportamentos econômicos e sociais futuros, pela formulação explícita de objetivos e pela definição de meios de ação coordenadamente dispostos.

"São inconfundíveis, de um lado, o *planejamento da economia* – centralização econômica, que importa a substituição do *mercado*, como mecanismo de coordenação do processo econômico, pelo *plano* –, de outro, o *planejamento técnico de ação racional*, cuja compatibilidade com o mercado é absoluta. (...). É verdadeiramente incompreensível, nestas condições, que tantas vezes se atribua a essa técnica de atuação estatal caráter socializante, o que só pode ser creditado à ignorância da noção de *planejamento*" (*A Ordem Econômica na Constituição de 1988*, cit., 14ª ed., p. 309).

44. Eros Roberto Grau, *A Ordem Econômica na Constituição de 1988*, cit., 14ª ed., p. 91.

45. Como afirma Gilberto Bercovici: "O planejamento, embora tenha conteúdo técnico, é um processo político, especialmente nas sociedades que buscam a transformação das estruturas econômicas e sociais. Por meio do planejamento, é possível demonstrar a conexão entre estrutura política e estrutura econômica, que são interligadas. O planejamento visa à transformação ou consolidação de determinada

entre alternativas valorativas, necessariamente assimilará os valores em função dos quais seu uso foi requerido. Assim, a neutralidade do planejamento inexiste, mesmo porque o ato de conferir funcionalidade ao comportamento do processo econômico está arquitetado conforme um quadro referencial determinado.[46]

Como produto do Estado que implementa políticas públicas orientadas para fins específicos, o planejamento, por meio do manejo e da alteração das formas tradicionais de alocação dos recursos econômicos e sociais, interfere na produção e distribuição das riquezas. Justamente em função dessa característica, pode-se considerar o planejamento essencial na gestão dos serviços públicos.

Isso não impede que o planejamento seja plenamente compatível com uma economia de mercado. Além disso, trata-se de método de atuação que, se não envolve o controle de todas as variáveis, ao menos pressupõe poder direcioná-las, com base no conhecimento disponível, segundo uma lógica distinta da lógica de oferta e demanda. É possível afirmar, portanto, que nos setores submetidos ao processo de planejamento se retira do mercado, parcial ou totalmente, a função de fonte de organização das relações econômicas. Esse fato permite que o planejamento seja um método de ação pública que interfira diretamente nas formas de alocação de riqueza, concentrando-a ou desconcentrando-a. Desse modo, tem-se (utilizando a taxonomia proposta por Karl Polanyi) a substituição de um padrão de integração econômica baseado no intercâmbio por um padrão baseado na redistribuição.

Disso decorre a importância do planejamento na gestão dos serviços públicos. Como ressaltamos anteriormente, os serviços públicos devem, no Brasil, assegurar a toda a população condições mínimas de dignidade e bem-estar. Tendo em vista a existência de uma sociedade desigual, em que a exclusão social se manifesta também como incapacidade de acesso aos serviços, as políticas públicas devem assumir como principal diretriz a universalização dos serviços – o que exige métodos

---

estrutura econômico-social; portanto, de determinada estrutura política. O processo de planejamento começa e termina no âmbito das relações políticas, ainda mais em um regime federativo, como o brasileiro, em que o planejamento pressupõe um processo de negociação e decisão políticas entre os vários membros da Federação e setores sociais" (*Constituição Econômica e Desenvolvimento. Uma Leitura a Partir da Constituição de 1988*, São Paulo, Malheiros Editores, 2005, p. 70).

46. Eros Roberto Grau, *Planejamento Econômico e Regra Jurídica*, cit., pp. 40-41.

de alocação dos recursos (técnicos, administrativos e econômicos) baseados em um padrão redistributivo, ou seja, substitutivo do mercado. Enfim, exige planejamento.

No caso dos serviços de saneamento básico o planejamento ganha ainda mais importância, devido ao impacto na saúde pública e na salubridade ambiental, de que já tratamos. Prevalece sua condição de serviço social – e, por consequência, a impossibilidade de obstar ao acesso ao serviço por aqueles que não puderem pagar por ele. Além dessa dimensão social, o planejamento ganha importância na gestão dos serviços de saneamento básico devido, exatamente, a uma característica institucional do setor que poderia, à primeira vista, enfraquecê-lo. Trata-se da estrutura federativa de prestação dos serviços, que, em princípio, impediria a coordenação e o direcionamento das ações estatais, imprescindível para a efetivação do planejamento. Como veremos, não se trata propriamente de um óbice, mas de um condicionamento.

Eros Grau expõe em termos precisos o problema da coexistência entre ação pública planejada e estrutura do Estado Federal: "Não é o planejamento, em si, que conflita com o federalismo – na sua concepção dualista –, mas sim a política de intervencionismo, que mediante a sua aplicação se dinamiza. O planejamento, enquanto método de intervenção, apenas torna mais incisivos os efeitos dessa política, que, necessariamente, em função das realidades consideradas, haveria de ser centralizadamente dinamizada".[47]

Desse modo, enquanto não levarmos em conta a distinção entre *planejamento* e *intervenção* corremos o risco de afirmar que a concentração do poder de decisão política na União, decorrente da busca de racionalização global da ação pública no território nacional, conflita com os princípios definidores das autonomias regionais e locais, consagradores da solução federalista. Se, ao contrário, tivermos como pressuposto o federalismo cooperativo, poderemos conciliar as necessidades de centralização das decisões e da racional alocação de recursos escassos com a descentralização das decisões políticas.[48]

Como afirma Gilberto Bercovici, no federalismo cooperativo devem ser construídos mecanismos que conciliem "a necessidade de centralização das decisões no nível de racionalização dos empreendimentos – afinal, todas as principais armas de política econômica e social se en-

47. Eros Roberto Grau, *Planejamento Econômico e Regra Jurídica*, cit., p. 61.
48. Idem, p. 48.

contram nas mãos da União – com a descentralização das decisões políticas no tocante aos problemas regionais, sempre levando-se em conta que a autonomia regional ou local não tem sentido senão em relação ao todo, ao conjunto federal".[49]

Discutir federalismo cooperativo significa, assim, discutir planejamento. Trata-se de "um planejamento coordenado, com a anuência de todos os titulares de funções estatais, em contraposição a um planejamento imposto de cima para baixo".[50]

É natural que, para a própria concretização do federalismo cooperativo – em que imperam as competências comuns principalmente em relação à realização dos direitos fundamentais e em que a função primordial do Estado já não é a produção do Direito, mas a realização de políticas –, deva-se conferir à União o papel de coordenação. Embora a União não possa obstruir ou assumir as competências locais e regionais, sua principal função, na dinâmica da Federação, consiste em conduzir a integração das competências comuns na formulação das políticas públicas, tendo em vista o interesse de todo o País.

O contexto descrito revela, com efeito, um grande potencial para a articulação entre federalismo e planejamento. Como resta evidente, a atividade de planejamento deve ter como pressuposto a capacidade de diagnóstico, ou seja, de conhecer a realidade do setor objeto da política pública. Assim, a efetividade do planejamento está sensivelmente condicionada pela possibilidade de acesso às informações. A essa possibilidade de identificar, qualificar e quantificar soma-se a capacidade de organizar e orientar as ações – públicas e privadas – em direção às metas e resultados pretendidos, o que pode ser assegurado exatamente pela dimensão processual que o planejamento assume no Estado Federal no âmbito da gestão de políticas e dos serviços que envolvem competências comuns. Como afirma Henrique Rattner, "é o processo de planejamento, no qual se visa a adequar os meios aos objetivos enunciados, que pode ser útil, mesmo quando os próprios planos se mostram inadequados. A formulação de objetivos propicia um estímulo para a ação, mesmo que esses mesmos objetivos tenham que ser modificados à luz dos resultados parciais do processo. Essa função de estimular a ação, ou a formulação de objetivos, alcançará sucesso somente na medida em que houver fle-

---

49. Gilberto Bercovici, *Constituição Econômica e Desenvolvimento. Uma Leitura a Partir da Constituição de 1988*, cit., p. 210.
50. Idem, ibidem.

xibilidade nas decisões e participação de todos os envolvidos, pois caso contrário a inovação é impedida e o plano se torna estéril".[51]

Quando analisamos as competências da União na gestão do setor de saneamento básico, verificamos que há elementos suficientes para que essa função se verifique. A União pode garantir tanto a existência do planejamento como as condições de sua realização e seus objetivos, com base na competência para instituir as diretrizes – que, como vimos, não se confundem com as normas gerais e podem interferir nas condições materiais de prestação dos serviços. Nesse sentido, acertou a Lei 11.445/2007 ao estabelecer que a prestação dos serviços de saneamento deverá ser realizada com base em um plano que deve vincular o prestador dos serviços em qualquer situação (art. 19, *caput* e § 6º)[52] e que a existência do plano é condição de validade dos contratos que tenham por objeto a prestação dos serviços (art. 11, *caput*).

Seguindo a estruturação das etapas do processo de planejamento proposta por Celso Lafer – (i) a decisão de planejar; (ii) a implementação do plano; e (iii) o plano em si –, podemos afirmar que as diretrizes nacionais para a gestão do saneamento básico podem envolver todas elas.

Além da competência privativa da União para estabelecer as diretrizes para o saneamento básico, há a competência comum a todos os entes da Federação para melhorar as condições de saneamento básico. Não se trata de apenas exigir o planejamento e estipular as condições de sua realização. Trata-se da atividade de planejar.[53] Neste caso, não há como

51. Henrique Rattner, *Planejamento e Bem-Estar Social*, cit., p. 8.
52. A Lei 11.445/2007 indica como se deve proceder no planejamento dos serviços em seu art. 19. Segundo a lei, o planejamento é obrigatório e o plano deverá conter: (i) um diagnóstico da situação e de seus impactos nas condições de vida, utilizando sistema de indicadores sanitários, epidemiológicos, ambientais e socioeconômicos e apontando as causas das deficiências detectadas; (ii) os objetivos e metas de curto, médio e longo prazos para a universalização, admitidas soluções graduais e progressivas, observando a compatibilidade com os demais planos setoriais; (iii) os programas, projetos e ações necessários para atingir os objetivos e as metas, de modo compatível com os respectivos planos plurianuais e com outros planos governamentais correlatos, identificando possíveis fontes de financiamento; (iv) as ações para emergências e contingências; e (v) os mecanismos e procedimentos para a avaliação sistemática da eficiência e eficácia das ações programadas.
53. Nesse sentido, a Lei 11.445/2007 prevê a elaboração do Plano Nacional de Saneamento Básico/PNSB, que, segundo o art. 52, I, deve conter: (i) os objetivos e metas nacionais e regionalizadas, de curto, médio e longo prazos, para a

a União impor o planejamento aos outros entes da Federação, o que se configura, de fato, como uma limitação. Explica-se.

No que tange ao uso do planejamento, podemos equiparar a dimensão federativa, em que não há como a União invadir competências privativas dos Estados e Municípios, à situação do setor privado, prevista no art. 174 da CF. Em ambos os casos o conteúdo do planejamento é indicativo, ou seja, não determina o comportamento. Nessa hipótese, nada impede que o comportamento indicativo seja estimulado. Assim, é plenamente possível que a União condicione o acesso aos recursos federais para o financiamento dos serviços e obras de saneamento básico à adesão a uma política pública nacional. Cabe ressaltar que o planejamento indicativo não se confunde com as diretrizes nacionais para o setor, as quais são obrigatórias, vinculando independentemente de adesão, já que pertencem à competência privativa da União.

O fato de o planejamento ser indicativo não o impede de ser ativo e perene. Isso favorece a dimensão processual e concertada, a que fizemos menção. Ainda que as recomendações não sejam compulsórias, não deixam de ser normativas. Elas consubstanciam-se em um convite à adoção de certo comportamento que, como tal, depende da colaboração de seus destinatários. As próprias recomendações ou condições podem ser, muitas vezes, produto de uma mediação que envolve o consenso dos destinatários. Como as ações não são obrigatórias, sua eficácia depende dos efeitos de uma série de estímulos e restrições não jurídicos – de natureza psicológica, política, moral[54] e, incluímos, econômico-financeiras.

A solução para que haja uma política nacional de universalização dos serviços de saneamento básico está, a nosso ver, na consolidação, por parte da União, de estratégias de planejamento indutivo ou indicati-

universalização dos serviços de saneamento básico e o alcance de níveis crescentes de saneamento básico no território nacional, observando a compatibilidade com os demais planos e políticas públicas da União; (ii) as diretrizes e orientações para o equacionamento dos condicionantes de natureza político-institucional, legal e jurídica, econômico-financeira, administrativa, cultural e tecnológica com impacto na consecução das metas e objetivos estabelecidos; (iii) a proposição de programas, projetos e ações necessários para atingir os objetivos e as metas da Política Federal de Saneamento Básico, com identificação das respectivas fontes de financiamento; (iv) as diretrizes para o planejamento das ações de saneamento básico em áreas de especial interesse turístico; (v) os procedimentos para a avaliação sistemática da eficiência e eficácia das ações executadas.
54. Eros Roberto Grau, *Planejamento Econômico e Regra Jurídica*, cit., p. 110.

vo, utilizando as políticas de financiamento como estímulo à adesão dos demais atores da Federação.[55]

4.6 Conclusão

Não é mais passível de grandes questionamentos que a efetividade de algumas políticas públicas no Estado contemporâneo depende da capacidade de assegurar a adesão dos interesses sociais e econômicos com os quais a ação pública interage. Referimo-nos às políticas cujos resultados não decorrem apenas da atuação estatal, mas também da forma como essa ação se posiciona diante de interesses em conflito ou, ainda, de como a política visa a conformar esses interesses na direção dos objetivos desejados.

Essa aderência ou acoplamento depende de dois fatores, que podem se alternar ou complementar. O primeiro consiste na adesão não mediada, baseada única e exclusivamente na coincidência de interesses. Aqui, ou a política é capturada pelo interesse ou o interesse pela política. O segundo refere-se a um processo de mediação e conciliação entre interesses públicos e privados legítimos, em que a esfera do Poder Público constitucionalmente habilitada a assegurar uma comodidade ou direito combina instrumentos de imposição, de indução e de negociação para auxiliá-la na implementação de uma política pública.

O direito público – em especial os direitos administrativo e econômico, responsáveis por organizar a ação concreta do Estado – deve caminhar nessa direção. Técnicas de coordenação e integração se impõem às antigas técnicas de comando, na busca de maior eficiência na ação e melhor adesão dos destinatários. A ação pública pode se tornar o produto da interação entre vários atores públicos e privados procurando conciliar suas estratégias e harmonizar seus interesses.

É essa confluência de interesses que pode garantir que os instrumentos regulatórios na gestão dos serviços de saneamento básico permi-

---

55. Algumas disposições da Lei 11.445/2007 anteveem essa postura na política federal de saneamento básico, na medida em que preveem, como critério para a alocação de recursos públicos federais e os financiamentos com recursos da União, o respeito às diretrizes e objetivos da lei, aos planos de saneamento básico. Esses recursos são condicionados ao alcance de índices mínimos de desempenho do prestador na gestão técnica, econômica e financeira dos serviços, de eficiência e eficácia dos serviços, ao longo da vida útil do empreendimento, e à adequada operação e manutenção dos empreendimentos anteriormente financiados com recursos da União (art. 50).

tam assegurar desenvolvimento. Do ponto de vista da interação entre os Poderes Públicos parece-nos que ficou comprovada a interdependência entre os atores e a consequente necessidade de coordenação e cooperação. Já, no âmbito das relações público-privadas na regulação setorial essa cooperação nos parece ainda mais imprescindível.

Entendemos que a participação da iniciativa privada na gestão dos serviços de saneamento básico no Brasil deve se inserir numa estrutura institucional de intervenção estatal.

Uma política pública para o setor de saneamento básico, não obstante possa contar com a participação do capital privado para suprir deficiências da capacidade de investimento público, deve ter como premissa que essa participação não pode significar privatização. Queremos, com isso, afirmar que os serviços de saneamento não podem ser oferecidos como se fossem mercadorias e a população não pode ser atendida de forma diferenciada, segundo sua capacidade aquisitiva. Ao contrário, a gestão desses serviços deve ser inserida num projeto de desenvolvimento econômico-social, em que as instituições responsáveis por viabilizar a participação da iniciativa privada sejam capazes de fomentar esse projeto.[56]

A sociedade de economia mista é, por excelência, o instrumento institucional de intervenção do Estado. Em primeiro lugar, nota-se a capacidade, já comprovada ao longo da história, de a sociedade de economia mista se constituir em instrumento para congregar esforços na implementação de políticas setoriais imbuídas do objetivo de superar as condições de subdesenvolvimento.

56. Como já se diagnosticava há mais de uma década: "O saneamento, além de ser monopólio natural, apresenta mais uma peculiaridade: representa um bem público, como ingrediente essencial da saúde pública. Se a comunidade quiser se proteger de doenças transmissíveis, é necessário que todos os seus membros tenham acesso ao saneamento, independentemente de sua capacidade ou disposição de pagar o custo dos serviços. Portanto, seu objetivo primordial é a universalidade do atendimento, o que contradiz a regra básica do mercado, a vigência da lei da oferta e da procura. A oferta tem que cobrir toda a procura, por menos solvável que seja. Isto significa que, ou se fornece o serviço gratuitamente ou cobra-se de acordo com a capacidade contributiva de cada classe de consumidor, os mais ricos pagando pelos mais pobres. Qualquer das hipóteses exclui a disciplina do mercado competitivo" (INFURB/Núcleo de Pesquisas em Informações Urbanas da Universidade de São Paulo, *Fundamentos e Proposta de Ordenamento Institucional* (Série *Modernização do Setor Saneamento*, v 1), Brasília, Secretaria de Política Urbana e IPEA, Ministério do Planejamento e Orçamento, p. 77).

Fundamentos e Proposta de Ordenamento Institucional. Série *Modernização do Setor Saneamento*. Vol 1. Secretaria de Política Urbana e Instituto de Pesquisa Econômica Aplicada, Ministério do Planejamento e Orçamento, Brasília.

Vale lembrar que Keynes, ao discutir o que deveria ser a agenda política na construção de formas institucionais de governo dentro da Democracia, escreveu: "Creio que, em muitos casos, o tamanho ideal da unidade de controle e organização esteja em algum ponto entre o indivíduo e o Estado moderno. Sugiro, portanto, que o progresso reside no desenvolvimento e reconhecimento de entidades semiautonômas dentro do Estado – entidades cujo critério de ação em seus próprios campos seja unicamente o bem público, tal como elas o compreendem; e de cujas deliberações estejam excluídos os motivos das vantagens particulares, embora ainda possa ser preciso deixar-lhes algum lugar até que se amplie o âmbito de altruísmo dos homens, para o proveito isolado de grupos, classes ou congregações específicas –, entidades que, no curso habitual da vida social, são basicamente autônomas dentro das limitações que lhes são prescritas, sendo porém sujeitas, em última instância, à soberania da Democracia expressa através do Parlamento".[57]

Essa perspectiva teria como correspondente – segundo Keynes – a "tendência das grandes sociedades anônimas, quando atingiram determinada idade e tamanho, de se aproximarem da situação das corporações públicas, mais que da empresa privada individualista. Um dos mais interessantes e desapercebidos progressos das décadas recentes vem sendo a tendência da empresa se socializar".[58]

Com isso, continua Keynes: "(...) alcança-se uma situação em que os proprietários do capital – isto é, os acionistas – estão quase inteiramente dissociados da administração, com o resultado de que o interesse direto desta última em produzir um grande lucro torna-se completamente secundário. Uma vez atingida essa fase, a estabilidade e a reputação gerais da instituição são mais levadas em conta pela administração que a maximização dos lucros para os acionistas".[59]

Foi exatamente esse o papel que, em muitas situações, a sociedade de economia mista exerceu ao longo do século XX, principalmente em Países da periferia do Capitalismo.[60]

---

57. John Maynard Keynes, "O fim do *laissez-faire*", in Tamás Szmrecsányi (org.), *John Maynard Keynes. Coleção Os Grandes Cientistas Sociais*, vol. 6, São Paulo, Ática, 1984, p. 121.
58. Idem, ibidem.
59. Idem, p. 122.
60. No Brasil preponderavam condições que conferiram sentido muito próprio para essa atuação, como desvendou Luciano Coutinho em reconhecido estudo sobre

Nos serviços de saneamento básico no Brasil, as sociedades de economia mista tiveram importância fundamental na consolidação de uma política pública nacional no período de vigência do PLANASA. Apesar dos diversos problemas apontados neste trabalho, houve avanços na gestão desses serviços. Avanços que abrangem aspectos: sociais, com o aumento da cobertura dos serviços e da montagem de uma estrutura de subsídios cruzados; técnico-administrativos, com a formação de quadros profissionais e de um saber tecnológico; econômicos, em termos de economias de escala e de escopo; e territoriais, caminhando em direção à regionalização dos serviços.

Nesse ponto encontramos uma segunda vantagem da utilização desse instrumento institucional. Há no Brasil uma experiência consolidada de gestão dos serviços de saneamento básico por meio dessa estrutura que não pode ser simplesmente descartada.

A sociedade de economia mista ainda pode ser peça relevante na implementação das políticas públicas de saneamento básico, desde que sejam superados alguns problemas com raízes no ambiente de autoritarismo político em que surgiu no Brasil. Como vimos, no atual contexto federativo a centralização territorial (regionalização) não deve significar centralização política. Ou seja: não se pode alijar os Municípios da gestão dos serviços. Além disso, deve-se avançar na integração interseto-

o tema: "Mais precisamente, o desenvolvimento retardatário esbarrava em obstáculos específicos, originados na tremenda defasagem entre os caminhos mínimos requeridos para constituição da base tecnoprodutiva do capital, continuamente ampliados no bojo da acumulação do Capitalismo avançado, e a sua base social (a burguesia) frágil e pulverizada, sem capacidade de mobilização financeira. Ademais, o desenvolvimento destes projetos notadamente nos setores básicos de bens intermediários e de capital (siderurgia, energia, petróleo, metalurgia pesada, química pesada etc.) requer a preexistência de infraestrutura e matérias-primas básicas. Isto é, existe de fato uma determinada interdependência entre esses projetos (a viabilidade de cada um depende da sua efetivação planejada em conjunto). Esta interdependência, derivada da densidade de relações insumo-produto entre estes setores básicos, requer algo além da centralização financeira – isto é, requer uma coordenação superior que organiza a implantação do bloco no tempo e no espaço, de modo viável. Essa função recai naturalmente na esfera de ação do Estado. Portanto, no Capitalismo retardatário o Estado não pode limitar-se às funções clássicas de administração fiscal e monetária: as condições objetivas do desenvolvimento lhe impõem a tarefa de criar e acumular capital produtivo, centralizar e intermediar o capital financeiro, além de supervisionar, ordenadamente, a constituição da base pesada do sistema industrial" (Luciano Coutinho e Henri-Philippe Reichstul, "O setor produtivo estatal e o ciclo", in Carlos Estevam Martins (org.), *Estado e Capitalismo no Brasil*, São Paulo, Hucitec/CEBRAP, 1977, p. 58).

rial, transformando as preocupações com a gestão da demanda, com a dimensão ambiental, em política da empresa.

Esses problemas podem ser superados por uma nova dinâmica das relações intergovernamentais que emergem da Constituição de 1988, e que tem reflexos intensos na gestão dos serviços de saneamento básico. Nela convergem e se complementam competências dos três entes da Federação, como vimos. Essa dinâmica pode se consolidar com a participação dos Municípios como acionistas das empresas de saneamento estaduais, como já acontece em Belo Horizonte.[61]

Há um outro problema na conformação das empresas estatais no Brasil – também com raízes históricas –, para o qual a participação do capital privado pode se configurar parte da solução. Trata-se da utilização da sociedade de economia mista como instrumento de políticas alheias – ou até contrárias – à preservação (sustentabilidade) da política pública executada por ela. No Brasil isso ocorreu quando as sociedades de economia mista foram subordinadas aos objetivos macroeconômicos de combate à inflação.[62] É conhecido o impacto negativo sobre a própria sustentabilidade do PLANASA da centralização do controle da política tarifária nas mãos do CIP, que tinha como único objetivo impedir que as

61. O Município de Belo Horizonte detém 9,67% das ações com direito a voto da COPASA, conforme apresenta o sítio da empresa (*www.copasa.com.br*).

62. Para um estudo pormenorizado dos riscos e limites do alinhamento da gestão das empresas estatais aos objetivos da política de estabilização macroeconômica, v. Rogério Furquim Werneck, *Empresas Estatais e Política Macroeconômica*, Rio de Janeiro, Campus, 1987. Segundo esse autor, esse processo de alinhamento ou submissão foi inspirado pela percepção de que o sucesso da política de estabilização macroeconômica estaria fortemente vinculado à capacidade de se conseguir alinhar aos objetivos maiores dessa política certas decisões tomadas no âmbito das várias entidades que, com maior ou menor grau de autonomia, compõem o setor público descentralizado na economia brasileira. Em particular, teria sido inspirado pela percepção de que o uso do dispêndio público como instrumento de controle da demanda agregada poderia gerar resultados mais efetivos caso se pudesse exercer um domínio completo não só sobre o dispêndio da União, mas também sobre o dispêndio do setor público descentralizado. Desse modo, a instrumentalização das empresas não se dá apenas com o controle das tarifas praticadas por elas quando da prestação de serviços público – controle das receitas –, mas também pelo controle das despesas. Dentro desse controle destacava--se a fixação de tetos de investimento para o conjunto e para cada uma das empresas estatais, envolvendo reduções substanciais na formação bruta de capital fixo do setor produtivo estatal. O respeito aos tetos globais de dispêndio era assegurado pela implantação de um sistema de controle da política de financiamento seguida por cada empresa, restringindo-se o acesso ao crédito externo e interno, a recursos do Tesouro, ao mercado primário de ações e aos próprios lucros retidos (idem, pp. 13-14).

tarifas acompanhassem os índices de inflação, ocasionando o elevado endividamento das empresas e a impossibilidade de se levar adiante os investimentos necessários para a universalização dos serviços públicos. Talvez hoje não haja mais o risco de utilização dessas empresas como instrumento de controle inflacionário,[63] mas a possibilidade de condicionar a gestão dos serviços a imperativos alheios à sua missão primordial ainda persiste.

Podemos afirmar que a presença da iniciativa privada na gestão dos serviços de saneamento básico por meio da participação acionária nas sociedades de economia mista pode, além de estimular a busca de eficiência econômica e administrativa e servir como forma de atrair investimentos para o setor, impedir a instrumentalização da gestão dos serviços por outras políticas ou interesses.

Essa participação poderia ocorrer por meio da venda de ações da empresa no mercado de capitais, pulverizando parte do capital da empresa entre vários agentes, ou pela escolha de um sócio estratégico, que tomaria parte na própria administração da empresa.

No primeiro caso o próprio mercado de capitais funcionaria como um instrumento de regulação, na medida em que a valorização das ações dependeria do acesso à informação e da transparência das posturas empresariais.[64] A empresa se empenharia, assim, para atingir níveis eleva-

63. Como apontava Sulamis Dain já na década de 1970, "um dos impasses mais frequentes se coloca na oposição entre a política de preços das empresas públicas (quando usada como instrumento da política anti-inflacionária) e sua política de investimentos. Visto que esta última passa necessariamente pela definição de um esquema de financiamento, fica também indiretamente vinculada a esta problemática global a política de compra de equipamentos por parte das empresas estatais. O controle de preços, em função de sua maior ou menor arbitrariedade, tem afetado em termos absolutos a capacidade de autofinanciamento das empresas estatais e na melhor das hipóteses (como no setor de energia elétrica e petróleo) limitado sua rentabilidade. Embora apenas no primeiro caso fique gravemente comprometida a capacidade autônoma de expansão das empresas estatais, a limitação legal de rentabilidade abre lugar ao conjunto de críticas dirigidas ao setor produtivo estatal, acusado de ineficiência segundo critérios de mercado, além de impedir a efetiva realização de seu potencial de acumulação (...). Ainda que o sistema de preços administrados que as descapitalizou pudesse ter sido compensado por fontes alternativas de recursos públicos, a manter inalterado seu *modus operandi*, as empresas estatais certamente sofreriam uma diminuição em seu grau de autonomia" ("Empresa estatal e política econômica no Brasil", in Carlos Estevam Martins (org.), *Estado e Capitalismo no Brasil*, São Paulo, Hucitec/CEBRAP, 1977, pp. 155 e 157).

64. Como aponta Frederico Turolla, embora, nesses casos, o mercado de capitais se torne um elemento disciplinador da conduta da empresa e ele próprio se

dos de gestão corporativa. Um exemplo desse tipo de estratégia está na Cia. de Saneamento Básico do Estado de São Paulo/SABESP, que nos últimos anos comercializou ações na Bolsa de Nova York e tem conseguido atingir elevados índices de eficiência administrativa.[65]

No segundo caso, ao contrário do anterior, identifica-se claramente quem é o sócio privado que assume, junto com o Estado, os riscos próprios da atividade bem como parte da sua administração. Um exemplo dessa estratégia é a companhia de água de Paris (SAGEP), que conta com uma participação acionária expressiva da *Lyonnaise des Eaux* e da *Générale des Eaux*. Há também a Cia. de Saneamento do Paraná/SANEPAR, cujo maior acionista é o Governo do Estado, com 60% das ações. Ela tem como parceiro estratégico o Grupo Dominó, formado pelas em-

encarregue de desenvolver mecanismos de sistematização e de disseminação de informações, essa forma de "regulação" não necessariamente cria incentivos para que os ganhos de eficiência se transmitam ao usuário final, mas sim para que sejam apropriados pelos acionistas (*Saneamento Básico: Experiência Internacional e Avaliação de Propostas para o Brasil*, Brasília, Confederação Nacional da Indústria, 2006, pp. 42-43).

65. Como a empresa aderiu ao segmento de listagem do Novo Mercado da Bolsa de Valores de São Paulo/Bovespa, é obrigada a observar seu regulamento, o qual inclui regras mais rígidas com relação aos padrões de governança corporativa que aqueles exigidos pela Lei das Sociedades por Ações. O Regulamento do Novo Mercado da Bovespa aplica-se às práticas de administração, transparência e proteção aos acionistas minoritários – o que inclui alguns deveres, por exemplo: (i) poder emitir apenas ações ordinárias; (ii) manter, no mínimo, 25% de ações do capital da companhia em circulação; (iii) divulgar as demonstrações financeiras no idioma Inglês, e tais demonstrações devem ser elaboradas de acordo com os princípios de Contabilidade internacionalmente aceitos ou de acordo com a legislação societária brasileira, acompanhada da reconciliação para os princípios de Contabilidade internacionalmente aceitos; (iv) o prazo do mandato dos membros do conselho de administração deve ser limitado a dois anos; (v) o conselho de administração deve ser composto por, no mínimo, cinco membros, eleitos pela assembleia-geral, dos quais, observadas as regras específicas com relação a essa matéria, no mínimo 20% deverão ser conselheiros independentes; e (vi) divulgar informações trimestrais adicionais e mais detalhadas, incluindo informações a respeito da posição acionária de todo aquele que detiver mais de 5% do capital social da companhia e a quantidade de ações em circulação. A SABESP cumpre com as políticas de governança corporativa exigidas por esse Regulamento. Além disso, de acordo com as diretrizes da CVM, a SABESP criou: (i) a Política de Divulgação de Atos ou Fatos Relevantes e Preservação de Sigilo da SABESP, que exige a divulgação de todas as informações relevantes; e (ii) a Política de Negociação com Valores Mobiliários de Emissão da SABESP, que exige que a administração da companhia informe a CVM e a Bovespa a respeito de aquisições e alienações de valores mobiliários (informações disponíveis em *www.sabesp.com.br*, acesso em 10.1.2007).

presas Vivendi, Andrade Gutierrez, Opportunity e Copel, que, juntas, detêm 39,7% das ações. No entanto, como observa Carlos Ari Sundfeld: "O êxito da nova concepção depende, por óbvio, de se permitir que o sócio privado constitua um núcleo de poder efetivo – o que antes sempre se quis evitar. Mas o princípio envolvido não é o da substituição da gestão estatal pela do particular, isto é, o da simples mudança do sujeito que exerce o poder de controle; é – isto, sim – o da criação de um poder concorrente, que opere como freio e contrapeso do poder estatal, que segue existindo, mas agora com temperamentos. (...)".[66]

No entanto, para que essas soluções sejam factíveis (principalmente a segunda) é necessário estabelecer uma nova equação entre instituição e contrato no seio das sociedades de economia mista. Trata-se de buscar uma forma de impedir que o conflito latente entre o interesse público e o privado macule ou paralise a gestão da sociedade. Para tanto, é necessário deslocar o fundamento da constituição da sociedade da ideia de convergência de interesses – que, como vimos, é defendida por Ascarelli como centro da noção de contrato plurilateral. Calixto Salomão Filho propõe esse deslocamento ao sugerir a aplicação da teoria do contrato--organização como forma de identificar o interesse social nas sociedades anônimas.[67]

Essa teoria seria uma forma renovada de institucionalismo, mais integrativa, que procuraria integrar os interesses dos sócios com o da sociedade, a partir da identificação deste último com a organização mais eficiente do feixe de contratos que compõem a atividade da empresa. Essa concepção visa a superar a dicotomia entre o contratualismo[68] e o

66. Carlos Ari Sundfeld, "Reforma do Estado e empresas estatais. A participação privada nas empresas estatais", in Carlos Ari Sundfeld (org.), *Direito Administrativo Econômico*, 1ª ed., 3ª tir., São Paulo, Malheiros Editores, 2006, p. 272.
67. Calixto Salomão Filho, *O Novo Direito Societário*, 4ª ed., São Paulo, Malheiros Editores, 2011, pp. 27-52.
68. O contratualismo seria "a concepção do interesse social que sustenta ser ele coincidente com interesses do grupo de sócios". Um sistema contratualista "nega que o interesse social seja hierarquicamente superior ao interesse dos sócios. Trata-se, portanto, de um contratualismo definido por contraposição ao institucionalismo", na medida em que não é possível imaginar, segundo essa visão, que interesses externos à sociedade possam compor o interesse social. Define-se, portanto, o interesse social sempre como interesse dos sócios. Não haveria, nesse contexto, por que imaginar a aplicação de regras de conflitos de interesses entre os sócios, já que o sócio pode utilizar a sociedade em seu único e exclusivo interesse, como coisa própria (Calixto Salomão Filho, *O Novo Direito Societário*, cit., 4ª ed., pp. 28-30). Não é difícil imaginar que, a imperar esse ponto de vista, seria impossível o desenvolvimento de uma

institucionalismo[69-70] como fundamento do interesse da sociedade comercial.

Se, de um lado, não é possível enquadrar a sociedade de economia mista numa concepção de interesse social que não seja institucionalista, de outro, como pudemos observar da realidade brasileira, o institucionalismo nas sociedades de economia mista exacerbou-se. Não nos refe-

estrutura societária como a sociedade de economia mista. Seu surgimento já é uma prova da superação das concepções contratualistas baseadas nesses pressupostos.

69. Segundo Calixto Salomão Filho, a teoria institucionalista nasceu na Alemanha, no fim da I Guerra Mundial, com o objetivo de identificar, em cada grande sociedade, um instrumento para o renascimento econômico do País. A sociedade aparecia como uma instituição irredutível aos interesses dos sócios. Toda a teoria, em sentido original, visava a traduzir em termos jurídicos a função econômica de interesse público e não meramente privado da macroempresa. Isso se fez por meio da valorização do papel do órgão de administração da sociedade por ações, visto como órgão neutro, apto à defesa do interesse empresarial. Procede-se a uma degradação relativa da importância da assembleia – o que influenciará, sobretudo, os direitos dos sócios minoritários. Essa versão, chamada de institucionalismo "publicístico", entrou em crise no final da década de 1950, sobretudo pela predominância da administração sobre a assembleia dos acionistas, que se traduziu numa tendencial independência (e irresponsabilidade) da administração com relação aos acionistas, principalmente os minoritários (Calixto Salomão Filho, *O Novo Direito Societário*, cit., 4ª ed., pp. 32-33).

70. O institucionalismo no direito societário tem uma correspondência também com o movimento de dirigismo contratual ou de objetivação dos contratos, como observa Enzo Roppo: "A evolução dos últimos 100 anos registra uma outra ordem de fenômenos recondutíveis, todos eles, àquele processo de objetivação do contrato no qual individualizamos um dos sinais mais característicos da rápida transformação do instituto. Referimo-nos, agora, a todas as hipóteses em que um contrato estipulado entre vários sujeitos e, muitas vezes, entre um grande número de sujeitos não esgota sua função no constituir e regular relações jurídicas patrimoniais entre os sujeitos, mas realiza uma função mais ampla, relevante, também, em relação ao mundo exterior: ou seja, a função de dar vida diretamente a uma *complexa organização* de *homens e meios*, que adquire uma *objetividade autônoma* em relação ao contrato e às relações contratuais de que emerge, e que, por assim dizer, transcende. (...). Os fins e as atividades do grupo organizado constituído com contrato não podem identificar--se, porém, simplesmente, com os interesses subjetivos dos contraentes singulares, com os fins e com os interesses que constituem matéria das relações contratuais singulares, através das quais os membros do grupo participam na sua constituição e funcionamento (...). Em casos desse gênero, o contrato dá vida – como costuma--se dizer – a uma instituição, que absorve e transcende o próprio contrato". Dá-se, desse modo, o "declínio progressivo e fatal do contrato a favor da instituição; com que se relacionava o progressivo e fatal declínio da autonomia, da vontade, da personalidade, da própria liberdade do indivíduo, fatalmente coartada pela prevalência das grandes organizações de massa e pelas exigências da coletividade" (*O Contrato*, Coimbra, Livraria Almedina, 1988, pp. 305-307).

rimos apenas à preponderância de interesses externos que condicionam a vida da sociedade, mas também ao fato de esses interesses colidirem com o objetivo de preservação da empresa. Ao contrário do que verificamos no caso da concessão de serviços públicos, em que o problema é o excesso de contratualismo, no caso das sociedades de economia mista o problema foi o excesso de institucionalismo. Parece-nos óbvio que, se a sociedade de economia mista é uma instituição concebida para gestão de um serviço público, nada mais relevante que identificar o interesse social com a preservação da empresa e, portanto, do próprio serviço público. Até porque a própria Lei das Sociedades Anônimas, em seus art. 116 e 117, prevê que o Estado tem deveres e responsabilidades do acionista controlador, que poderá orientar as atividades da companhia de modo a atender ao interesse público que justificou sua criação.

Enxergando a sociedade de economia mista como um contrato-organização seria possível articular os interesses públicos e privados na gestão da empresa a partir de uma forma diversa de enfrentar o problema do conflito de interesses. Como explica Calixto Salomão Filho, essa construção teórica baseia-se na diferença entre contratos associativos e contratos de permuta. O núcleo dos contratos associativos está na organização criada, enquanto nos contratos de permuta o ponto fundamental é a atribuição de direitos subjetivos. Adotada a teoria do contrato-organização, é no valor da organização, e não mais na coincidência de interesses de uma pluralidade de partes ou em um interesse específico à autopreservação, que se passa a identificar o elemento diferencial do contrato social. O objetivo da compreensão da sociedade como organização é exatamente o melhor ordenamento dos interesses nela envolvidos.[71]

Há um grande impacto dessa concepção sobre o problema do conflito de interesses. Tem-se como pressuposto um sistema mais integracionista, em que há cooperação na consecução do interesse social. Não é o interesse comum que gera a cooperação, mas a existência da própria organização, que, por si só, deve ser capaz de estabelecer um ambiente de confiança mútua que transcenda a análise simplesmente utilitarista e permita enfrentar a incerteza quanto ao futuro, superando a incerteza com relação ao parceiro. Nesse contexto, a sociedade não é mais pensada como uma relação entre indivíduos maximizadores de seus próprios interesses. Ela se vincula, desde o instante de consolidação de sua

71. Calixto Salomão Filho, *O Novo Direito Societário*, cit., 4ª ed., p. 44.

estrutura operacional, aos instrumentos concretos de efetivação de sua missão institucional.

Segundo a perspectiva do contrato-organização, o conflito de interesses resolve-se por meio de uma solução orgânica ou estrutural, que se configura com a "tentativa de resolver nos órgãos societários o problema de conflito, seja através da incorporação no órgão de todos os agentes que têm interesse ou sofrem as consequências, ou através da criação de órgãos independentes, não passíveis de serem influenciados pelos interesses conflitantes".[72]

No caso das sociedades de economia mista responsáveis pela prestação de serviços públicos, levar adiante essa configuração significa procurar fórmulas organizativas para alcançar finalidades públicas, exatamente como pode ter ocorrido no caso da Companhia de Saneamento Básico de Minas Gerais. A sociedade acaba sendo a solução para o conflito de interesses, na medida em que, apesar de não eliminá-lo, internaliza-o, e nessa medida se consagra como um instrumento de cooperação.

Esse passo ainda não foi dado pela legislação brasileira.[73] No senso comum ainda impera a impossibilidade de compatibilizar interesse público e interesse privado numa estrutura empresarial. Acaba preponderando – e isso se verifica na prática – a concepção de que as sociedades de economia mista são simplesmente empresas públicas. Mesmo sem nos aprofundarmos no tema, cremos ser possível fomentar esse arranjo institucional como forma de participação privada na gestão dos serviços públicos em geral, e de saneamento básico em particular.

A participação privada, incorporando-se à dimensão institucional aqui defendida, não se arvoraria ao papel de "salvadora da Pátria" e aperfeiçoaria um sistema cujas bases já existem. Além disso, serviria como uma fonte de equilíbrio de poder em favor da eficiência,[74] e da não

---

72. Calixto Salomão Filho, "Conflito de interesses: a oportunidade perdida", in Jorge Lobo (org.), *Reforma da Lei das Sociedades Anônimas*, Rio de Janeiro, Forense, 2002, p. 345.

73. Sobre a abordagem da legislação brasileira em relação às soluções organizacionais de conflitos de interesse, v. Calixto Salomão Filho, "Conflito de interesses: a oportunidade perdida", cit., in Jorge Lobo (org.), *Reforma da Lei das Sociedades Anônimas*, 2002.

74. Sobre esse aspecto é preciso fazer uma ressalva. Embora se possa supor que a busca do lucro é um motor para alcançar eficiência econômica, nem sempre há uma relação causal entre ambos, ainda mais se essa relação não for intermediada pelo aumento de produtividade. No caso dos serviços de saneamento básico há estudos do próprio Banco Mundial comparando a eficiência pública e privada dos

instrumentalização da empresa por interesses contrários à sua sustentabilidade – o que, repita-se não significa uma insubordinação à política pública desenhada para o setor, já que o caráter público da decisão sobre a alocação dos recursos gerados pela atividade estaria mantido, podendo se exteriorizar por meio das práticas de subsídios voltados para concretizar a política de universalização dos serviços. Tudo isso pode aprimorar a ação planejadora do Estado no setor de saneamento básico, pois a sociedade de economia mista rompe com a relação de agência imperante nos contratos de concessão, diminuindo as assimetrias de informação e, dessa forma, os riscos de oportunismos.

serviços de saneamento básico em vários Países, afirmando que "probably the most important lesson is that the econometric evidence on the relevance of ownership suggests that, in general, there is no statiscally significant difference between the efficiency performance of public and private operators in this sector (...). For utilities, it seems that in general ownership often does not matter as much as sometimes argued. Most cross-Country papers on utilities find no statiscally significant difference in efficiency scores between public and private providers" (Antônio Estache, Sérgio Perelman e Lourdes Trujillo, "Infrastructure performance and reform in developing and transition economies: evidence from a survey of productivity measures", *World Bank Policy Research Working Paper* 3.514/12 (21), fevereiro/2005). No Brasil podemos citar o estudo de Ronaldo Serôa da Motta e Ajax Moreira, que também não encontraram diferenças em termos de eficiência produtiva entre os dois tipos de operadores, embora tenham concluído que os operadores regionais são menos eficientes que os locais. Segundo o estudo, ganhos de produtividade, mais que de escala, são observados apenas no nível local, enquanto os operadores regionais se beneficiam mais de economias de escala ("Efficiency and regulation in the sanitation sector in Brazil", *Texto para Discussão 1.059*, Rio de Janeiro, IPEA, 2004). Há também estudo mais recente que visa a comparar a eficiência técnica da prestação pública e da prestação privada e chega à conclusão, a partir de resultados estatísticos, de que as empresas privadas são apenas marginalmente mais eficientes que as públicas (Ricardo Coelho Faria, Geraldo da Silva Souza e Tito Belchior Moreira, "Public *versus* private water utilities: empirical evidence for brazilian companies", *Economics Bulletin* 8(2), janeiro/2005).

5

Regulação da Propriedade Privada: Inovações na Política Agrária e a Redução dos Custos de Equidade[1]

CARLOS PORTUGAL GOUVÊA

5.1 Introdução. 5.2 Formalização de títulos de propriedade e redistribuição: 5.2.1 Transplante de regras eficientes – 5.2.2 Formalização em massa de títulos de propriedade: 5.2.2.1 A excessiva simplificação do conceito de capital – 5.2.2.2 O baixo custo da formalização em massa – 5.2.2.3 Formalização e cristalização das desigualdades – 5.2.2.4 Formalização em massa como uma oportunidade para corrupção – 5.2.2.5 Eficiência sem formalização. 5.3 Análise do custo equitativo da alocação de títulos de propriedade. 5.4 Programa para o desenvolvimento da agricultura familiar. 5.5 Conclusão.

5.1 Introdução

A regulação da propriedade privada pode ser considerada como a forma mais essencial de regulação. O caráter central da regulação da propriedade privada para o sistema jurídico não se justifica apenas do ponto de vista acadêmico ou ideológico. Tal entendimento tem uma justificativa prática, já que a regulação da propriedade privada afeta todas

1. Este trabalho foi desenvolvido com a colaboração de diversos participantes das conferências: *After Empire Governance Today* ocorrida na *Brown University* em junho/2008; *SELA 2008: Property Rights*, ocorrida em Buenos Aires/Argentina em junho/2008 e organizada pela *Yale Law School*; e *New Perspectives on Law and Development*, ocorrida em Bogotá/Colômbia e organizada pela *Universidade de Los Andes* e pela *Harvard Law School* em agosto/2008. Fica aqui um agradecimento especial a David Kennedy, Duncan Kennedy e Mariana Pargendler por seus comentários desafiadores para os primeiros esboços deste trabalho. Todos os erros são apenas meus.

as relações econômicas, e qualquer alteração neste regime tem profundo impacto no desenvolvimento econômico e na distribuição de riquezas de qualquer sociedade. Pode-se dizer que a regulação da propriedade privada proporciona o pano de fundo no qual se desenrolam as atividades econômicas, sendo determinante na orientação de uma sociedade tanto para um maior ou menor desenvolvimento econômico quanto para uma maior ou menor desigualdade social.

Curiosamente, o debate sobre a regulação da propriedade privada no Brasil nunca assumiu lugar de destaque no debate sobre o desenvolvimento econômico do País. Tal fato é até compreensível. As preocupações com o funcionamento de cartórios e das Juntas Comerciais, com o regime sucessório, com as dificuldades para processamento de um pedido de usucapião, com custos de taxas de registro de propriedade e de garantias financeiras não são tão atraentes e glamurosas quanto o debate sobre as grandes teorias socioeconômicas. Mas para o dia a dia das pessoas, principalmente as mais pobres, estes são temas essenciais para a garantia de inúmeros direitos, como o direito à livre iniciativa, à habitação, à segurança pessoal, à saúde – e tantos outros direitos fundamentais para os quais o direito de propriedade é instrumental. O fato de que o direito à propriedade é desigualmente distribuído significa que muitas pessoas estão sujeitas ao arbítrio, incapazes de recorrer ao Poder Judiciário para proteger a preservação de sua moradia ou sua fonte de sustento. Como se verá, esta desigualdade jurídica é tão estrutural que acaba, de fato, amplificando outras desigualdades e estruturando as imensas assimetrias que marcam a sociedade brasileira.

Na literatura internacional sobre desenvolvimento econômico a regulação da propriedade privada sempre assumiu posição de destaque, chegando-se até ao exagero de ver na proteção da propriedade privada, isoladamente, a grande solução para o desenvolvimento econômico dos Países em desenvolvimento. A regulação da propriedade privada é, sim, tema central, mas não é a única solução para gestar o desenvolvimento econômico de um País, como muitas vezes se pretende fazer crer. A visão tão propalada de que a mera cópia de regimes de propriedade privada de Países desenvolvidos pode, por si só, gerar o desenvolvimento econômico de Países subdesenvolvidos é não somente falsa, como também extremamente perigosa. A diversidade de arranjos institucionais é essencial para criar condições duradouras para o desenvolvimento econômico, as quais precisam ser baseadas na realidade específica de cada sociedade. O mero transplante pode ser a morte da criatividade e da inovação institucional que construiu a riqueza das Nações hoje desenvolvidas. E buscar uma saída fácil pela cópia, pura e simples, pode ser uma prisão eterna para os Países em desenvolvimento, eternamente subdesenvolvidos.

Para ilustrar o debate, este trabalho apresentará uma crítica a duas das propostas mais divulgadas internacionalmente sobre a regulação da propriedade privada, quais sejam: (i) a ideia de estimular o transplante de leis de proteção da propriedade privada dos Países mais ricos para os mais pobres; e (ii) a implementação de programas de formalização em massa de títulos de propriedade como forma de combater a informalidade e criar condições para o desenvolvimento econômico no mundo subdesenvolvido. A justificação teórica para tais abordagens é dada pela teoria institucionalista contemporânea, com o argumento de que o desenvolvimento econômico de um País requer uma regulação estável da propriedade privada e da proteção aos contratos e, por esta razão, Países em desenvolvimento deveriam implementar reformas na direção da formalização de títulos de propriedade, ao invés de desenvolver políticas ou reformas legais com caráter redistributivo.[2]

Este argumento motivou muitas reformas institucionais na América Latina nas últimas duas décadas, já que agências internacionais de desenvolvimento e elites políticas locais foram facilmente cativadas por sua simplicidade. Ademais, à primeira vista parece muito mais fácil e barato implementar reformas no regime de direito privado e no Judiciário do que implementar políticas redistributivas, as quais teriam, aparentemente, um custo imediato muito maior. O problema com tal abordagem em Países com extrema desigualdade econômica é que, ao deixar o problema da desigualdade em segundo plano, argumentando que a questão do baixo desenvolvimento econômico é um problema que pode ser facilmente resolvido apenas pela melhor regulação da propriedade privada, tal perspectiva deixa de compreender que é exatamente a elevada desigualdade social que impede uma regulação eficiente da propriedade privada. Ou seja: a solução está em olhar o problema com as lentes exatamente invertidas em relação à perspectiva tradicional.

A desigualdade social está diretamente ligada à existência de maior corrupção e de instabilidades no funcionamento das próprias instituições

---

2. Richard A. Posner, "Creating a legal framework for economic development", *13 The World Bank Research Observer* 1, 1998; e Hernando De Soto, *The Mystery of Capital: why Capitalism Triumphs in the West and Fails Everywhere Else*, Basic Books, 2000.

que regulam a própria propriedade privada. Neste sentido, tentativas radicais de formalização em massa da propriedade privada podem, eventualmente, causar um agravamento da desigualdade social, cristalizando as desigualdades econômicas já existentes. No longo prazo, uma política de mera formalização está, de fato, reduzindo as condições básicas para uma efetiva proteção da propriedade privada, pois estimula um regime institucional desfavorável à ascensão social e ao uso dos recursos pelos agentes econômicos mais capazes e produtivos. O resultado é a perpetuação de regimes econômicos que concentram riqueza ao invés de nutrir condições para a criação de riqueza.

O objetivo deste trabalho é expor as deficiências da teoria institucionalista contemporânea e apresentar uma abordagem alternativa. Para atingir este objetivo será tomado como exemplo o caso do Programa Nacional de Apoio à Agricultura Familiar/PRONAF. O programa inovou ao superar o problema ligado à dificuldade das famílias de agricultores familiares em obter financiamento causada pela falta de registro de propriedade. O projeto concede empréstimos subsidiados para agricultores com garantias dadas pelo próprio governo, superando a barreira causada pela falta de registro das propriedades rurais, que, assim, não podem ser oferecidas como garantia para empréstimos bancários. Este projeto demonstra que é possível superar eventuais limitações na regulação da propriedade privada e, com isso, estimular a formalização da propriedade privada pelo próprio aumento da renda dos pequenos agricultores, sendo a formalização um dos objetivos de uma estratégia de desenvolvimento, e não seu ponto de partida.

O argumento apresentado neste trabalho é o de que a baixa eficiência produtiva, a desigualdade econômica e a falta de formalização de títulos de propriedade privada são problemas entrelaçados, que se reforçam mutuamente. Desta forma, não é possível apresentar uma solução que ataque apenas um desses problemas. Políticas públicas inovadoras de regulação da propriedade privada serão aquelas capazes de reduzir todos estes problemas e criar condições para o desenvolvimento acompanhado de maior equidade.

O presente trabalho será dividido em três partes. Na primeira parte serão apresentados os principais argumentos daqueles que defendem a formalização dos títulos de propriedade privada como a principal ferramenta para o desenvolvimento, sob a ótica da teoria institucionalista contemporânea. Na segunda parte será apresentado um argumento alternativo, discutindo o conceito de "custos de equidade", que são efetivos custos da desigualdade econômica para a sociedade. Na terceira parte serão descritos os aspectos inovadores de programas centrados no estímulo à agricultura familiar no Brasil, demonstrando como tais programas já incorporam uma preocupação com os custos de equidade e, assim, trazem o gérmen do tipo de inovação institucional que pode criar um desenvolvimento econômico sustentável.

5.2 Formalização de títulos de propriedade e redistribuição

Nesta parte do trabalho serão apresentados os fundamentos do argumento em favor da formalização de títulos de propriedade como uma estratégia de desenvolvimento, com base no quadro analítico apresentado pela teoria institucionalista contemporânea.[3] Serão expostas duas propostas da teoria institucionalista e a relação de tais tendências com a evolução do discurso relacionado à formalização dos títulos de propriedade.

A primeira proposta é a defesa da formalização de títulos de propriedade baseada no transplante das regras consideradas eficientes conforme aplicadas em Países ricos. A segunda proposta é a proposição de programas de formalização em massa e reforma radical do sistema jurídico como forma de criar as condições para uma economia dinâmica, baseada principalmente na criação de condições propícias para o investimento privado.

5.2.1 Transplante de regras eficientes

O argumento para defender o transplante puro e simples de regras consideradas eficientes dos Países ricos para os Países em desenvolvimento é baseado, inicialmente, na ideia de que é possível diferenciar certas regras como sendo "eficientes" ou "ineficientes" dependendo dos seus efeitos na economia. O debate jurídico está normalmente centrado na identificação de regras "justas" ou "injustas", ou regras "eficazes" ou "ineficazes" para atingir determinados objetivos predeterminados. Mas a preocupação da teoria institucionalista contemporânea em identificar

---

3. Por *teoria institucional* faz-se referência à tradição iniciada com os diálogos entre autores relacionados à teoria da economia institucional e do realismo jurídico da primeira metade do último século. Contemporaneamente, esta tradição tem sido seguida pelos autores relacionados à chamada nova economia institucional e da escola de Direito e Economia.

regras eficientes está baseada na ideia de que uma economia eficiente é aquela na qual existem baixos custos de transação. Assim sendo, regras eficientes são aquelas que geram também baixos custos de transação.

Um segundo passo na teoria institucionalista contemporânea, trazida para o debate internacional sobre desenvolvimento econômico por Richard Posner, foi a diferenciação de normas que seriam eficientes *per se* e outras que seriam eficientes apenas em determinados casos, dependendo de seus efeitos na economia.[4] Regras eficientes *per se* seriam aquelas que, por serem estruturais para o funcionamento da economia, reduziriam necessariamente os custos de transação. Tais regras podem ser entendidas como aquelas que indicam os procedimentos pelos quais a propriedade privada e os direitos dos contratos serão protegidos, tais como procedimentos notariais, registros de terra, formas de contrato e processos judiciais propriamente ditos. Como sem essas regras não seria possível sequer comprar ou vender qualquer bem ou identificar seu preço, elas seriam eficientes por si sós, sem que seja necessário considerar seus efeitos na economia. Afinal, sem essas regras sequer existiria um economia para ser analisada.

As regras que não seriam eficientes *per se*, mas cuja eficiência dependeria de um estudo sobre seus efetivos resultados no sentido de criarem mais ou menos custos de transação, seriam as regras consideradas "eficientes do ponto de vista substantivo". Tais regras seriam necessariamente mais sofisticadas e difíceis de aplicar que as regras procedimentais, pois exigem uma interferência direta no funcionamento do mercado, redistribuindo recursos. Seriam as regras de caráter efetivamente regulatório, na visão da teoria institucionalista contemporânea.[5] Por um lado, tais regras seriam essenciais para se atingir uma economia sofisticada e altamente produtiva. São, por exemplo, as regras de regulação do setor bancário, do mercado de capitais, de proteção da concorrência, de serviços de saúde e educação e do sistema de previdência social. Por outro lado, por serem mais complexas, tais regras também podem gerar custos sociais muito mais significativos se forem implementadas de forma equivocada.

4. Richard A. Poster, "Creating a legal framework for economic development", *The World Bank Research Observer*, v. 1, n. 13 (1998), p. 4.
5. Como um resultado, regras eficientes do ponto de vista substantivo deveriam ser avaliadas seguindo uma análise de custo/benefício baseada em um critério de eficiência como o modelo de Kaldor-Hicks.

Quando tal argumento é aplicado aos problemas de desenvolvimento econômico, a conclusão da teoria institucionalista contemporânea, conforme interpretada por Richard Posner, é que Países pobres deveriam apenas importar regras *per se* eficientes de Países desenvolvidos, ao invés de gastarem seus recursos limitados tentando inventar suas próprias instituições. Ademais, no caso específico de Países pobres com recursos limitados seria muito melhor começar o trabalho de reforma institucional implementando um eficiente regime de propriedade privada e de regras para proteção dos contratos do que investindo diretamente em regras caras, tais como direitos econômicos e sociais e/ou regulamentações complexas de setores específicos da economia.[6] O argumento se justificaria pela ideia de que tais regras básicas levariam necessariamente a um grau básico de desenvolvimento econômico e social, permitindo que tais sociedades pudessem, então, investir em regras mais caras e sofisticadas que levariam a um estágio de maior produtividade e eficiência, comparável ao dos Países atualmente desenvolvidos. O argumento se fecha com a mitológica interpretação de que no início do processo de desenvolvimento dos Países atualmente ricos não existiria qualquer tipo de regulação, apenas a proteção da propriedade privada e do direito dos contratos.

O primeiro erro de tal teoria está na crença de que a regulação da propriedade privada e do direito dos contratos não seja regulação, no sentido de que não distribui recursos e não interfere no funcionamento da economia. Como visto acima, este é um erro comum tanto para aqueles autores que não se preocupam com a desigualdade social no contexto do desenvolvimento econômico como para aqueles que de fato se preocupam com a questão. A regulação do direito da propriedade não é "neutra" do ponto de vista distributivo. A forma como a legislação e o sistema regulatório da propriedade privada são estabelecidos determina como será o acesso a tais direitos, criando vantagens e desvantagens para determinados grupos da sociedade. Assim, abandonada a ideia da neutralidade, evidentemente, o mero transplante de regras de Países ricos beneficiará mais alguns grupos da sociedade que recebe o transplante que outros – e, pior, tais efeitos distributivos serão, muito provavel-

---

6. O argumento de Posner seria o de que a aplicação de tais regras requer organizações governamentais capazes e caras: um Judiciário independente e bem pago, um Legislativo bem assessorado e agências regulatórias bem financiadas. Países pobres, com limitações de recursos financeiros, não teriam recursos suficientes para manter tais estruturas.

mente, muito diversos daqueles identificados nas sociedades já ricas e igualitárias de onde tais instituições são importadas.

Este novo formalismo, fundamentado na defesa do simples transplante de instituições econômicas de Países desenvolvidos para Países em desenvolvimento, foi a ideologia que inspirou a atuação de muitas organizações multilaterais na década de 1990. Durante este período o Banco Mundial e o Fundo Monetário Internacional tentaram muitas vezes incluir em seus "acordos de ajuste estrutural" exigências para que os Países em desenvolvimento implementassem reformas jurídicas em troca de seus empréstimos, tão necessários para equilibrar as balanças de pagamentos dos Países em desenvolvimento naquele momento histórico.

Considerando-se a dependência dos Países em desenvolvimento em relação a tais instituições naquele período, muitos Países – como os Países latino-americanos, por exemplo – não tiveram escolha, e acabaram iniciando um processo de transplante e importação de instituições de regimes jurídicos complexos para economias ainda inexistentes. Diversas reformas focadas no transplante de normas "eficientes" foram implementadas ao redor do mundo, sem que se conheça um único caso de sucesso de tal estratégia. Logo se percebeu que o argumento de que existiriam regras jurídicas "baratas" e inerentemente "eficientes" não tinha qualquer fundamento prático ou teórico. Sistemas jurídicos são sempre complexos, e mesmo as regras mais simples de direito de propriedade exigem uma série de outras instituições para sua proteção.

Mesmo a interpretação de que os Países desenvolvidos, em algum momento histórico não identificado, teriam tido um sistema jurídico baseado apenas na proteção da propriedade privada e do direito dos contratos não se mostra realista. O próprio surgimento das modernas sociedades por ações – que foram, inegavelmente, a espinha dorsal do desenvolvimento do Capitalismo industrial – está ligado, de um lado, à iniciativa e ao estímulo governamental e, de outro, à organização de base cooperativa. Ou seja: a inovação institucional está ligada a iniciativas tanto da sociedade civil quando do governo, que passam, sempre, por algum tipo de regulação da atividade privada.

O fracasso de tais iniciativas de transplante puro e simples levou o Banco Mundial a rever sua abordagem. Infelizmente, esta revisão não foi no sentido de questionar as premissas das quais se tinha partido, mas, sim, no sentido de considerar que a mera importação de normas de Países desenvolvidos não seria suficiente. Seria necessária uma estratégia mais radical, similar ao processo de formalização em massa de títulos de propriedade, a qual será descrita em maiores detalhes a seguir.

5.2.2 Formalização em massa de títulos de propriedade

Este argumento para a formalização em massa de títulos de propriedade é provavelmente o mais popular da teoria institucionalista contemporânea. Sua popularidade é resultado da simplicidade do argumento, mais que por sua efetiva capacidade de explicar os desafios enfrentados pelos Países em desenvolvimento. O argumento poderia ser resumido da seguinte forma: pessoas pobres em Países em desenvolvimento são pobres porque seus bens não são protegidos por um sistema de direito de propriedade estável e bem definido. Caso elas pudessem formalizar a propriedade de suas casas, seus negócios ou seus lotes de terra, elas poderiam, então, "liberar o capital" relacionado a tais bens, o qual antes estaria preso em função de tais bens não poderem ser livremente negociados, por não terem registro de título de propriedade. Este é o argumento que tornou famoso o autor peruano Hernando De Soto, hoje talvez o mais reconhecido intelectual latino-americano.

O argumento de Hernando De Soto desenvolve-se com base na ideia de que, caso as pessoas mais pobres tivessem títulos de propriedade, seriam, então, capazes de oferecer tais bens como garantia para empréstimos, levantando financiamentos e investindo em negócios novos e muito mais lucrativos. Os empréstimos seriam, então, utilizados para investir na melhoria da produção, criando um círculo mágico de prosperidade.

Assim, a recomendação de Hernando De Soto seria a de iniciar programas de formalização de títulos de propriedade em massa, combatendo o que no Brasil se costumou chamar de "setor informal" da economia. A ideia básica seria a de não realizar qualquer redistribuição de bens ou recursos, mesmo em sociedades altamente desiguais, mas apenas incorporar dentro do sistema formal de propriedade a distribuição informal de bens já existente, respeitando, tanto quanto possível, o *status quo* da atual distribuição da propriedade. Para legitimar o processo, seriam ouvidas as comunidades locais, as quais seriam parte de atividades de caráter consultivo, o que permitiria – segundo De Soto – que as regras tradicionais de distribuição de recursos de base comunitária fossem integradas ao sistema. Mas tal procedimento de ouvir as comunidades locais teria apenas caráter consultivo, e não efetivamente decisório. Já que um dos argumentos de tal teoria é o de que a formalização é um processo "barato", incluir neste processo muitos elementos de participação democrática na tomada de decisões tornaria o sistema caro. Assim, a mera consulta já seria considerada um método suficiente. Talvez suficiente para legitimar a política central, mas definitivamente insuficiente para de fato permitir a incorporação de uma diversidade de conceitos sobre a regulação da propriedade privada.

O argumento de tal teoria é, mais uma vez, baseado na análise dos custos de transação. Tal análise proporia que a pobreza é resultado de uma má formulação de mecanismos de proteção da propriedade privada e de garantia da validade dos contratos. Em oposição a isto, um sistema de direitos de propriedade estável poderia melhorar o funcionamento da economia por meio de cinco caminhos diferentes: (i) criando valor para os bens que agora não possuem preço; (ii) organizando informações e permitindo que os bens ficassem disponíveis para o mais amplo número de indivíduos possível; (iii) aumentando a responsabilidade de prestação de contas de governos e indivíduos, visto que os custos de desapropriação ficariam mais evidentes; (iv) permitindo que bens sejam livremente negociados e oferecidos como garantia; e (v) protegendo os direitos dos contratos e tornando as transações comerciais mais seguras.[7]

Este conjunto de argumentos é extremamente atraente, por muitas razões. Primeiro, como mencionado anteriormente, são argumentos simples e de fácil compreensão, como devem ser os roteiros dos melhores *best-sellers*. Segundo, são argumentos atraentes para pessoas de diversos espectros ideológicos. Conservadores apreciam o fato de que não há redistribuição de bens ou recursos envolvida na proposta, e os progressistas consideram positiva a necessidade de envolver as comunidades no processo e reconhecer a distribuição determinada por fatores culturais locais, iludindo-se com a ideia de que a mera consulta às comunidades poderia representar alguma democratização efetiva do processo. A terceira razão pela qual tal proposta se revela tão atraente é por parecer não ser uma proposta de reforma, e com baixos custos, pois não é necessário que o governo desaproprie vastos volumes de terras, mas apenas que formalize a distribuição já existente. Contudo, como é usual, o caminho mais fácil nem sempre é o melhor, pois os verdadeiros custos são geral-

---

7. Hernando De Soto, *The Mystery of Capital: why Capitalism Triumphs in the West and Fails Everywhere Else*, cit., pp. 49-62.

mente difíceis de identificar. Então, quem escolheu o caminho mais fácil também já escolheu ignorar tais custos.

Serão aqui apresentadas cinco críticas ao argumento de De Soto: (i) o problema da excessiva simplificação do conceito de capital; (ii) a falsa afirmação de que políticas de formalização em massa são políticas de baixo custo; (iii) o problema da cristalização das desigualdades; (iv) a possibilidade de corrupção no processo de formalização em massa; e (v) as alternativas para alocação eficiente de recursos sem formalização da propriedade privada.

5.2.2.1 A excessiva simplificação do conceito de capital

Primeiro, deveria ser óbvio que esta abordagem formalista do conceito de capital é uma simplificação inaceitável, por considerar o capital como um sinônimo dos direitos de propriedade. A teoria institucionalista originária demonstrou, há muitos anos, que a ideia de que o conceito de capital poderia ser considerado como sinônimo dos direitos de propriedade é uma visão superficial, que ignora o real significado da formação de capital para a sociedade.

John Commons, um dos mais ilustres representantes do primeiro movimento institucionalista, foi um dos precursores da ideia de que a formação do capital está muito mais relacionada com a propriedade moderna (propriedade intangível e incorpórea) que com a propriedade tradicional de bens físicos.[8] Seu pensamento seguiu a interpretação de outro institucionalista, Eugen von Böhn-Bawerk, que foi o primeiro a identificar a diferença entre a propriedade privada tradicional e o capital produtivo.

A propriedade torna-se capital quando é incorporada ao sistema produtivo, não quando é simplesmente formalizada em um título de propriedade. Nas economias desenvolvidas contemporâneas uma crescente parcela do capital incorporado na produção não está formalizada em títulos de propriedade. Nesta parcela de capital incorpóreo e não registrado estão incluídos, por exemplo, os "segredos comerciais" como o principal exemplo de tal nova forma de propriedade, assim como o chamado *know--how*, que nada mais é que o conhecimento sobre a organização indus-

---

8. "Capital, which is a modern concept, is the incorporeal and intangible properties of the Law that have been recognized conformably to the customs of business" (John R. Commons, "Law and economics", 34 *Yale Law Journal* 371, 1925, p. 378).

trial, e o desenvolvimento dos planos de negócios (*business plan*), onde se pode identificar o potencial para a inovação estratégica. Tais elementos são atualmente a verdadeira alma das empresas e seus bens mais valiosos, sendo exatamente o que diferencia empresas extremamente inovadoras e valiosas das demais. O valor que tais elementos trazem para uma empresa muitas vezes está justamente no fato de que tais bens são incorpóreos e não registrados, não podendo, assim, ser vendidos. A única forma de obter tais bens, por assim dizer, é tornando-se acionista da empresa.

Ademais, deveria ser óbvio que a formalização da propriedade privada não é necessária para a produção. A crítica é tão simples quanto o argumento em si: a formalização da propriedade de uma fazenda que já é utilizada para a agricultura familiar não traz nenhum capital novo para dentro do sistema produtivo, já que a fazenda já era ativa economicamente. Será de fato criado capital quando uma fazenda começar a produzir mais eficientemente, e isto requer muito mais que um título de propriedade. Eugen von Böhn-Bawerk já havia explicado tal fato muitas décadas atrás, originando uma total reformulação do estudo sobre a formação de capital, a qual parece ter sido ignorada por De Soto. Ampliar a eficiência produtiva no campo ou em qualquer outro setor da economia requer não só a formalização da propriedade privada, mas o desenvolvimento de sistema financeiro e tecnológico, o que exige também uma estratégia de desenvolvimento econômico muito mais sofisticada que a mera formalização da propriedade privada.

5.2.2.2 *O baixo custo da formalização em massa*

A afirmação de que a formalização em massa é uma estratégia de baixo custo para estimular o desenvolvimento econômico sustenta-se apenas caso não se levem em consideração os custos de se criar um sistema financeiro, um sistema monetário, um sistema de controle da violência, um sistema de tributação, transferência de tecnologia, um sistema judiciário eficiente – dentre tantas outras instituições que constituem o arcabouço institucional necessário para a efetiva proteção da propriedade privada na economia moderna.

Tais estruturas para proteger, controlar e tornar a propriedade privada mais produtiva são extremamente caras.[9] A formação de capital

---

9. Em seu esforço de comensurar o setor de transações na sociedade, North demonstrou que nas sociedades desenvolvidas tais instituições podiam custar aproximadamente a metade de sua inteira economia (John Joseph Wallis e Douglas C.

não se dá nunca com o simples registro de um título. O registro é apenas o momento culminante de um complexo processo institucional que permite a determinados indivíduos trocarem informações e bens com o objetivo de melhor atenderem a suas diversas expectativas. Isto não pode ser resumido pela associação de tal processo complexo com a mera formalização de títulos de propriedade privada, uma vez que nem todo capital é ou pode ser reduzido a um título de propriedade.

"Capital" é uma palavra simples utilizada para resumir todos os recursos sociais que são investidos na produção e, principalmente, os resultados futuros que são esperados deste processo produtivo. Não há dúvida de que os direitos de propriedade cumprem um papel relevante no processo produtivo, mas, obviamente, não estão sozinhos nesta tarefa. Prova de tal fato é que, hoje, nas empresas de grande porte, os principais executivos chegam a ganhar mais que qualquer dos acionistas. Os capitalistas de outrora foram agora substituídos no papel de capitães das indústrias pelos empregados. Não por qualquer empregado, mas por um grupo de empregados cujo rendimento consolidado pode ser maior que o próprio resultado que o conjunto dos acionistas virão a obter com as operações da companhia. São os diretores e os conselheiros das empresas e, principalmente o *chief executive officer*; e, no caso extremo dos grandes bancos de investimento, quase que a totalidade dos empregados da empresa. E o capital que tais empregados trazem é apenas a sua experiência, sua técnica, seu conhecimento e, com cada vez mais relevância, a sua rede de contatos pessoais. Não se trata apenas de uma separação entre capital e controle, mas de uma total inversão de tal relação, na qual o capital – aqui entendido como o conceito antigo de propriedade formal – se torna, em alguns casos, refém daqueles que detêm o capital moderno e imaterial, que é o conhecimento sobre a própria organização empresarial. Estes elementos imateriais não podem ser registrados como propriedade; e, como já dito antes, seu valor reside justamente neste fato, no fato de serem conhecimentos secretos, sendo garantidas a assimetria de informação no seu uso e a máxima concentração de recursos nas mãos de alguns poucos novos senhores da indústria, que dificilmente poderiam ser considerados como "capitalistas" de acordo com o conceito tradicional de proprietários do "capital".

Assim, podemos concluir que a propriedade formal e a propriedade informal apresentam função igualmente importante na formação de

North, "Measuring the transaction in the american economy, 1870-1970", in *Long--Term Factors in American Economic Growth* 95, Chicago, 1986).

capital na sociedade moderna dentro de um ciclo de constante transformação. A propriedade informal, tão criticada como fonte de pobreza e subdesenvolvimento, também está no centro das mais sofisticadas e inovadoras empresas globais: é o *know-how*, o *know-who*, são os segredos industriais, as técnicas de administração e a própria cultura empresarial. Assim, não é possível identificar informalidade com ineficiência e subdesenvolvimento, como quer a teoria institucionalista contemporânea. De fato, tal entendimento vai justamente de encontro com a teoria institucionalista clássica, que neste aspecto particular se demonstrava de fato visionária. O mistério do capital é justamente o equilíbrio entre os elementos formais e informais da propriedade, e não a dominação de um sobre o outro.

5.2.2.3 Formalização e cristalização das desigualdades

Esta terceira crítica é um resultado direto do primeiro comentário apresentado acima. Uma abordagem simplista e irrefletida do conceito de capital ignora o fato de que a assimetria atual no acesso à propriedade privada determina a futura distribuição de rendimentos na sociedade, perpetuando, assim, a desigualdade social, entendendo-se este como um elemento central na manutenção do subdesenvolvimento.

Ainda que os indivíduos pobres possam hipotecar suas casas para começar um novo negócio, eles não estarão em condições de lidar, por exemplo, com todos os problemas resultantes de crises econômicas com a mesma facilidade com que os as pessoas mais ricas poderiam fazê-lo.[10]

Primeiro, o fato de os mais pobres terem pouco patrimônio já faz com que paguem juros mais altos pelos empréstimos que os mais ricos, simplesmente pelo fato de que os mais ricos podem oferecer garantias melhores e mais vultosas, reduzindo o risco para os credores. Ademais, em caso de uma crise econômica, o poder de negociação dos mais pobres perante instituições financeiras é muito limitado. Por fim, o fato de existir desde o princípio uma assimetria de informações muito grande

10. Para começar um negócio indivíduos mais pobres terão de investir uma parcela de seu capital que pode ser fundamental para seu bem-estar futuro, tal como suas casas. Além disso, indivíduos mais pobres usualmente pagam taxas de juros mais altas que os mais ricos, como resultado de muitos fatores levados em consideração pelos bancos comerciais, tais como a riqueza familiar, seus rendimentos, violência na sua vizinhança, nível educacional, condições de saúde, relações familiares e pessoais – entre outras fontes de desigualdades que são partes inerentes do sistema financeiro.

indica que os mais ricos poderiam negociar empréstimos com condições muito melhores que os mais pobres, os quais não contam, por exemplo, com o auxílio de advogados neste processo. As assimetrias de informação permeiam todo o processo, permitindo a manutenção da desigualdade no poder de barganha dos agentes privados.

Podemos, então, concluir que a mera formalização de títulos de propriedade, sem que tal processo esteja vinculado a políticas para reduzir as assimetrias inerentes ao sistema financeiro e produtivo – como subsídios para empréstimos, regras para proteger pequenos devedores, capacitação para planejamento financeiro e transferência de tecnologia –, pode ser pior para o desenvolvimento econômico que a simples impossibilidade de registrar títulos de propriedade. Sem uma distribuição equitativa da informação e do conhecimento os mais pobres poderiam se tornar mais vítimas do sistema financeiro que beneficiários, como pareceu demonstrar a crise econômica de 2008 nos Estados Unidos da América, levando à criação, em 2011, de uma agência governamental especialmente focada na proteção dos consumidores de produtos financeiros.

Além disso, a própria formalização dos títulos de propriedade pode prejudicar diretamente os indivíduos mais pobres, pois procedimentos legais são mais caros, em termos relativos, para os mais pobres que para os mais ricos. Os custos de formalização não são apenas os custos de registro do título de propriedade. Eles incluem também os impostos de transmissão de propriedade, os custos para manter tal propriedade em conformidade com regulamentos de segurança, proteção ao meio ambiente, dentre outros, assim como os custos de processos sucessórios. De tal forma, considerando-se que tais custos são relativamente fixos, o impacto de tais custos no orçamento dos mais pobres é muito maior que no dos mais ricos. Reduzir essa desproporção parece ser objetivo central para a regulação da propriedade privada em Países desiguais, de forma a combater a má distribuição do acesso ao direito à propriedade.

Desta forma, pode-se concluir que a formalização de títulos de propriedade sem que exista uma preocupação inerente sobre os efeitos distributivos de tais políticas apenas cristaliza as desigualdades econômicas. Mas não somente isto. A formalização dos títulos de propriedade privada cristaliza outras assimetrias de poder, como o próprio poder político dos proprietários de terra. Extremas assimetrias de poder político e econômico também estão entre as principais razões pelas quais as sociedades pobres têm mercados disfuncionais e baixa formação de capital.

Sociedades altamente desiguais criam inúmeras barreiras para a entrada no mercado para consumidores, empreendedores e trabalhadores. Tais efeitos danosos da desigualdade podem ser observados tanto em Países ricos como em Países pobres, mas nos Países pobres os efeitos da desigualdade são destrutivos e tendem a gerar ciclos viciosos de subdesenvolvimento extremamente difíceis de serem quebrados.[11]

Em contraste, não faltam exemplos de sucesso de Países que primeiro buscaram reduzir significativamente a desigualdade econômica por meio da distribuição de bens produtivos e, como consequência, foram capazes de alcançar altíssimos níveis de crescimento econômico.[12] Podemos concluir que a preocupação com a formalização da propriedade privada sem que esta seja acompanhada de preocupação equivalente com os efeitos redistributivos de tal formalização não se justifica. Alternativamente, a preocupação com regras para formalização da propriedade privada com efeitos distributivos positivos é essencial para garantir o acesso de todos a tal direito e para a criação de uma economia eficiente e competitiva.

5.2.2.4 *Formalização em massa como uma oportunidade para corrupção*

A quarta crítica é quanto ao fato de que a formalização em massa de títulos de propriedade cria condições propícias para a corrupção, já que para sua implementação é necessário que, de um momento para outro, se crie um poder discricionário nas mãos de funcionários governamentais responsáveis pelo registro de terras e extremamente sujeitos à influência de agentes privados.

Neste processo de formalização, a interpretação das regras formais ou de antigos registros de terra dá a pessoas com influência política a oportunidade de buscarem benefícios indevidos na regularização de títu-

11. Sobre os efeitos da desigualdade na distribuição de terra e educação no crescimento econômico: Nancy Birdsall e Juan Luis Londono, "Asset inequality matters: an assessment of the World Bank' approach to poverty reduction", 87 *American Economic Review* 32, 1997.

12. Histórias de sucesso comumente mencionadas são de processos de reforma agrária no Japão, Coreia do Sul e Formosa após a II Guerra Mundial, criando algumas das sociedades mais equitativas na distribuição de renda e, também, alguns dos mais rápidos crescimentos econômicos da segunda metade do último século (Alice H. Amsden, *The Rise of "the Rest": Chalenges to the West from Late-Industrializing Economies*, Oxford, 2001, p. 18).

los de propriedade. Consequentemente, a formalização em massa pode não apenas cristalizar as desigualdades econômicas existentes, como pode, ainda, aumentar tais desigualdades, como resultado da corrupção.

Dessa forma, criar novos órgãos reguladores, reformar o sistema judiciário ou implementar qualquer reforma mais radical não parece apresentar qualquer benefício, uma vez que um dos problemas dos Países extremamente desiguais é justamente que esta desigualdade está, em grande parte, ligada à corrupção. Concentrar mais poder, mesmo que de forma transitória, tenderia a criar mais oportunidades para corrupção.

De fato, caso o objetivo fosse realmente apenas aumentar a formalização da propriedade privada, faria mais sentido desenvolver políticas para que o registro de propriedade se tornasse mais barato e eficiente, facilitando o acesso ao Judiciário, simplificando o sistema cartorial e subsidiando a utilização de advogados.

Bastaria mudar a equação de custos do registro de propriedade, tornando o sistema menos regressivo, para que um número significativo de pessoas passasse a registrar suas propriedades. A maior parte dos Países em desenvolvimento já tem sistemas de registro de propriedade. O problema não é a existência, ou não, de um sistema, mas o fato de que apenas algumas pessoas podem pagar para ter acesso a tal sistema.

Eliminada esta barreira causada pela desigualdade, não existiria problema relacionado ao registro de propriedade em Países em desenvolvimento. O que se pode concluir é que não é o registro de propriedade, por si só, que vai gerar ou deixar de gerar o desenvolvimento econômico. O fator mais importante é que, seja em políticas de formalização, seja em políticas distributivas propriamente ditas, a cada passo de sua implementação deve existir a preocupação com os efeitos distributivos negativos e positivos das opções de desenvolvimento institucional. Não só as políticas de formalização da propriedade privada podem ter efeitos distributivos negativos. Mesmo políticas voltadas, em um primeiro momento, para a redução da desigualdade podem ser sequestradas pelos mais ricos e transformadas em mecanismos de perpetuação da desigualdade. Assim como não existem regras eficientes *per se*, também não existem regras distributivas *per se*.

5.2.2.5 *Eficiência sem formalização*

A quinta crítica é baseada em exemplos de alocação eficiente de recursos que não estejam baseados na formalização de títulos de propriedade individual. Partimos, então, do pressuposto de que uma alocação eficiente de recursos cria capital, na medida em que é possível produzir mais com os mesmos recursos. A única questão, aqui, é se tal alocação eficiente só é possível desde que tais recursos sejam alocados para a produção de forma eficiente sem que seja necessária a formalização da propriedade privada.

Inúmeros casos indicam que a formalização não é um pressuposto para a alocação eficiente de recursos. Por exemplo, em comunidades nas quais há acesso equitativo à educação e aos bens de produção os vizinhos desenvolvem acordos de forma a aumentar a produtividade mesmo que tais comunidades não tenham seus bens registrados como direitos de propriedade.[13]

Em alguns casos a formalização de títulos de propriedade pode se tornar uma barreira para tais estruturas, criando assimetrias que seriam previamente inexistentes e reduzindo o valor total de produção no longo prazo. Por exemplo, muitas comunidades de agricultores em regiões áridas ou desérticas são baseadas em sistemas sofisticados de distribuição de água para irrigação de forma comunitária, segundo a qual todos podem utilizar o curso d'água desde que não prejudiquem os demais, permitindo a ampliação das áreas disponíveis para a agricultura. Tal arranjo é mantido por regras tradicionais e comunitárias. A inexistência de propriedade privada limita o tamanho das propriedades, as quais só podem ter o tamanho da unidade familiar que as ocupa. A possibilidade de maior concentração de terras poderia desequilibrar o uso comunitário da água, gerando um consumo excessivo de água em determinados setores do curso d'água e o desabastecimento de outros setores. O resultado final pode ser uma redução na produtividade total da região, seu despovoamento e, eventualmente, a desertificação de áreas atualmente agriculturáveis.

Não se pode esquecer também dos inúmeros exemplos de sucesso de desenvolvimento econômico sem base na propriedade privada individual. Os melhores exemplos são os de Singapura e Hong Kong, nos quais a maior parte da terra é de propriedade do Governo e é arrendada para os indivíduos com base em regras cuidadosamente desenvolvidas para garantir uma boa distribuição de recursos. Tal sistema tem a vantagem de garantir uma fonte significativa de recursos para o Governo, o que também permite um regime de baixos impostos.

Da mesma forma que com o argumento das regras eficientes e da ode aos transplantes, também os programas de formalização em massa

13. Para detalhada descrição dos exemplos destes arranjos, v. Robert C. Elicson, *Order without Law: how Neighbors Settle Disputes*, Harvard, 1991.

serviram de fonte de inspiração para o Banco Mundial, que passou a adotar tais argumentos no chamado "Plano de Reforma Jurídica Compreensiva". Este plano foi desenvolvido justamente para responder ao fracasso da estratégia centrada apenas em exigir reformas pontuais com base em transplantes, adotando-se, então, a ideia de que Países em desenvolvimento deveriam fazer uma reforma radical dos seus sistemas jurídicos, centrada principalmente na reforma do sistema judiciário e na implementação de certas leis consideradas essenciais para ampliar o investimento. A abordagem geral foi que "o Estado de Direito requer a implementação de certas leis básicas" – o que, dependendo do caso, pode ser exigir uma nova Constituição, um novo Código Civil ou um novo Código Penal. Os Países que já têm estas leis básicas requereriam apenas algumas mudanças parciais necessárias para adaptar a "estrutura jurídica para clima de investimento". Esta estrutura básica deve ser composta pelas seguintes legislações: "direito contratual, direito comercial, direito societário, direito administrativo e direito processual, leis de proteção ao meio ambiente, leis de propriedade (tanto tangível como intangível), leis trabalhistas e leis de responsabilidade civil".[14]

Tais estratégia e argumentação adotadas pelo Banco Mundial já durante a última década seguiam a estratégia de formalização em massa descrita acima, no sentido de que: (i) entende-se a reforma jurídica como um meio de melhorar o clima de investimento; (ii) justifica-se a proposta com base na necessidade de "dar poder ao pobre"; (iii) objetiva-se criar uma legitimidade para as reformas com base no "processo participativo", incluindo as partes interessadas enquanto, ao mesmo tempo, concentrando o poder decisório; (iv) propõe-se uma reforma em massa de sistemas jurídicos para melhorar o "clima de investimento"; e (v) desconsidera-se também a necessidade de redistribuir rendas e recursos.

Na última década não foram poucas as tentativas do Banco Mundial de estimular tais reformas nos Países da América Latina, incluindo o Brasil. O radicalismo com que as reformas foram impostas em cada País foi proporcional à sua dependência com relação aos organismos internacionais. De toda forma, não importando se analisados os Países em que tais reformas foram implementadas de forma radical, como o Peru, ou os Países nos quais tais reformas foram implementadas de forma apenas parcial, como o Brasil, não existem quaisquer indícios de que a busca pela formalização pura e simples tenha contribuído para o desenvolvimento econômico.

14. Banco Mundial, *Legal and Judicial Reform: Observations, Experiences, and Approach of the Legal Vice-Presidency*, The World Bank, 2002, em 7.

A falha do Banco Mundial na implementação de tais reformas nos Países em desenvolvimento na última década exemplifica as críticas a esta abordagem que foram apresentadas anteriormente, e pode ser explicada justamente pela falta de preocupação com os efeitos distributivos de tais reformas.

5.3 Análise do custo equitativo da alocação de títulos de propriedade

Nesta parte trabalho será apresentado um modelo simples de alocação de títulos de propriedade, para demonstrar algumas limitações da teoria institucionalista contemporânea e seu apego à formalização como uma estratégia para aumentar a eficiência e o estímulo ao desenvolvimento econômico. O argumento é o de que a teoria institucionalista contemporânea não incorpora em suas análises os custos da desigualdade e, como resultado, superestima os benefícios da formalização dos títulos de propriedade.

Antes de dar continuidade à apresentação deste argumento, é necessário esclarecer que esta não é uma argumentação contra a formalização de títulos de propriedade *per se*. Muito pelo contrário. É uma argumentação contrária à formalização em massa de títulos de propriedade compreendida como um instrumento mágico para dar início ao desenvolvimento econômico. O que se quer demonstrar é que esta formalização pode ser um instrumento útil para dar origem a um desenvolvimento econômico desde que incorpore preocupações distributivas e que seja parte de um programa mais amplo de reformas políticas e institucionais e do desenvolvimento de políticas públicas.

O argumento será apresentado com base em um jogo teórico. O jogo é baseado em uma situação hipotética na qual dois fazendeiros decidem ocupar uma área desabitada, constituída de dois campos cultiváveis. O objetivo é comparar dois sistemas de produção resultantes das escolhas feitas pelos fazendeiros sobre como cultivar estas duas áreas e comparar os custos de equidade gerados por cada estrutura.

Para a estruturação deste modelo teórico, baseado na *teoria dos jogos*, partiremos dos pressupostos básicos da análise dos custos de transação, ou seja, dos pressupostos básicos necessários para imaginar uma sociedade sem custos de transação e com um ambiente de mínima regulação estatal.

Desta forma, um mundo com custos de transação zero e com baixa regulação estatal seria um mundo guiado pelos seguintes pressupostos:

(i) os atores sociais agiriam sempre de forma racional com o objetivo de maximizar suas utilidades; e (ii) os atores não usariam a violência para alcançar seus objetivos – premissa, esta, que chamarei, neste momento, de *pressuposto da paz natural*. Na análise aqui presente serão consideradas duas diferenças em relação a este modelo inicial. A primeira diferença em relação ao modelo tradicional é que no modelo teórico aqui utilizado não será considerado apenas um padrão de racionalidade, mas, sim, dois padrões: (i) o comportamento de maximização de riqueza e (ii) o comportamento de maximização de *status*. Outra diferença que será levada em consideração é a possibilidade de uso da violência pelos atores do jogo, com a consequente desconsideração do pressuposto da paz natural.[15]

O jogo é, então, baseado nas ações de dois atores: o *Fazendeiro 1* e o *Fazendeiro 2*. Como mencionei antes, esta é uma transação em ambiente de baixo custo de transação e não há influência de terceiros como reguladores. Todas as regras de caráter regulatório são pressupostas como sendo estabelecidas pelos próprios atores, ou com base em situações de fato. Também se pressupõe que ambos os atores têm as mesmas informações, de forma a não existir qualquer assimetria de informações, e que ambos têm de agir simultaneamente, não havendo vantagem para o primeiro que agir. O modelo da teoria dos jogos é baseado sempre em ações competitivas entre agentes sociais, limitadas por certas regras, nas quais as ações são analisadas nas suas rodadas sucessivas. No caso do modelo aqui apresentado, os fazendeiros terão de tomar suas decisões isoladamente a cada rodada, para realçar os efeitos das diferenças da racionalidade individual entre ambos, e a escolha de um não evitará que o outro venha a fazer a mesma escolha.

O problema a ser enfrentado pelos nossos "jogadores" aparece quando os dois fazendeiros terminam de investigar os campos e chegam a certas conclusões que permitem a eles tomar uma decisão informada sobre como tais campos serão cultivados. Nesta investigação, nossos fazendeiros hipotéticos observaram que os campos não são áreas contínuas, mas que são separadas por colinas e árvores que impedem que eles trabalhem juntos na mesma área. Isto requererá que eles se separem,

---

15. Estes dois elementos, de racionalidade de maximização de *status* e da violência inerente a qualquer ambiente institucional, serão reincorporados à análise com base no trabalho de Thorstein Veblen, segundo o qual a propriedade privada originalmente se desenvolve como um mecanismo fundamentado na violência e tendo como único objetivo a demonstração de superioridade de *status* ("The beginnings of ownership", 4 *American Journal of Sociology* 353, 1898).

caso desejem cultivar ambos os campos ao mesmo tempo. Depois de uma maior investigação, eles descobrem que um dos campos é muito superior ao outro, em função de um melhor acesso à água corrente, o que poderá levar a uma produção até 50% superior com base na mesma área cultivada.

Como resultado, teremos um jogo com as seguintes características: (i) uma disputa com dois atores (*Fazendeiro 1* e *Fazendeiro 2*); (ii) em que cada ator assumirá uma posição para cada rodada; (iii) com uma disputa de duas posições (*Campo A* e *Campo B*), considerando que o *Campo A* tem uma função de produção que gera resultado equivalente a 1,5 vezes o valor produzido pelo *Campo B* [$f(va) = 1,5, f(vb) = 1v_i$]; (iv) resultando também numa função de decisão no qual o *Campo A* produz 1,5 vezes mais que o *Campo B* para a mesma quantidade de mão de obra [$va = 1,5vb$]; (v) o qual também nos dá 4 colocações de resultados [$(0,75\ V_i, 0,75\ V_j), (1,5\ V_i, 1,0\ V_j), (1,0\ V_i, 1,5\ V_j)$ e $(0,5\ V_i, 0,5\ V_j)$]; e (vi) em que ambos os atores têm igualdade de informação.

O problema reside em como os fazendeiros decidirão racionalmente sobre a distribuição dos campos, já que não podem trabalhar em ambos os campos conjuntamente. Apresentamos aqui, então, duas possíveis descrições de como este jogo será resolvido, sendo a primeira baseada na racionalidade de maximização de riqueza e a segunda baseada na racionalidade de maximização de *status*. A ideia é apresentar as opções disponíveis aos fazendeiros, não só em termos de alocação de recursos, mas também em termos da racionalidade que pode justificar tais alocações de recursos.

O modelo baseado na (i) *racionalidade de maximização de riqueza* é o seguinte:

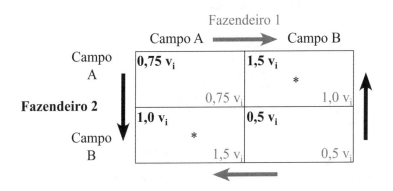

Se ambos os fazendeiros escolherem produzir no Campo mais produtivo A, eles vão repartir o total da produção equivalente a 1,5 vezes o valor que podem adquirir no Campo B, resultando na produção de 0,75 V_i para cada um. Isto não será um equilíbrio, já que cada um deles terá um incentivo para mudar-se para o Campo B e aumentar sua própria produção para 1 V_i.[16] Como resultado, haverá dois equilíbrios nos quais um fazendeiro pode ter uma produção de 1,5 V_i e o outro pode ter uma produção de 1 V_i, gerando uma produção total de 2,5 V_i.

O modelo baseado na (ii) *racionalidade de maximização de status* seria o seguinte:

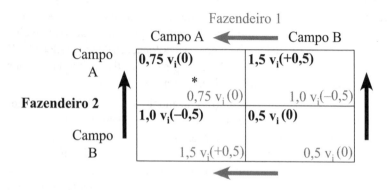

Neste modelo os fazendeiros não desejam maximizar sua produção, mas, em vez disto, desejam reduzir as diferenças de renda que criam assimetrias de *status*. Se um dos fazendeiros cultiva o Campo A sozinho, este fazendeiro terá uma renda que é 1,5 vezes maior que a renda do outro fazendeiro, criando um incentivo para o outro fazendeiro também se mudar para o Campo A e aumentar sua riqueza relativamente em 0,5 V_i,

16. Como há o pressuposto de absoluta igualdade entre os jogadores, a decisão de quem se move para um segundo campo em rodadas múltiplas do jogo é baseada nas motivações psicológicas de cada jogador. Porém, o jogador que se movesse primeiro seria o que, ao final, seria menos beneficiado. Caso houvesse desigualdade econômica, isto significaria que provavelmente o mais pobre dos fazendeiros poderia ter um maior incentivo para mover-se do que o mais rico dos fazendeiros, pois teria mais incentivo a buscar o benefício de curto prazo. Isto é relacionado ao fato de que indivíduos mais ricos podem esperar mais tempo para ter as melhores oportunidades possíveis para maximizar sua riqueza, enquanto os indivíduos mais pobres não podem esperar e precisam buscar a forma mais rápida de atender a suas necessidades. O resultado final poderia, assim, favorecer o indivíduo mais rico.

enquanto diminuirá sua riqueza absoluta em 0,25 V_i. Em tal caso, o valor total da produção será de 1,5 V_i, a qual é significativamente menor que o valor total no caso de ambos os fazendeiros maximizarem suas riquezas individuais. Se a racionalidade de maximização de *status* prevalece, esta perda no total da produção será um custo de equidade. Outros custos de equidade podem ainda se manifestar quando nós consideramos a possibilidade de um comportamento violento.

Este modelo apresenta um significativo desafio para a teoria institucionalista. Arranjos institucionais efetivamente eficientes não devem apenas proteger os direitos de propriedade dos indivíduos, mas devem também prevenir a maximização de *status* e estimular a redução da violência. Como vimos na discussão do ponto anterior, a teoria institucionalista contemporânea não está equipada para fornecer tais alternativas. Não sendo apta a lidar com problemas decorrentes da desigualdade e da violência, suas recomendações também não servem para tratar dos problemas sociais e econômicos de sociedades altamente desiguais, tais como aquelas da América Latina, e particularmente do Brasil.

Para ilustrar o argumento anterior de forma mais detalhada, apresentam-se, aqui, duas alternativas de arranjos institucionais que podem ser implementados pelos dois fazendeiros: (i) propriedade privada individual da terra ou (ii) alguma forma de estrutura societária. Tais alternativas, pelos seus significados, não representam uma escolha entre propriedade privada ou propriedade coletiva – e, como um resultado, não representam diferentes visões ideológicas, considerando a organização da economia de mercado. Isto poderia ser uma interpretação bastante simplista do modelo. Atualmente, isto representa a opção entre, de um lado, acordos institucionais que requerem títulos individuais de propriedade e, de outro lado, acordos contratuais de longo prazo independente da subjacente formalização da propriedade de títulos. É a escolha entre o modelo de propriedade tradicional e o modelo de propriedade moderna, das grandes empresas. Assim sendo, representam também dois entendimentos diferentes de conceitos de capital e dos direitos de propriedade.

Como dito, a alternativa de (i) propriedade privada individual representa o antigo conceito de propriedade privada e de capital associado justamente à propriedade privada. A segunda alternativa de (ii) uma estrutura societária representa a propriedade moderna, desenvolvida pelos institucionalistas pioneiros para explicarem o conceito de capital resultante do surgimento das economias industriais. O capital moderno não é um título jurídico sobre bens, mas é o título de propriedade em relação a uma expectativa de direitos futuros, de compartilhar o sucesso de uma empreitada conjunta. No caso do modelo apresentado acima, a opção da estrutura societária é o título de propriedade para dividir lucros da produção agrícola nas duas áreas no futuro, caso certas regras com as quais os fazendeiros concordem previamente sejam seguidas corretamente por eles mesmos. Infelizmente, a teoria institucionalista contemporânea parece ter esquecido tais lições dos institucionalistas pioneiros, e com isto esqueceu também o que é necessário para criar uma economia capitalista dinâmica.

Em mais detalhes, a alternativa da propriedade privada individual seria uma tentativa de criar um arranjo institucional para prevenir que cada um dos atores invada a propriedade do outro. Cada fazendeiro teria um pedaço de terra indicado para si, e seria proibido de se mover para o outro pedaço de terra. Como resultado, nós poderemos ter como opções para a distribuição de terras os dois equilíbrios no jogo, presumindo a racionalidade de maximização de riqueza. O problema é como evitar que ambas as partes desafiem a distribuição de propriedade com o uso da violência. Como não há um regulador externo, qualquer violação de tais direitos terá de ser enfrentada pelos próprios indivíduos, por meio de autodefesa.

Se considerarmos a possibilidade de racionalidade de maximização de *status*, haverá um incentivo significativo para a violência, já que os dois fazendeiros lutariam para controlar o Campo A. Como resultado, o mais significativo custo dos mecanismos da propriedade privada individual será o custo de evitar a violência. Se ocorrer uma escalada de violência, os custos alcançarão um nível máximo quando houver uma ameaça à vida dos fazendeiros, considerando que isto representaria uma perda dos ganhos equivalentes a toda uma vida de trabalho nos campos.

A segunda alternativa seria (ii) uma estrutura societária. Ambos os fazendeiros decidiriam trabalhar conjuntamente em ambos os campos e dividir a produção, ao invés de distribuírem os campos como propriedade individual privada. Sob esta alternativa institucional, teríamos equilíbrio sob ambos os modelos (o de maximização de riqueza e o de maximização de *status*), já que não seria possível aumentar a produtividade dos campos e o *status* econômico dos dois competidores seria sempre igual. O custo desta estrutura será o custo do monitoramento da atividade de um pelo outro, para que se tenha a certeza de que ambos estão trabalhando o mesmo tempo e que ninguém está trapaceando, deixando de trabalhar para se aproveitar do trabalho do outro. O potencial para violência neste caso também existe, quando um poderia tentar tomar o controle do Campo A por meios violentos.

Comparando-se o incentivo para violência ou trapaça em ambos os casos, é fácil concluir que a alternativa da organização societária apresenta os custos mais baixos. Sob a alternativa de propriedade privada individual, o fazendeiro cultivando o Campo B pode aumentar sua produtividade em termos absolutos em 0,5 V_i, e sua prosperidade relativa em 1 V_i, por se mover para o Campo A. Na alternativa de uma organização societária, se um dos fazendeiros decidir usar força para cultivar o Campo B exclusivamente, ele pode aumentar a sua riqueza absoluta em apenas 0,25 V_i e a riqueza relativa em 0,5 V_i. Isto significa que os incentivos para o uso da violência sob a alternativa da propriedade privada são duas vezes mais significativos para ambos os modelos de racionalidade que sob a alternativa de organização societária. Presumindo-se que os custos de monitorar a propriedade privada individual e a propriedade de organização societária sejam os mesmos,[17] é possível concluir que os custos da alternativa da propriedade privada individual serão significativamente maiores que os custos da alternativa da organização societária. Isto em razão de a proteção da propriedade privada contra a violência incluir muitos outros custos além do monitoramento, já que a violência pode escalar até níveis extremos, incluindo ameaças à vida, e a prevenção da violência em níveis tão altos tem custos muito maiores que o mero monitoramento do trabalho.

Sob o modelo de *racionalidade de maximização de status* os custos da violência são claramente custos de equidade, no sentido de que, quanto mais alta a desigualdade econômica entre as partes, mais alto será o

17. Esta é uma presunção cautelosa, mais provavelmente os custos de monitoramento são mais baixos no modelo de organização societária. Sob a perspectiva comportamental tradicional, indivíduos respondem a incentivos. Portanto, a possibilidade de fraude nos dois modelos será proporcional aos incentivos. Como já mencionado, os incentivos para fraude são grandes no modelo da propriedade privada individual, o que pode também levar a um mais alto custo de monitoramento. Também, conforme a análise de custos de transação, os custos de transação são entendidos como sendo maiores externamente do que internamente nas empresas, já que os custos de transação são a única razão para a existência de empresas no mundo real, segundo esta teoria. Este é o resultado do entendimento de que a estrutura regulatória para proteger a propriedade privada e permitir a sua negociação é mais cara do que a estrutura necessária para organizar a produção dentro de uma empresa, o que, por si só, justifica a existência das empresas.

incentivo para a violência. Portanto, comparando as duas estruturas institucionais apresentadas como alternativas, fica claro que o conceito de organização societária cria menores custos de equidade que a alternativa de propriedade privada individual. Como resultado, entre dois meios quaisquer de criar incentivos para a maximização de riqueza, o que reduz os custos de equidade será preferível, porque cria maior estabilidade e coesão social.

A descrição dos efeitos da violência em tais casos pode parecer exagerada para certos leitores. Contudo, em muitas sociedades altamente desiguais a violência rural é uma das principais causas da ineficiência de setores agrícolas e de violações dos direitos humanos. Os conflitos entre os movimentos dos sem-terra e os proprietários de terras são uma das causas principais de morte de ativistas de direitos humanos nos Países em desenvolvimento. A alta concentração de propriedade de terras está, em muitos casos, ligada à manutenção de regimes políticos opressores.

Foi em grande parte este entendimento que motivou a reforma agrária no Japão, Coreia do Sul e em Taiwan após a II Guerra Mundial, entendendo-se que os regimes totalitários estavam em grande parte ligados ao poder das aristocracias rurais. Na América Latina o alto grau de concentração de terras não está somente relacionado com a baixa produtividade e extrema desigualdade econômica, mas também com as significativas oscilações políticas que caracterizam a região. Na década de 1960 Brasil e Argentina tinham os mais altos níveis de concentração de terra no mundo (coeficientes de Gini de 0,86 e 0,83, respectivamente), e Japão, Coreia do Sul e Taiwan tinham o menor (coeficientes de Gini de 0,41, 0,35 e 0,45, respectivamente).[18] Provavelmente este foi o fator que determinou os caminhos muito diferentes seguidos por tais Países nas décadas seguintes em termos de desenvolvimento econômico, com a estagnação dos Países latino-americanos e a ascensão dos Países asiáticos ao grupo de Países desenvolvidos.

Isto demonstra que projetos radicais de reforma do sistema jurídico ou de formalização em massa da propriedade privada certamente não resolverão os problemas de sociedades altamente desiguais, já que farão pouco para reduzir os custos da equidade derivados da violência e da corrupção. De fato, se a formalização de títulos de propriedade é feita conforme os critérios presentes, isto terá o efeito apenas de cristalizar as desigualdades.

18. Cf. Alice H. Amsden, *The Rise of "the Rest": Challenges to the West from Late-Industrializing Economies*, cit., p. 17.

No item seguinte, serão examinadas experiências práticas desenvolvidas no Brasil que tentam romper com o debate formalista tradicional, adotando uma perspectiva mais pragmática, que é a de identificar oportunidades políticas para reduzir custos da equidade e, simultaneamente, aumentar a eficiência produtiva.

5.4 Programa para o desenvolvimento da agricultura familiar

A ideia de apoiar a agricultura familiar em Países como o Brasil é baseada numa simples avaliação feita em um estágio inicial de desenvolvimento do PRONAF: a agricultura familiar ocupava apenas 30% da terra cultivada no Brasil, mas era responsável por 38% da produção agrícola nacional e 77% de todas as atividades de emprego agrícola.[19] Estes números sugerem uma série de potenciais benefícios resultantes de políticas para estimular a agricultura familiar: (i) aumento da produtividade;[20] (ii) redução da migração do campo para as áreas urbanas; (iii) redução do desemprego; (iv) aumento da renda dos pequenos agricultores; (v) menor impacto ao meio ambiente; e (vi) redução da violência tanto nas áreas urbanas como rurais. Tantas possibilidades atraem bastante apoio para tais programas, mas também geram altas expectativas. Isto levanta uma questão óbvia: se existem tantas oportunidades para o desenvolvimento socioeconômico na agricultura familiar, por que o mercado financeiro não fornece os recursos para este desenvolvimento? A resposta é simples: as instituições financeiras entendem empréstimos a pequenos agricultores como uma atividade de muito risco e de altos custos administrativos em comparação com o valor dos próprios empréstimos.[21]

---

19. Estes números referem-se aos anos de 2002 e 2003 (Secretaria de Agricultura Familiar, *Plano Safra 2005/2006 para a Agricultura Familiar*, Ministério do Desenvolvimento Agrário, 2006 – disponível em *http://www.creditofundiario.org. br/biblioteca/view/pronaf-a/plano_2005pdf*).
20. Há diversas formas de mensurar a eficiência produtiva. Quando se analisa a economia global, provavelmente a melhor medida é a produtividade por trabalhador. Porém, analisando-se setores do agronegócio, a produção por área cultivada é a medida mais comum, desde que a área represente um maior custo de produção que a mão de obra. Para a presente análise pode-se considerar que a agricultura familiar se apresenta como uma alternativa mais eficiente, uma vez que produz 38% do total da produção agrícola utilizando-se de apenas 30% da área agriculturável disponível.
21. Não é apenas porque muitos destes agricultores não tenham título legal de propriedade para dar como garantia que tais empréstimos não fazem sentido econômico para as instituições financeiras, mas também porque os custos administrativos de empréstimo são muito altos se comparados com o valor de tais empréstimos.

A principal ideia do PRONAF foi resolver este problema de falta de financiamento para agricultores familiares por meio de um programa no qual o Governo não apenas subsidiaria os empréstimos, mas também arcaria com os custos administrativos e forneceria garantias para agricultores abaixo da linha de pobreza.[22] O programa foi um imediato sucesso em termos de concessão de financiamento para os pequenos agricultores, que anteriormente não teriam acesso a tais recursos.[23] O financiamento do PRONAF era centrado, desde o começo, apenas na melhoria das condições de produção por meio de investimentos em tecnologia e estímulo à industrialização, e buscando dar condições ao pequeno agricultor de eliminar o atravessador e, por fim, melhorando o rendimento para as famílias de agricultores.

Nem todos os objetivos do programa foram atingidos desde o início. O programa funciona por meio de uma parceria com a rede de bancos comerciais, tanto públicos como privados, sendo que o Governo reembolsa as despesas administrativas dos bancos com a concessão dos empréstimos e oferece garantias para cobrir o inadimplemento dos empréstimos de pequena monta. Isto, como era de se esperar, cria um desincentivo para que os bancos comerciais façam a análise de crédito de forma criteriosa. Inicialmente isto levou a um alto nível de inadimplência. Este problema foi gradualmente sanado com a combinação de técnicas de microcrédito, com a criação de mecanismos que restringem o acesso dos devedores a novos empréstimos.[24] Comunidades locais

---

22. Outra ideia por trás do plano foi contornar o sistema tradicional de fornecer subsídios de créditos agrícolas através do maior banco público comercial, o Banco do Brasil, o qual foi altamente politizado e dominado por elites políticas locais. Apesar disto, a maior parte dos recursos foi administrada pelo Banco Nacional de Desenvolvimento Econômico e Social/BNDES, o qual distribuiu os recursos através de todos os bancos comerciais. Como o BNDES tem apenas quatro filiais em todo País, é muito menos sujeito às pressões políticas das elites locais. Programas anteriores de subsídios de créditos agrícolas tinham um efeito distributivo negativo, porque as filiais locais dos próprios bancos públicos estavam também sob a influência de poderosos donos de terras.

23. Numa pesquisa de 1999 foi obtida a informação de que 57% dos fazendeiros beneficiados pelo PRONAF não tinham tido acesso a financiamento antes obtido no próprio PRONAF (Gilson de Abreu Bittencourt e Ricardo Abramovay, "Inovações institucionais no financiamento à agricultura familiar", 16 *Revista Economia Ensaios* 4, 2003).

24. Mais recentemente o programa começou a aplicar técnicas anteriormente só aplicadas a grandes devedores, com a inclusão dos beneficiários em atraso na lista da Dívida Ativa da União – o que impede que tais indivíduos tenham acesso

também passaram a se organizar, criando cooperativas de crédito. As cooperativas de crédito também produziram um efeito muito positivo, por estarem baseadas em relacionamentos comunitários e num grande senso de responsabilidade compartilhada.

Quando o projeto foi lançado, em 1995, apresentou baixo crescimento em função, principalmente, das altas taxas de juros, do baixo crescimento econômico e da redução na renda média geral no período imediatamente seguinte. Por conseguinte, o programa tornou-se muito caro e apresentou poucos resultados práticos em termos de aumento da renda dos agricultores, mesmo considerando-se um significativo aumento na produtividade.[25]

A despeito destes desafios iniciais, o programa foi mantido mesmo com a alternância de partidos políticos no comando do Governo Federal. Posteriormente, com a melhoria das condições econômicas no Brasil, com a redução geral nas taxas de juros e com o aumento global nos preços de alimentos, evidenciou-se um aumento na demanda por empréstimos do PRONAF e também uma melhoria na renda dos agricultores atendidos pelo programa. A estrutura institucional do projeto também evoluiu, permitindo que o programa dirigisse seu foco para as famílias de agricultores mais pobres.[26] Também ocorreu uma ampliação significativa nos recursos disponíveis para tal programa. De 2000 a 2006 o volume de recursos investidos no programa aumentou de 2,17 bilhões de Reais para 7,5 bilhões, conforme dados da Secretaria para a Agricultura Familiar.

A despeito destes desenvolvimentos institucionais e do aumento significativo de investimentos no programa, há poucos estudos demonstrando um impacto positivo do programa em relação às muitas expectativas que foram criadas em torno dele. De fato, para um programa tão significativo, a falta de análises substantivas dos seus resultados é, por si só, uma falha grave. Porém, no último levantamento do setor da agricultura familiar no Brasil identificou-se que a importância de tal setor na economia aumentou substancialmente, subindo de 9,3% do PIB em

a programas governamentais, posições públicas e futuros empréstimos com fundos governamentais.

25. Carlos E. Guanziroli, "PRONAF 10 anos depois – Resultados e perspectivas para o desenvolvimento rural", *Reuniões do 34º Encontro Econômico Brasileiro*, 2006.

26. Gilson de Alceu Bittencourt e Ricardo Abramovay, "Inovações institucionais no financiamento à agricultura familiar", cit., 16 *Revista Economia Ensaios* 4, 2003.

2002 para 10,1% em 2003.[27] Em período subsequente o Brasil também se beneficiou de uma redução generalizada da desigualdade econômica e de um aumento dos rendimentos das famílias rurais de baixa renda.[28] Os resultados não são conclusivos, mas demonstram que é possível implementar programas que aumentam a produtividade ao mesmo tempo em que contribuem para a redução da desigualdade econômica, se os governos tirarem proveito de semelhantes oportunidades de política pública.

No caso do PRONAF, independentemente de sua capacidade de aumentar a produtividade e a renda de pequenos agricultores, o aspecto relevante para nossa pesquisa é que foi possível ampliar significativamente o crédito para pequenos agricultores que não tinham, na sua maior parte, título de propriedade das terras que utilizavam para produção, mesmo sem qualquer programa de formalização da propriedade privada.

5.5 Conclusão

A desigualdade econômica é um fenômeno complexo, devendo ser destacado, desde o princípio, que sua causa não é decorrente apenas de fatores econômicos. A cultura, a política, a violência, dentre outros fatores, também operam para criar diversas fontes de assimetrias na sociedade.

Caso o argumento que foi apresentado neste trabalho seja aceito – qual seja, o de que a desigualdade tem um custo para as atividades produtivas, e que tais custos reduzem sua eficiência, porque estimulam um comportamento de maximização de *status* –, torna-se evidente que as políticas públicas baseadas em abordagens tradicionais de formalização da propriedade não serão capazes de enfrentar as múltiplas causas da desigualdade econômica nos Países em desenvolvimento.

As experiências brasileiras com projetos focados no financiamento da agricultura familiar demonstram a complexidade dos esforços necessários para implementação de políticas públicas que tenham como objetivo tanto a redução da desigualdade econômica quanto o aumento da eficiência e produtividade. Todavia, tais projetos também demonstram que tais oportunidades existem e podem ser exploradas com um pouco

---

27. Secretaria de Agricultura Familiar, *Plano Safra 2005/2006 para a Agricultura Familiar*, Ministério do Desenvolvimento Agrário, 2006 (disponível em *http:// www.créditofundiário.org.br/biblioteca/view/pronaf-a/plano_205.pdf*).

28. Ricardo Barros, Mirela Carvalho, Samuel Franco e Rosane Mendonça, *A Queda Recente da Desigualdade de Renda no Brasil*, Trabalho de Discussão do Instituto de Pesquisa Econômica Aplicada, 2007.

mais de criatividade, dando-se a devida atenção aos seguintes fatores: (i) o sucesso de tais iniciativas depende da identificação de oportunidades nos contextos específicos de cada País, não podendo ser simplesmente transplantadas; (ii) o aproveitamento de tais oportunidades exige uma falta de restrições ideológicas e necessita do apoio de múltiplos grupos políticos, principalmente com a criação de incentivos institucionais para o envolvimento dos beneficiários; e (iii) que tais políticas requerem também tempo, flexibilidade e constante reavaliação de resultados, de forma a permitir seu desenvolvimento institucional baseado na experiência e no conhecimento acumulados com o desenvolvimento das próprias políticas.

Os responsáveis pela elaboração de políticas públicas precisam ser capazes de superar quaisquer barreiras ideológicas, para que possam liberar plenamente sua criatividade institucional. O caminho para o desenvolvimento com equidade é longo, e requer a constante atenção a dois elementos: primeiro, uma determinação em buscar o desenvolvimento institucional por meio da experimentação; e, segundo, a força para resistir à tentação dos atalhos baseados em receitas preconcebidas, simples e supostamente pouco custosas. A importação de leis e instituições de outros Países mais ricos é atalho que pode ser útil em algumas situações, mas nunca será uma verdadeira estratégia de desenvolvimento. Somente a genuína inovação institucional pode criar as verdadeiras condições para gerar a riqueza necessária para retirar uma sociedade do subdesenvolvimento e da desigualdade extrema.

Oportunidades para o desenvolvimento de políticas de redução dos custos de equidade são criadas quando é possível identificar arranjos institucionais que causam tanto a desigualdade quanto a ineficiência produtiva, criando a oportunidade, então, para ações que, ao mesmo tempo, reduzam a desigualdade econômica e ampliem as condições de crescimento econômico, eliminando tais instituições arcaicas.

A história dos Países atualmente ricos e desenvolvidos está cheia de oportunidades como estas, que foram ora aproveitadas, ora desperdiçadas. Ocorre que as histórias bem-sucedidas não podem ser repetidas, pois é somente a genuína inovação institucional que cria o diferencial necessário para uma geração de riqueza em patamares superiores aos anteriormente identificados para cada sociedade. Neste sentido, o caminho aparentemente mais difícil é também o mais gratificante, tanto para os indivíduos envolvidos nesta busca contínua pela inovação institucional quanto para a sociedade, de forma geral.

6

Regulação do Mercado de Capitais e Desenvolvimento

SHEILA CHRISTINA NEDER CEREZETTI

6.1 Introdução: desenvolvimento como acesso. 6.2 Desafios históricos do mercado de capitais brasileiro: 6.2.1 A estruturação do sistema financeiro a partir de 1964 – 6.2.2 Reformas de 1997 e 2001: as dificuldades das mudanças institucionais – 6.2.3 Os segmentos de listagem da BM&FBovespa: a opção pela via contratual. 6.3 Acesso ao mercado de capitais: regulação que abre portas: 6.3.1 A indispensável transparência – 6.3.2 Lidando com a concentração do poder econômico: 6.3.2.1 Ativismo acionário e resguardo do desinvestimento – 6.3.2.2 Restrição a condutas abusivas: garantia de separação de interesses entre condutor e conduzida – 6.3.3 Abertura do mercado para novos emissores. 6.4 Conclusão.

6.1 Introdução: desenvolvimento como acesso

Ao longo desta obra algumas importantes imprecisões acerca do desenvolvimento já foram referidas e rechaçadas. Dentre elas, aquela que diz respeito à indevida aproximação entre crescimento e desenvolvimento, no sentido de que este último poderia ser identificado à maximização de riquezas e a resultados positivos em termos estritamente econômicos.[1] Esta visão, como já afirmado,[2] não se sustenta, e deve ser

---

1. A indicação de profunda distinção entre os termos já foi repetidamente apontada em estudos jurídicos e econômicos, como mostram, por exemplo, as obras de: D. M. Trubek, J. H. Gouvêa Vieira e P. F. de Sá, *Direito, Planejamento e Desenvolvimento do Mercado de Capitais Brasileiro (1965-1970)*, São Paulo, Saraiva, 2011, p. 68; e J. A. Schumpeter, *A Teoria do Desenvolvimento Econômico*, São Paulo, Abril Cultural, 1982, p. 47.

2. Especialmente nos Capítulos 1 e 3, acima.

reformada, para incluir dentro do conceito de desenvolvimento preocupações redistributivas e, além disso, expansão das liberdades humanas.[3]

Há que se afastar considerações simplistas fundadas na crença de que a eficiência econômica, nos termos do teorema de Pareto, deve ser tratada como objetivo principal e pode ser alcançada mediante soluções de plena liberdade de mercado. Nesse sentido, acredita-se que perspectivas de desregulação e liberalização não são suficientes para permitir que o sistema financeiro e, mais especificamente, o mercado de capitais promovam adequada alocação de capital e contribuam para o desenvolvimento econômico.[4]

Aqui também já foi dito que o desenvolvimento é antes um processo de conhecimento social que um conjunto de instituições organizadas para a promoção de determinado resultado. Em outras palavras, as teorias da nova economia institucional, não obstante de destacada importância, não bastam para explicar o processo de desenvolvimento, que depende de uma regulação da atividade econômica capaz de promover democracia econômica, ou seja, liberdade de acesso.

Sob esta perspectiva, a regulação do mercado de capitais pode ser considerada adequada na medida em que sirva ao propósito de desenvolvimento, permitindo inclusão e a abertura de portas aos mais diversos membros da sociedade. Ocorre que a participação, aqui vista como parte fundamental do desenvolvimento, apenas é verdadeira se vier acompanhada de transparência e disponibilidade de informações[5] – tema que será abordado abaixo.

Considerando-se a imensa gama de questões envolvidas pelo tema da regulação do mercado de capitais, cabe destacar que os breves comentários tecidos no presente estudo não têm a pretensão de eleger um arranjo regulatório como o mais apropriado para o mercado de capitais,

3. Destacando o papel da expansão da liberdade como fim e principal meio do desenvolvimento, v.: A. Sen, *Desenvolvimento como Liberdade (Development as Freedom)*, trad. de L. T. Motta, São Paulo, Cia. das Letras, 2010, p. 55 e ss.

4. No mesmo diapasão, com críticas ao posicionamento defendido especialmente por economistas da Escola de Chicago, v.: J. E. Stiglitz, "Financial markets and development", *Oxford Review of Economic Policy* 5(4)/61, 1989; e J. E. Stiglitz, J. Jaramillo-Vallejo e Y. Chal Park, "The role of the State in financial markets", in *World Bank Research Observer, Annual Conference on Development Economics Supplement* 1993, pp. 19 e ss.

5. Cf. J. E. Stiglitz, *Towards a New Paradigm for Development*, 9th Raúl Prebisch Lecture, 1998, p. 12.

mas versar sobre o papel da regulação sob o enfoque de determinados tópicos que – acredita-se – podem auxiliar na promoção do desenvolvimento econômico. Não se perderá de vista o fato de que, especialmente após a recente crise econômico-financeira global, se alcançou certo nível de compreensão acerca das elevadas limitações de autocorreção do mercado financeiro e da necessidade de o Estado exercer adequadamente um importante papel de regulação da atividade financeira. Não por outro motivo menciona-se a relevância de se encontrar um equilíbrio entre a participação do Estado, de um lado, e do mercado, de outro.[6]

Antes de se passar propriamente ao tratamento do tema sob a perspectiva do Direito Brasileiro, importa lembrar que a relação positiva entre aperfeiçoamento do mercado de capitais e crescimento econômico conta com o apoio de estudos empíricos.[7] De fato, a adequada estruturação de um mercado digno de confiança estimula a aplicação da poupança disponível na capitalização de companhias. Uma vez reconhecida a ligação entre mercado e crescimento, cabe, aqui, dar um passo além e traçar a relação entre aquele e o desenvolvimento. Isso será feito sob a premissa de que uma boa regulação, que incita fornecimento de informação, liquidez e ampla participação, faz com que o mercado de capitais seja considerado um ponto de encontro seguro entre detentores e captadores de recursos. Ela encoraja, portanto, tanto a poupança quanto o investimento – e, com isso, contribui para o progresso econômico.[8] Ao mesmo tempo, permite que o mercado exerça seu papel de promotor do desenvolvimento, tornando-o apto a absorver todos os interessados e conferir a estes adequada proteção.

6. Cf. J. E. Stiglitz, *O Mundo em Queda Livre: os Estados Unidos, o Mercado Livre e o Naufrágio da Economia Mundial*, São Paulo, Cia. das Letras, 2010, p. 273.
7. V., por exemplo: Ross Levine e Sara Zervos, "Stock markets, banks, and economic growth", *The American Economic Review* 88/537-558, 1998 (alegando que a liquidez do mercado de capitais prediz crescimento, acumulação de riquezas e melhoria na produtividade); P. L. Rousseau e P. Wachtel, "Equity markets and growth: cross-Country evidence on timing and outcomes, 1980-1995", *Journal of Business and Finance* 24/1.933-1.957, 2000 (indicando a relação entre liquidez do mercado de capitais e crescimento econômico); e, com algumas restrições, P. Arestis e P. Demetriades, "Finance and growth: is Schumpeter right?", *Análise Econômica* 30/5-21, 1998 (questionando ser absoluta a relação entre desenvolvimento financeiro e desenvolvimento econômico, sugerindo uma abordagem de País para País).
8. Cf.: Richard Sylla, "The rise of securities markets: what can government do?", *The World Bank Policy Research Working Paper* 1.539/3-4, 1995; e F. B. Friedman e C. Grose, "Promoting access to primary equity markets. A legal and regulatory approach", *The World Bank Policy Research Working Paper* 3.892/2, 2006.

A disciplina do mercado de capitais será aqui analisada em vista destas considerações acerca do desenvolvimento. Especialmente sob o ponto de vista de promoção do acesso ao mercado de capitais, será traçada uma breve lembrança histórica da sua estruturação, avaliando-se, em seguida, as medidas já adotadas e aquelas que merecem futura implementação.

6.2 Desafios históricos do mercado de capitais brasileiro

O estudo, ainda que sucinto, da disciplina do mercado de capitais na história recente do País permite ponderar em que medida a estrutura da regulação tem contribuído para a promoção do desenvolvimento – entendido, para fins desta análise, como visto, como a efetiva abertura do mercado para o acesso dos interessados.

Durante anos o mercado financeiro brasileiro foi internacionalmente reconhecido como pouco desenvolvido, sendo a fraca estrutura legal e a instabilidade econômica apontadas como os principais motivos. Da mesma forma, convive-se com o diminuto grau de financiamento de companhias por meio do mercado de capitais e, em contrapartida, com a elevada parcela de financiamento bancário.[9]

Os conhecidos movimentos inflacionários, aliados a uma estrutura jurídica que fornece fraca proteção aos interesses de acionistas minoritários, não auxiliaram a formação de um mercado de capitais sólido e confiável. Apenas recentemente, conforme detalhado abaixo, esta realidade parece adquirir novos contornos e trazer esperança.

Junto a isto, o mercado de capitais nacional é dotado de elevada concentração, a qual apresenta caráter dúplice. Refere-se não apenas ao fato de que o capital votante da maior parte das companhias permanece nas mãos de pequeno número de acionistas,[10] mas também à existência de pequeno rol de companhias de capital aberto.[11]

9. Cf. S. Claessens, D. Klingebiel e M. Lubrano, *Corporate Governance Reform Issues in the Brazilian Equity Markets*, 2000, p. 9 (disponível em http://www.ifc.org/ifcext/corporategovernance.nsf/AttachmentsByTitle/Brazil--CG+Reform+Issues+(2001).pdf/$FILE/Brazil-CG+Reform+Issues+(2001).pdf). A dificuldade de financiamento por meio do mercado de capitais também é apontada por E. Gorga, "Culture and corporate law reform: a case study of Brazil", *University of Pennsylvania Journal of International Economic Law* 27/817, 2006.

10. Para dados, v. item 6.3.2, abaixo.

11. Consulta à página da CVM indica a existência de 1.986 companhias abertas registradas (*www.cvm.gov.br*, acesso em 4.5.2011). Se o número não pode, por si

É bem verdade que ao longo dos anos algumas medidas, especialmente sob a forma de incentivos fiscais, foram tomadas com o propósito de estimular a participação das companhias no mercado acionário, na tentativa de ensinar o controlador a conviver com acionistas minoritários e estes a aportarem capital em companhias nitidamente dirigidas sob os interesses daquele.[12] Tais medidas e os resultados delas advindos, contudo, deixam a desejar.

Atualmente percebem-se a manutenção da relutância em se garantir apropriada proteção legal a minoritários e a perpetuação de elevados benefícios privados do controle. Fatos recentes demonstram que alguns institutos que poderiam prover tutela aos mais variados interessados ainda não encontram acolhida no ordenamento brasileiro,[13] enquanto outros, inicialmente imaginados para tutelar minoritários, acabam sendo utilizados como técnica de proteção do próprio controle.[14] Todavia, há

só, ser considerado elevado, há, ainda, que se considerar que a presença de registro não significa que a sociedade efetivamente consiga usufruir da condição de listagem em Bolsa, com efetiva captação de recursos por meio de usual emissão de valores mobiliários.

12. Exemplo disso foi o sistema criado em 1967, composto de incentivos fiscais para a alocação de valores de imposto de renda devidos ao Estado nos chamados *Fundos 157*. Sobre o tema, v. a concisa e clara reconstrução histórica de A. O. Mattos Filho e V. M. Prado, "Nota à 2ª Edição", in D. M. Trubek, J. H. Gouvêa Vieira e P. F. de Sá, *Direito, Planejamento e Desenvolvimento do Mercado de Capitais Brasileiro (1965-1970)*, cit., pp. 33-37.

13. Este é o caso, por exemplo, da previsão de considerável participação de administradores independentes na condução dos negócios de companhias abertas, tema que não restou aprovado no mais recente movimento de alteração do Regulamento do Novo Mercado. Dentre as 93 companhias que se manifestaram sobre a modificação, 54 vetaram a elevação da porcentagem obrigatória de conselheiros independentes. Para mais informações, v. *http://www.bmfbovespa.com.br/empresas/pages/100909NotA.asp?WT.ac=PT_FullBanner-Audiência_Restrita-2* (acesso em 10.4.2011).

14. Esta é a situação do uso do que aqui ficou conhecido como *poison pill brasileira*, que nada mais é que a previsão estatutária de lançamento obrigatório de oferta pública por parte do adquirente de determinada porcentagem do capital votante de companhia. Se este instrumento poderia vir a ser considerado positivo em ambientes com certo grau de diluição acionária, na medida em que protege a manutenção da pulverização do capital ao encarecer o controle, no ambiente brasileiro, de elevada concentração, o propósito da técnica desvirtua-se e serve de tutela à manutenção do poder de controle previamente estabelecido. Sobre o tema, com adequadas críticas, v.: Carlos Klein Zanini, "A *poison pill* brasileira: desvirtuamento, antijuridicidade e ineficiência", in Marcelo Vieira von Adamek (org.), *Temas de Direito Societário e Empresarial Contemporâneos*, São Paulo, Malheiros Editores, 2011, pp. 256-277;

também nítidos avanços, a facilitar desdobramentos positivos do mercado de capitais brasileiro. Como se verá, recentes medidas regulatórias, em especial normativos e decisões da CVM, têm contribuído para a reafirmação de um aparato de defesa a investidores e para a confiança no arcabouço institucional do sistema.

Por ora, cabe avaliar alguns marcos da regulação brasileira.

6.2.1 A estruturação do sistema financeiro a partir de 1964

No que se refere à formação histórica do sistema financeiro brasileiro, os estudos costumam apontar a existência de fases na evolução do tratamento do tema.[15] Muito embora não exista acordo quanto à quantidade de períodos, não se discute o fato de que o ano de 1964 representa marco de extrema relevância. Uma vez que esta época foi importante não apenas para a regulação financeira como um todo, mas especificamente para a do mercado de capitais, os comentários aqui tecidos se iniciarão na década de 1960.

Quanto ao período anterior, em breves linhas, sabe-se que um sistema financeiro nacional foi originado apenas após a vinda da Família Real para o Brasil, com a criação do Banco do Brasil. A regulação do tema, todavia, era esparsa. O Código Comercial destinava poucos dispositivos para tratar das operações de banco, e alguns outros referiam-se aos corretores. A Bolsa de Valores reunia os corretores oficiais de fundos públicos, que detinham exclusividade vitalícia para intermediar operações na Bolsa, nos termos do Decreto 417, de 14.6.1845. Foi em 1876 que se regulou a cotação oficial de ações e outros títulos em pregão, nos termos do Decreto 6.132. Alguns anos depois assistimos às reformas

---

P. F. Campos Salles de Toledo, "*Poison pill*: modismo ou solução?", in R. R. M. de Castro e L. S. de Aragão (coords.), *Direito Societário – Desafios Atuais*, São Paulo, IDSA/Quartier Latin, 2009, pp. 158-176; E. S. Munhoz, "Transferência de controle nas companhias sem controlador majoritário", in R. R. M. de Castro e L. A. N. M. Azevedo, *Poder de Controle e Outros Temas de Direito Societário e Mercado de Capitais*, São Paulo, IDSA/Quartier Latin, 2010, pp. 286-324; e S. C. N. Cerezetti, "A aquisição de controle de companhias abertas no Brasil: por uma disciplina atenta às diferentes estruturas acionárias", a ser publicado no *Mitteilungen der Deutsch--Brasilianischen Juristenvereinigung* 1, 2011.

15. V.: M. Enriquez Garcia, "Sistema financeiro nacional", in D. B. Pinho (coord.), *Manual de Economia*, São Paulo, Atlas, 1992, pp. 301-313; e L. A. Paulin, "Evolução do sistema financeiro nacional", *RDB* 17/76-89, 2002.

conhecidas como encilhamento,[16] e após pouco tempo à passagem de legislação voltada a conter os efeitos da "bolha" especulativa decorrentes dessa política de estímulo ao mercado. Foi, todavia, apenas na última década de 1960 que o sistema financeiro e, mais especificamente, o mercado de capitais adquiriram boa parte dos contornos atuais.

O ano de 1964 marca o início da reestruturação do sistema financeiro brasileiro, que representou uma das reformas institucionais aprovadas pelo Governo Militar em sua luta pela realização do chamado *Milagre Econômico*. À época, o propósito de estímulo à entrada do capital externo dependia da prévia reformulação da estrutura financeira do País,[17] dentro do ideal liberal-desenvolvimentista que permeava as então vigentes políticas públicas.[18]

Foi assim que, em um primeiro momento, foram criados o Conselho Monetário Nacional e o Banco Central, cujas funções até então eram em parte exercidas pela Superintendência da Moeda e do Crédito, instituída pelo Decreto-lei 7.293/1945. Sob a crença de que o financiamento bancário não seria suficiente para alavancar o crescimento econômico almejado, a reforma bancária, ocorrida nos termos da Lei 4.595/1964, foi acompanhada, no ano seguinte, da modernização do mercado de capitais, consoante a Lei 4.728/1965.

A partir da vigência deste diploma, ao Conselho Monetário Nacional foram atribuídas importantes funções no mercado de capitais, dentre elas a fixação de normas acerca do funcionamento das Bolsas e das sociedades corretoras. Há que se mencionar, ademais, que essa mesma lei atribuiu autonomia administrativa, financeira e patrimonial às Bol-

---

16 Sobre o tema, vide S. Haber, *Financial Markets and Industrial Development: a Comparative Study of Government Regulation Financial Innovation, and Industrial Structure in Brazil and Mexico, 1840-1930*, IRIS Center, Working Paper 143/12, 1994, que atribui às políticas de estímulo ao mercado de capitais o crescimento, com baixos níveis de concentração, do setor têxtil brasileiro no final do século XIX.

17. Sobre o tema, v. D. W. L. Wang e J. A. Couto, "Reformas institucionais e 'Milagre Econômico': construção de um modelo de industrialização concentrador de poder econômico e renda", *Cadernos Direito e Pobreza* 1/114, 2008. Como bem relatam os autores, a atração de capital estrangeiro já vinha sendo objeto de medidas anteriores, como a Lei 4.131/1962, que tinha por objetivo atribuir igualdade de tratamento ao capital estrangeiro com relação ao nacional.

18. Cf. O. Yazbek, "Uma introdução, 40 anos depois", in D. M. Trubek, J. H. Gouvêa Vieira e P. F. de Sá, *Direito, Planejamento e Desenvolvimento do Mercado de Capitais Brasileiro (1965-1970)*, cit., p. 42.

sas – característica que continua presente, nos termos do art. 17 da Lei 6.385/1976.[19]

Este último diploma foi responsável pela criação da Comissão de Valores Mobiliários, autarquia que, além de não ter subordinação hierárquica com relação ao Ministério da Fazenda, ao qual se vincula, dispõe, desde 2002, de autonomia financeira e orçamentária e conta com dirigentes estáveis e com mandato fixo.

Não se pode deixar de mencionar que importantes passos foram dados na época, dentre eles a aprovação de nova perspectiva de regulação das Bolsas de Valores, a profissionalização das corretoras e a disciplina dos bancos de investimentos.

Mas algumas medidas, adotadas sob os ideais de política pública então vigentes, deixam, até os dias de hoje, efeitos deletérios de difícil reparação. Exemplo disso é o fato de que a política econômica do período pautava-se pelo objetivo de criação de poucos e fortes conglomerados. Alegava-se que uma concentração assim estruturada seria essencial para a promoção do desenvolvimento econômico então almejado. Não sob outra perspectiva foi projetada a lei acionária de 1976.[20] O mesmo diploma pretendia, ainda com o objetivo de estimular a grande empresa, incentivar o financiamento das companhias por meio do mercado de capitais.[21]

19. A partir da reforma operada pela Lei 10.303/2001 referida autonomia também é atribuída às Bolsas de Mercadorias e Futuros e às entidades de compensação e liquidação de operações com valores mobiliários.

20. Os redatores do projeto que resultou na Lei 6.404/1976 bem relatam o ideal de estímulo à macroempresa institucionalizada: "A criação de macroempresas com capital pulverizado somente seria possível a longo prazo, e a lei procurou facilitar e aumentar a eficiência de todos os instrumentos de associação de grupos empresariais, sob as formas de *holdings*, *joint ventures*, consórcios e – principalmente – acordos de acionistas, aos quais a lei buscou atribuir segurança jurídica que estimulasse os empresários a utilizá-los na formação de grupos de controle. A lei procurou ainda aumentar a capacidade dos empresários brasileiros de alavancarem seus recursos próprios sem perder o controle da companhia, aumentando para 2/3 (hoje reduzido para 1/2) o limite de emissão de ações preferenciais sem voto ou com voto restrito. Essa providência resultou da observação de que o empresário privado brasileiro não admite perder o controle absoluto da companhia porque, devido à dimensão relativamente pequena das empresas brasileiras, a companhia sem controle pré-constituído está sujeita a ter seu controle assumido por outra empresa – nacional ou estrangeira – mediante oferta pública de aquisição de controle" (J. L. Bulhões Pedreira e A. Lamy Filho, *Direito das Companhias*, vol. 1, Rio de Janeiro, Forense, 2009, pp. 796-797).

21. Nesse sentido caminha a "Exposição de Motivos" da Lei 6.404/1976 ("Exposição de Motivos" 196, de 24.6.1976, do Ministério da Fazenda): "O Projeto visa

As leis acima mencionadas complementam-se e formam o aparato para o subsequente desenvolvimento do mercado de capitais nacional, em especial para a criação de um mercado de ações primário suficientemente estruturado de forma a permitir às companhias o acesso a fundos de longo prazo e a estimular os detentores de recursos a alocarem suas verbas no investimento acionário.

Ocorre que as décadas seguintes não assistiram ao amplo crescimento do mercado, inicialmente planejado. Não obstante a criação de incentivos fiscais tanto para a alocação da poupança quanto para a abertura do capital em Bolsa, o Brasil continuou a manter o histórico número diminuto de companhias listadas, sendo de se destacar, inclusive, movimentos de fechamento de capital ao longo da década de 1980.[22]

Em seguida, durante os anos 1990, assiste-se a um crescente movimento de abertura da economia. Na época, cresce o interesse de investidores estrangeiros pelo mercado brasileiro, ao mesmo tempo em que aumenta o acesso de companhias nacionais ao mercado estrangeiro, especialmente mediante a listagem de seus valores mobiliários em outras Bolsas. A partir de então, empresas brasileiras passam a também se submeter a agentes reguladores de outros Países, e, assim, entram em contato com diferentes exigências de divulgação de informações e transparência no trato com investidores. Temas de governança corporativa passam, então, a fazer parte da realidade de tais companhias, ao menos no que se refere à atuação em ambiente externo.

Neste mesmo período assiste-se à inserção do assunto no País especialmente após a formação, em 1995, do Instituto Brasileiro de Governança Corporativa, cujo *Código de Melhores Práticas* data de 1999, e, mais fortemente, depois da criação dos segmentos de listagem da Bovespa, abaixo mencionados.

basicamente a criar a estrutura jurídica necessária ao fortalecimento do mercado de capitais de risco no País, imprescindível à sobrevivência da empresa privada na fase atual da economia brasileira. A mobilização da poupança popular e o seu encaminhamento voluntário para o setor empresarial exigem, contudo, o estabelecimento de uma sistemática que assegure ao acionista minoritário o respeito a regras definidas e equitativas, as quais, sem imobilizar o empresário em suas iniciativas, ofereçam atrativos suficientes de segurança e rentabilidade".

22. Sobre o tema, v. B. S. Black, A. Gledson de Carvalho e E. Gorga, *An Overview of Brazilian Corporate Governance*, Cornell Law Faculty Publications, *Paper* 101 (2008), p. 4 (disponível em *http://scholarship.law.cornell.edu/lsrp_papers/101*, acesso em 15.4.2011).

Com o passar dos anos, portanto, foi possível perceber que o aparato legal elaborado na década de 1960, não obstante extremamente avançado e muito bem estruturado, pecava em alguns aspectos, dentre eles o de não garantir relevantes direitos a investidores,[23] peças-chave para o almejado estímulo ao mercado de capitais. Em consequência, o início da primeira década do século XXI assistiu à mudança legislativa voltada a melhorar esta situação; não antes, contudo, que uma outra reforma, imbuída de propósitos pouco louváveis, prejudicasse ainda mais a posição de investidores do mercado acionário brasileiro.

6.2.2 Reformas de 1997 e 2001: as dificuldades das mudanças institucionais

Desde a entrada em vigor das mencionadas leis responsáveis pela estruturação do sistema financeiro brasileiro, importantes instrumentos de regulação do mercado de capitais foram aprovados. Cabe aqui mencionar dois deles, relacionados às mais recentes reformas da Lei Acionária brasileira e da Lei 6.385/1976.

O primeiro refere-se à Lei 9.457/1997, diploma especialmente elaborado para facilitar os movimentos de privatização de empresas no Brasil, ocorridos ao final da década de 1990. Dele decorrem tanto a supressão de importantes direitos de acionistas minoritários antes previstos na Lei Acionária, como a oferta pública obrigatória em decorrência de aquisição do controle de companhia aberta (antigo art. 254), quanto a flexibilização de outros, como o direito de retirada (art. 137).

Além disso, a mesma reforma inseriu modificações no sistema de fiscalização do mercado de capitais, ampliando o rol e tornando mais severas as penalidades administrativas aplicáveis pela CVM em casos de desobediência das normas relativas ao mercado de capitais (art. 11 da Lei 6.385/1976).

---

23. M. Carvalhosa teceu contundentes críticas ao modelo da Lei Acionária, dedicando um capítulo de sua obra a tratar do que chamou de "sociedade anônima só de controladores" (*A Nova Lei das Sociedades Anônimas – Seu Modelo Econômico*, 2ª ed., Rio de Janeiro, Paz e Terra, 1977, pp. 113-140). Dentre as principais objeções à lei, destaca-se a de que o modelo então aprovado não estimulava a democracia econômica, entendida como "maior oportunidade de iniciativa aos pequenos e médios empreendedores; reforço do direito das minorias; responsabilidade efetiva dos administradores; participação dos diversos grupos sociais na gestão e na política das companhias; etc." (p. 23).

Tendo sido uma mudança legislativa especificamente estruturada para permitir o alcance de finalidade de rápida execução, aclamada pela política econômica do Governo da época, uma vez finalizada a onda de privatizações, entendeu-se por bem reverter os danos causados em 1997 e alterar principalmente algumas regras aplicáveis às companhias abertas, em esforço de fortalecimento dos direitos de investidores e do mercado de capitais brasileiro. A isso se destinou a Lei 10.303/2001.

Algumas medidas de relevo foram então aprovadas, sendo de se destacar: (i) a diminuição da porcentagem máxima de emissão de ações preferenciais sem direito a voto, muito embora se possa reconhecer que a restrição poderia ter sido ainda mais rigorosa, mediante a adoção da regra *uma ação/um voto* ou da utilização de porcentagem mais baixa; (ii) a previsão do possível uso da arbitragem para a resolução de conflitos entre acionistas e a companhia, ou entre os acionistas controladores e os acionistas minoritários; (iii) a possibilidade de as companhias abertas serem classificadas em categorias, conforme as espécies e classes dos valores negociados em mercado; e (iv) os deveres de informar modificações na posição acionária impostos a controladores e acionistas que elegerem membro do conselho de administração ou do conselho fiscal.

Isso não significa, contudo, que se possa aclamar a reforma de 2001 como plenamente bem-sucedida. O estudo do processo legislativo que culminou na aprovação da lei indica que importantes alterações inicialmente propostas não lograram êxito,[24] enquanto outras, pouco elogiáveis, foram adotadas.[25] Em parte, o relativo insucesso na melhoria dos padrões éticos aplicáveis às sociedades por ações e dos direitos outorgados a investidores deve-se ao esforço de grupos de pressão de controladores, preocupados com a manutenção dos atuais níveis de exigência de respeito aos interesses dos minoritários e pouco interessados em efetivas mudanças legislativas. Restam, portanto, necessárias revi-

---

24. V. E. Gorga, "Culture and corporate law reform: a case study of Brazil", cit., *University of Pennsylvania Journal of International Economic Law* 27/828-830 (apontando que algumas propostas – como a de proibição de emissão de ações preferenciais sem direito a voto e a de previsão de direitos mais amplos para minoritários quando da escolha de administradores e conselheiros fiscais – foram afastadas ao longo do processo legislativo). M. Carvalhosa e N. Eizirik também detalham a tramitação dos projetos, mencionando emendas apresentadas e vetos ao texto enviado para sanção presidencial (*A Nova Lei das S/A*, São Paulo, Saraiva, 2002, pp. 7-29).

25. Exemplo disso é a previsão de vinculação de conselheiros aos termos de acordos de acionistas, fato que, levado ao extremo, confronta o sistema de deveres fiduciários e a regra de independência dos administradores.

sões para que o arcabouço legislativo societário e do mercado de capitais possa ser verdadeiramente considerado como promotor do desenvolvimento brasileiro. Exemplos serão tratados abaixo.

6.2.3 Os segmentos de listagem da BM&FBovespa: a opção pela via contratual

Importantíssimo passo no que se refere à contribuição do mercado de capitais para o desenvolvimento econômico foi dado quando da adoção dos segmentos de listagem, em 2001, pela então Bolsa de Valores de São Paulo.

Em face de um mercado de ações com elevadas dificuldades para se erguer, marcado pelo diminuto número de companhias listadas e pelo decrescente valor dos negócios realizados,[26] e em vista de um cenário institucional pouco encorajador,[27] considerado um dos grandes entraves à participação no mercado acionário brasileiro, decidiu-se pela criação de segmentos especiais de listagem para companhias que estivessem dispostas a adotar determinadas práticas de governança corporativa.[28]

---

26. Dados da época, fornecidos pela CVM, indicam que em 2001 somente 440 companhias estavam listadas, sendo constantes a queda no volume de negócios ("o volume negociado após atingir US$ 191 bilhões em 1997, recuara para US$ 101 bilhões em 2000 e US$ 65 bilhões em 2001") e o movimento de fechamento do capital. Para mais detalhes, v. *http://www.portaldoinvestidor.gov.br/InvestidorEs trangeiro/OMercadodeValoresMobiliáriosBrasileiro/HistóriadoMercadodeCapi tais/tabid/134/Default.aspx* (acesso em 12.4.2011), e os gráficos apresentados por M H. Santana, "O Novo Mercado", in M. H. Santana, M. Ararat, P. Alexandru e B. B. Yurtoglu, ***Novo Mercado and its Followers: Case Studies in Corporate Governance Reform***, The International Bank for Reconstruction and Development/The World Bank, 2008, pp. 7-9 (disponível em *http://www.bmfbovespa.com.br/pt-br/a-bmfbovespa/download/Focus5.pdf*, acesso em 11.3.2011).

27. Como visto, em grande medida, as mais recentes reformas da Lei Acionária deixaram muito a desejar em termos de melhoria dos modelos éticos aplicáveis às companhias abertas. Relevantes regras, como a que disciplina o voto em conflito de interesses – tema que evoca repetitivas disputas –, não foram objeto de modificação. De fato, as recorrentes manifestações da CVM sobre o tema do conflito, nem sempre no mesmo sentido, bem demonstram a importância de uma regra clara acerca do conflito de interesses, a trazer segurança às relações. Sobre o tema, v. item 6.3.2.2, abaixo.

28. A opção pela via contratual para a criação de um mercado específico marcado pela maior proteção aos investidores, em contraposição à espera por mudanças legislativas capazes de levar ao mesmo resultado, foi sugerida em estudo elaborado para a Bovespa em 2000 (MB Associados, *Desafios e Oportunidades para o Merca-*

Este movimento ocorreu sob a perspectiva de que boas condutas, proteção a acionistas e adequada divulgação de informações refletem-se em incremento do mercado e mais elevada avaliação da companhia, na medida em que promovem o interesse dos investidores,[29] os quais passam a encontrar mais ampla base de garantias jurídicas quando da alocação de seus recursos. Em consequência, a percepção de menor risco por parte de investidores contribui para positiva valorização e liquidez das ações ofertadas.[30]

Foram, então, estruturados três ambientes de participação voluntária, com níveis diversos de exigências de boa governança.: o chamado *Nível 1*, com mais requisitos que os normalmente necessários para a abertura de capital, tornando especialmente mais robustas as exigências de fornecimento de informações; o *Nível 2*, um pouco mais grave em

do de Capitais Brasileiro, 2000, p. 12, disponível em *http://www.bmfbovespa.com. br/Pdf/mercado_capitais_desafios.pdf*, acesso em 5.4.2011).

29. Para indicações da relação entre boas práticas e mais elevado valor da companhia, com revisão da literatura, v. R. P. C. Leal, "Governance practices and corporate value – A recent literature survey", *Revista de Administração da USP* 39/327-337, 2004. E para resultados de pesquisa empírica com companhias brasileiras v.: A. M. da Silveira, L. A. B. de C. Barros e R. Famá, "Atributos corporativos, qualidade da governança corporativa e valor das companhias abertas no Brasil", *Revista Brasileira de Finanças* 4/1-30, 2006; e A. G. de Carvalho, *Efeitos da Migração para os Níveis de Governança da Bovespa*, disponível em *http://www.bmfbovespa.com.br/ empresas/download/uspniveis.pdf* (acesso em 3.4.2011).

30. Já há algum tempo inúmeros estudos apontam para a relevância de ambiente institucional sério e de efetiva proteção a investidores como medida do desenvolvimento do mercado de capitais. R. La Porta e outros, por exemplo, afirmam que os sistemas que garantem maior proteção a investidores são aqueles que contam com o mais elevado nível de desenvolvimento do mercado de capitais ("Legal determinants of external finance", *The Journal of Finance* 52/1.131-1.150, 1997; v., também, "Investor protection and corporate valuation", *The Journal of Finance* 57/1.147-1.170, 2002).

Muito embora estes estudos empíricos tenham sofrido inúmeros questionamentos e outras teorias tenham se oferecido a explicar os motivos das distinções dos graus de desenvolvimento dos mercados (v.: L. A. Bebchuk e M. J. Roe, "A theory of path dependence in corporate governance and ownership", *Stan. L. Rev.* 52/127-170, 1999-2000; e J. C. Coffee, "The rise of dispersed ownership, the roles of Law and the State in the separation of ownership and control", in *Yale Law Journal* 111/1-82, 2001), a relação entre boas práticas de governança e maior interesse por parte dos investidores parece bastante sólida, conforme bem sugere a resenha apresentada por T. Beck e R. Levine, "The legal institutions and financial development", in C. Ménard e M. M. Shirley, *Handbook of New Institutional Economics*, Dordrecht, Springer, 2005, pp. 251-278.

suas condições e já com demandas de alteração substancial na organização das companhias participantes; e o *Novo Mercado*, que conta com as mais rígidas normas de condução empresarial no mercado brasileiro.

A criação de grupos, com graus crescentes de demandas adicionais às da Lei Societária, abriu caminho para que empresas já existentes, pouco dispostas a assumir diretamente as mais graves obrigações, pudessem melhorar em alguma medida suas práticas, vinculando-se principalmente a uma política de divulgação de informações mais abrangente. Nos segmentos mais exigentes, por sua vez, estariam interessados os novos participantes, que sobressairiam justamente devido à participação nos planos mais elevados de governança e solidez financeira.[31]

Especificamente com relação ao Novo Mercado, destacam-se três importantes características. Em primeiro lugar, o compromisso de ampla divulgação de informações e transparência na condução empresarial, refletido na obrigação de fornecimento de informações corporativas e demonstrações financeiras adicionais às usualmente exigidas, bem como de dados acerca das negociações com valores mobiliários realizadas pelo controlador e de contratos com partes relacionadas. Há, ademais, normas que almejam estabelecer maior equilíbrio de direitos entre os acionistas – como aquela que prevê a formação do capital social apenas por ações ordinárias – e normas de reforço de direitos patrimoniais – como as de oferta pública plenamente igualitária aos minoritários nos casos de alienação do controle e de oferta pública por, no mínimo, o valor econômico das ações, caso a companhia deixe de participar do Novo Mercado. Em terceiro lugar, outro relevante aspecto consiste na submissão das partes à arbitragem para resolução de conflitos relacio-

---

31. Cf. C. Salomão Filho, "Structural analysis of corporate law: a developing Country perspective", in S. Grundmann e outros (orgs.), *Unternehmen, Markt und Verantwortung – Festschrift für Klaus J. Hopt zum 70. Geburtstag am 24. August 2010*, vol. I, Berlim, De Gruyter, 2010, p. 1.292. Sob perspectiva um pouco distinta, v. M. H. Santana, "O Novo Mercado", cit., in M. H. Santana, M. Ararat, P. Alexandru e B. B. Yurtoglu, *Novo Mercado and its Followers: Case Studies in Corporate Governance Reform*, p. 3 (disponível em http://www.bmfbovespa.com.br/pt-br/a--bmfbovespa/download/Focus5.pdf, acesso em 11.3.2011 – destacando que os dois primeiros níveis serviriam de degraus para adaptação gradual das companhias para o acesso futuro ao Novo Mercado).

Passados anos da implantação dos segmentos, sabe-se que o primeiro cenário se confirmou – ou seja: companhias abertas preexistentes interessaram-se pelo Nível 1, ao passo que novos emissores lançaram-se no Novo Mercado (v. nota de rodapé 78, abaixo).

nados às regras do Novo Mercado. Trata-se de medida que permite a avaliação das disputas por ente especializado apto a bem solucionar as específicas controvérsias.[32]

Passada uma década da implantação dos segmentos, pode-se afirmar que os resultados são positivos. A maioria das novas aberturas de capital no período realizou-se no Novo Mercado e cresce o número de companhias de capital aberto que a ele aderem[33] – o que demonstra a satisfação do propósito inicial de criação do segmento. Mas não apenas o amplo rol de companhias participantes chama a atenção. Os valores negociados em ações dos segmentos, quando comparados com o volume total de negócios da Bolsa, confirmam a pressuposição acima apontada, de que melhores práticas de condução e organização empresarial refletem-se positivamente no incremento do interesse dos investidores.[34]

Por fim, cabe notar que em 2010 foram aprovados ajustes aos regulamentos dos segmentos. A possibilidade de aprimoramento das regras bem como os esforços da BM&FBovespa para que isso se realize constituem adicionais vantagens da estruturação contratual desses mercados.[35]

32. Algumas outras empresas, além das participantes do Novo Mercado e do Nível 2, voluntariamente aderiram à Câmara de Arbitragem do Mercado, o que demonstra a gradual expansão do benefício da regra de arbitragem obrigatória para além dos limites dos participantes dos específicos segmentos que exigem sua adoção. Para uma lista das companhias, v. *http://www.camaradomercado.com.br/InstDownload/EmpresasAderiramCamara.pdf* (acesso em 5.4.2011).

33. Cf. BMF&Bovespa, *Novo Mercado*, 2009, disponível em *http://www.bmfbovespa.com.br/pt-br/a-bmfbovespa/download/Folder_NovoMercado.pdf* (acesso em 3.4.2011).

34. Consoante dados da Bovespa, "as 160 empresas que, ao final de 2008, integravam os Níveis Diferenciados de Governança Corporativa representavam 60,37% do valor de mercado, 64,47% do volume financeiro e 73,32% da quantidade de negócios no mercado à vista" (BMF&Bovespa, *Relatório Anual 2008*, p. 33, disponível em *http://ri.bmfbovespa.com.br/upload/portal_investidores/pt/informacoes_financeiras/relatorios_anuais/relatorio_Anual2008.pdf*, acesso em 7.4.2011). Os relatórios mais recentes não fornecem dados atualizados. O maior grau de liquidez das ações de empresas participantes dos segmentos que o apresentado pelas ações emitidas por companhias listadas no mercado comum da Bovespa é confirmado por recente pesquisa empírica: M. A. de Camargos e F. V. Barbosa, "A adoção de práticas diferenciadas de governança corporativa beneficia o acionista e aumenta a liquidez acionária? Evidências empíricas do mercado brasileiro", *REGE/Revista de Gestão* 17/189-208, 2010.

35. Para dados acerca dos temas votados em cada segmento, com indicação de quóruns de aprovação e rejeição das matérias, v. *http://www.bmfbovespa.com.br/empresas/pages/100909NotA.asp* (acesso em 10.4.2011).

6.3 Acesso ao mercado de capitais: regulação que abre portas

O caminho ao desenvolvimento não prescinde de um sistema financeiro capaz de garantir segurança e proteção aos agentes envolvidos.[36] Mas, além de proteger, é papel da regulação incentivar e promover verdadeira participação, assegurando, em uma ponta, a oportunidade de investimento e, em outra, a possibilidade de ofertar produtos no mercado.

Assim, ao se afirmar que, no âmbito do mercado de capitais, desenvolvimento se aproxima de garantia de acesso há que se ter em mente as mais variadas facetas do acesso. Trata-se de assegurar a possibilidade de inserção no sistema a novos participantes, sejam eles os investidores ou os interessados em se apresentarem como opção de investimento. Para a promoção do acesso dos primeiros, importa especialmente assegurar (i) informações e (ii) um ambiente plúrimo e não marcado pela concentração de poder, cuja persistência pode ser lidada mediante regras que (a) proporcionem formas de engajamento dos minoritários e confiram direitos de saída em condições adequadas e (b) permitam investimentos em companhias geridas com transparência e retidão.

A atração do investidor depende, portanto, da boa qualidade da estrutura normativa que fundamenta a participação acionária, podendo ser considerada adequada na medida em que seja capaz de assegurar direitos ao longo de todo o processo de investimento: entrada, manutenção e eventual saída . Desta forma, a garantia de acesso percorre um longo caminho e envolve medidas não apenas de facilidade de alocação inicial de recursos, mas também de resguardo de interesses e promoção de um mercado com suficiente liquidez. Como se pode imaginar, estes temas, muito embora pareçam voltados apenas ao investidor, são de extrema importância para os emissores, uma vez que a demanda por seus títulos apenas tende a crescer em face de um arcabouço regulatório apropriado.

Sabendo-se que a regulação envolve não apenas a promulgação de normas, mas também a fiscalização do seu cumprimento e a punição em casos de infração,[37] cabe avaliar como esses enfoques vêm sendo colocados em prática para a tutela dos investidores. Em seguida será o

---

36. Cf. J. E. Stiglitz, *Towards a New Paradigm for Development*, cit., p. 19.

37. Cf., especificamente quanto ao tema da *regulação do mercado de capitais*: O. Yazbek, *Regulação do Mercado Financeiro e de Capitais*, Rio de Janeiro, Elsevier, 2007, p. 180; e N. Eizirik, A. B. Gaal, F. Parente e M. F. Henriques, *Mercado de Capitais – Regime Jurídico*, 2ª ed., Rio de Janeiro, Renovar, 2008, p. 14.

momento de tratar da outra faceta da promoção de acesso: aquela que diz respeito a abrir caminho para os emissores.

6.3.1 A indispensável transparência

Um dos mais relevantes aspectos da regulação do mercado de capitais refere-se à garantia de disponibilidade de informações, de forma a permitir que investidores sejam capazes de discernir entre as várias ofertas com base em satisfatório conhecimento acerca de seus benefícios e limitações.[38]

De fato, a existência de um fluxo de dados entre os participantes do mercado – companhias, investidores e órgãos envolvidos – é essencial,[39] uma vez que o mercado de capitais é fundamentalmente um mercado de informação. Todavia, a História mostra que ele não gera automaticamente os dados necessários, cabendo, portanto, à regulação garantir o fornecimento de informação adequada – aqui entendida como aquela que é suficiente tanto em quantidade quanto em qualidade.[40]

38. No Direito Brasileiro o objetivo de promover adequada prestação de informações permeou a elaboração da Lei 6.385/1976, como bem esclarece o item 22 da sua "Exposição de Motivos" ("Exposição de Motivos" 197, de 24.6.1976, in *Diário do Congresso Nacional*, 10.8.1976, p. 6.974). Da mesma forma, continuou a fazer parte da regulação do mercado, tendo o aperfeiçoamento dos sistemas de controle e divulgação de informações sido considerado a primeira premissa do Plano de Desenvolvimento do Mercado de Valores Mobiliários, aprovada pela Instrução CVM-86, de 20.10.1988.

39. Os efeitos deletérios das assimetrias informacionais foram mencionados no famoso trabalho de G. A. Akerlof, "The market for 'lemons': quality uncertainty and the market mechanism", *The Quarterly Journal of Economics* 84/488-500, 1970.

40. No mesmo sentido, v. R. Sylla, "The rise of securities markets: what can government do?", cit., *The World Bank Policy Research Working Paper* 1.539/5. Quanto a isso, cabe atentar à observação feita por L. G. P. de B. Leães no sentido de que a mera divulgação de incontáveis dados não é garantia de proteção ao investidor, especialmente nos casos em que o investidor médio não tem preparo suficiente para compreender as informações colocadas à disposição (*Mercado de Capitais & Insider Trading*, São Paulo, Ed. RT, 1978, p. 143).

Acerca da qualidade da informação, destaca-se que, em consonância com o dever de cuidado, as informações não devem ser apenas lançadas aos destinatários, cabendo ao informante garantir a possibilidade do melhor uso pelo destinatário (cf. J. N. Druey, "Die Pflicht zur Halbwahrheit – Über die Aporien organisationsrechtlicher Informationsansprüche anhand des Aktionärs-Auskunftsrechts", in G. Bitter e outros (orgs.), *Festschrift für Karsten Schmidt zum 70. Geburtstag*, Köln, Otto Schmidt, 2009, p. 257).

Dotar o mercado de informações razoavelmente extensas e profundas é medida há tempos aclamada como vital,[41] e que recentemente demonstrou sua contínua e atual importância.[42]

Atenta à seriedade do tema, a CVM editou, no final de 2009, a Instrução 480, que veio substituir a antiga Instrução 202 e trazer modernidade às regras locais de registro e prestação de informações. Seu texto busca aproximar as práticas brasileiras aos padrões internacionais, aumentando o nível de exigência de informações periódicas e exigindo constante atualização dos dados fornecidos ao mercado.

Importantes aspectos passam, a partir da nova regulamentação, a contar com maior carga informacional – como é o caso, por exemplo, das regras e políticas de assembleias-gerais, da remuneração dos administradores e das transações com partes relacionadas. Quanto às últimas, passa a ser obrigatório indicar não apenas detalhes de cada transação, mas medidas especificamente adotadas para lidar com conflito de interesses, bem como demonstrar que as condições foram pactuadas em termos comutativos ou mediante pagamento compensatório adequado.

Ademais, de forma a estabelecer padrões mais específicos de transparência, a instrução passa a separar os agentes em duas categorias distintas, sendo a primeira chamada de *Categoria A*, composta por

---

41. A regulação do mercado de capitais norte-americana, de 1934, teve como base a ideia de obrigatória divulgação de informações. Sobre o tema, e com apresentação de questões atuais acerca de *disclosure*, v. T. Ishmael, "Securities and exchange commission regulation fair disclosure – A modern law with outmoded methods: an appeal for dissemination of material information on corporate websites", in *Oklahoma City University Law Review* 33/629-665, 2008.

Acerca da transparência como o mais elevado imperativo da regulação do mercado de capitais, cf. U. H. Schneider e T. Brouwer, "Kapitalmarktrechtliche Transparenz bei der Aktienleihe", in G. Bitter e outros (orgs.), *Festschrift für Karsten Schmidt zum 70. Geburtstag*, Köln, Otto Schmidt, 2009, p. 1.413. Note-se que o valor do direito à informação, muito embora aqui tratado especificamente com relação ao mercado de capitais, refere-se amplamente às diversas manifestações associativas (sobre o tema, v. K. Schmidt, *Informationsrechte in Gesellschaften und Verbänden*, Heidelberg, Recht und Wirtschaft, 1984).

42. Acerca da contribuição da falta de transparência para o início da recente crise financeira mundial, v., por exemplo: V. V. Acharya e outros, "Derivatives: the ultimate financial innovation", in V. V. Acharya e M. Richardson (eds.), *Restoring Financial Stability: how to Repair a Failed System*, Nova York, John Wiley & Sons, 2009, pp. 233 e ss.; e A. J. Levitin e S. M. Wachter, "Explaining the housing bubble", *Georgetown Business, Economics and Regulatory Law Research Paper* 10-16/49 e ss., 2010 (disponível em *http://ssrn.com/abstract=1669401*, acesso em 1.5.2011).

emissores autorizados a negociar todos os tipos de valores mobiliários, ao passo que a segunda, *Categoria B*, é formada por aqueles que não podem negociar ações e certificados de depósito de ações, bem como valores mobiliários que confiram ao titular o direito de adquiri-los. Com a nova classificação, modelos mais rígidos de fornecimento de dados são impostos aos participantes da *Categoria A*, ao mesmo tempo em que não se deixa de exigir informações mínimas dos interessados em emitir somente títulos de dívida.

Criou-se, assim, um novo regime informacional, com mais elevada qualidade de informações prestadas pelos emissores e com vistas a facilitar sua compreensão pelos destinatários. Sua completa observância abre caminho para que interessados sejam dotados de maior preparo para avaliar as possibilidades de investimento, na medida em que as novas regras ampliam o rol de dados de *disclosure* obrigatório ao mesmo tempo em que exigem permanente atualização, dotando o investidor de informações mais completas e recentes.

Deseja-se que o mercado encontre constantemente os dados que antes eram apresentados de forma atualizada apenas nos prospectos de ofertas públicas, momento em que as companhias demonstravam seu interesse em vender ações e, justamente por isso, disponibilizavam informações atuais. Atualmente as novas ofertas são apresentadas em documento que oferecem características específicas do valor mobiliário em questão e da própria oferta, encontrando-se as demais informações sobre a emissora em seu formulário de referência, que passa a ser atualizado regularmente.

Conclui-se, assim, que houve aprimoramento do arcabouço regulatório relativo ao dever de informar e à luta pela transparência. Os benefícios da medida, contudo, dependerão de adequado cumprimento das novas exigências, a ser assegurado por dedicada fiscalização por parte da autarquia reguladora.

Ao se falar em prestação de informações cabe também destacar as regras que impedem a utilização de informação privilegiada, o chamado *insider trading*. A limitação ao aproveitamento de dados é corolário do dever de informar imposto aos condutores dos negócios empresariais e, em termos amplos, dos deveres fiduciários por eles devidos. A Lei Acionária, no § 1º de seu art. 155, proíbe que administradores utilizem informações confidenciais da companhia em proveito próprio, impondo-lhes o dever de informar, mediante divulgação na imprensa e comunicação à Bolsa de Valores, toda e qualquer decisão da companhia ou fato relevante capaz de afetar a decisão de aquisição ou venda de valores por ela emitidos (art. 157, § 4º).

O assunto é objeto da Instrução CVM-358/2002,[43] e durante a reforma de 2001 passou a também ser tratado criminalmente, nos termos do novo art. 27-D da Lei 6.385/1976. A primeira condenação por uso indevido de informação privilegiada ocorreu no início de 2011, e pode ser considerada importante marco na luta contra o aproveitamento de informações.[44]

Nos termos do normativo, a relevância da informação refere-se ao seu potencial de influenciar a cotação das ações emitidas pela companhia e as decisões dos investidores em relação aos investimentos detidos.[45] Interessa destacar que a vedação e a aplicação de penalidade pelo seu uso indevido não se restringem apenas aos clássicos *insiders* (controladores, administradores e membros de órgãos técnicos ou consultivos), mas abrange também quem quer que tenha conhecimento da informação e saiba não ter sido ela divulgada ao mercado, em especial terceiros que tenham relação profissional ou de confiança com a companhia (art. 13, § 1º, da Instrução CVM-358/2002). Também no Direito estrangeiro é possível identificar a preocupação com o uso de informações privilegiadas por terceiros, o que nos Estados Unidos levou à aprovação da controvertida *Regulation Fair Disclosure*, da SEC,[46] que, preocupa-

43. A qualidade do normativo foi aclamada pela *International Organization of Securities Commission*/IOSCO como parâmetro de norma sobre a divulgação de informações relevantes (cf. L. L. Cantidiano, "Aspectos regulatórios do mercado de capitais", in E. L. Bacha e L. C. de Oliveira Filho, *Mercado de Capitais e Crescimento Econômico – Lições Internacionais, Desafios Brasileiros*, São Paulo, Contra Capa, 2007, p. 220).

44. Trata-se da condenação de ex-administradores da Sadia S/A que teriam feito uso de informação privilegiada no âmbito do processo de formulação de oferta pública para aquisição de ações emitidas pela Perdigão S/A. V. decisão de primeira instância proferida no Processo 0005123-26.2009.4.03.6181, 6ª Vara Federal Criminal de São Paulo, j. 16.2.2011, em que réus foram condenados a penas privativas de liberdade, substituídas por penas restritivas de direito consistentes na prestação de serviços à comunidade e na proibição de exercício do cargo de administrador ou conselheiro fiscal de companhia aberta pelo prazo de cumprimento da pena, e a penas de multa.

45. Definição em certa medida próxima é utilizada nos Estados Unidos, em que a relevância da informação está relacionada com a probabilidade de o acionista considerá-la importante quando da tomada de decisão relativa a investimento na companhia (v. "TCS Indus. Inc *versus* Northway, Inc.", 426 U.S. 438, 449 [1976]).

46. O normativo foi amplamente discutido, com manifestações a ele favoráveis (J. E. Fisch e H. A. Sale, "The securities analyst as agent: rethinking the regulation

da com o fornecimento seletivo de informações, obriga companhias a imediatamente tornarem públicas as informações transmitidas a certas pessoas, como profissionais do mercado ou acionistas que puderem vir a negociar com base nos dados obtidos.

6.3.2 Lidando com a concentração do poder econômico

O impulso ao desenvolvimento por meio da regulação do mercado de capitais também passa pela eliminação de estruturas que promovem a concentração do poder econômico, na medida em que estas são geralmente associadas a uma mais baixa avaliação da companhia[47] e, nesse sentido, desestimulam investimentos.

Sabe-se que o mercado brasileiro é largamente conhecido como ambiente marcado pela elevada concentração do controle acionário.[48] Consoante aqui já afirmado, esta realidade foi incentivada pela Lei Acionária

---

of analysts", *Iowa L. Rev.* 88/1.025-1.098, 2003) e contrárias (B. K. Barry, "The securities and exchange commission's regulation fair disclosure: parity of information or parody of information?", *U. Miami L. Rev.* 56/645-666, 2001/2002; e A. Arya, J. Glover, B. Mittendorf e G. Narayanamoorthy, "Unintended consequences of regulating disclosures: the case of regulation fair disclosure", *Journal of Accounting and Public Policy* 24/243-252, 2005), inclusive com questionamentos acerca de sua constitucionalidade (A. Paige e K. Yang, "Controlling corporate speech: is regulation fair disclosure unconstitutional?", *U. C. Davis Law Review* 39/1-84, 2005/2006; e N. Kappas, "A question of materiality: why the securities and exchange commission's regulation fair disclosure is unconstitutionally vague", *New York Law School Law Review* 45/651-676, 2001-2002).

47. Cf.: S. Claessens e outros, "Disentangling the incentive and entrenchment effects of large shareholdings", *The Journal of Finance* 57/2.741-2.771, 2002 (indicando que nocivas decorrências da concentração refletem-se na indevida extração de benefícios por parte dos controladores e apontando que o valor da companhia é inferior nos casos de concentração acionária); e A. Carvalhal-da-Silva e R. Leal, "Corporate governance, market valuation and dividend policy in Brazil", *Frontiers in Finance and Economics* 1/1-16, 2004 (constatando elevada concentração acionária entre companhias abertas brasileiras e indicando relação entre elevada concentração e pior avaliação da companhia).

48. Para dados acerca da realidade brasileira, v.: A. L. Carvalhal-da-Silva e R. P. C. Leal, "Corporate governance, market valuation and dividend policy in Brazil", cit., *Frontiers in Finance and Economics* 1/1-16; E. Schiehll e I. O. dos Santos, "Ownership structure and composition of boards of directors: evidence on brazilian publicly-traded companies", *RAUSP* 39/373-384, 2004; R. P. C. Leal e A. L. Carvalhal-da-Silva, *Corporate Governance and Value in Brazil (and in Chile)*, 2005, disponível em *http://papers.ssrn.com/sol3/papers.cfm?abstract_id=726261* (acesso em 8.4.2011); D. M. Aldrighi e A. V. M. de Oliveira, *The Influence of Ownership and Control Structures on the Firm Performance: Evidence from Brazil*, 2007, dis-

brasileira de 1976, elaborada com vistas a favorecer o desenvolvimento de um mercado formado essencialmente por grandes conglomerados, sob a perspectiva do II Plano Nacional de Desenvolvimento. Resultado disso são estruturas de propriedade acionária desequilibradas, seja no que se refere ao número de ações detidas pelos participantes do capital, seja no que diz respeito aos limitados direitos de voto, decorrentes do elevado número de ações preferenciais emitidas pelas companhias brasileiras.[49]

Como visto acima, a iniciativa de criação do Novo Mercado, mediante a restrição à emissão de ações preferenciais, constitui medida favorável à diminuição do grau de concentração acionária entre as companhias brasileiras, uma vez que encarece a manutenção ou aquisição de elevada participação no capital social votante e dissemina práticas mais apuradas de governança.[50] Contudo, como mecanismo de diluição extensa do poder, ainda não foi capaz de proporcionar tão amplos resultados quanto se poderia almejar.[51]

ponível em *http://papers.ssrn.com/sol3/papers.cfm?abstract_id=972615* (acesso em 8.4.2011).

Há, ainda, estudo que aponta a presença de elevados benefícios privados do controle no Brasil, os quais estimulam a manutenção da estrutura de propriedade das companhias: A. Dicky e L. Zingales, "Private benefits of control: an international comparison", *NBER Working Paper* 8.711, 2002 (disponível em *http://www.nber.org/papers/w8711.pdf?new_window=1*, acesso em 8.4.2011).

49. Cenário bastante raro dentre as companhias brasileiras, inclusive as listadas em Bolsa, é a propriedade de menos da metade das ações com direito a voto pelo grupo controlador. Cf. R. P. C. Leal e A. L. Carvalhal-da-Silva, *Corporate Governance and Value in Brazil (and in Chile)*, cit., disponível em *http://papers.ssrn.com/sol3/papers.cfm?abstract_id=726261*, acesso em 8.4.2011 (indicando que em 75% das companhias os acionistas controladores possuem mais do que 50% das ações votantes).

50. A criação dos segmentos pode ser aproximada àquilo que J. C. Coffee identificou como o importante passo para o movimento de dispersão do capital nos Estados Unidos: a *autorregulação privada* ("The rise of dispersed ownership, the roles of Law and the State in the separation of ownership and control", cit., *Yale Law Journal* 111/1-82).

51. Há estudos recentes que sugerem a presença de desconcentração acionária, especialmente entre as empresas do Novo Mercado. Muito embora possam ser considerados tímidos e abrangentes de uma pequena quantidade de atores, principalmente caso se considere todo o espectro de companhias abertas no Brasil, casos de dispersão acionária não devem passar despercebidos. V.: A. di Miceli da Silveira, *Governança Corporativa: Teoria e Prática*, 1ª ed., Campus Elsevier, 2010, p. 183 (indicando que em cerca de 9% das companhias listadas no Brasil o maior acionista ou grupo de controle possui menos de 50% do capital votante); e E. Gorga, "Chan-

Considerando-se os benefícios da dispersão e as dificuldades envolvidas na luta pela alteração de um modelo de estrutura acionária arraigado ao longo do tempo e encrustado nos usos locais,[52] é papel da regulação agir de forma a contornar os perniciosos efeitos da composição concentrada e fazer uso de instrumentos voltados a criar incentivos para reverter o cenário existente. Muito embora sejam as medidas que alteram a estrutura da organização empresarial as mais aptas a induzir a mudança almejada – como é o caso da proibição de emissão de ações sem direito a voto, as quais atingem o equilíbrio entre direitos patrimoniais e políticos –, alguns instrumentos regulatórios auxiliam a elevar a participação de investidores, proporcionando acesso ao mercado, ao passo que outros concedem importantes proteções de saída.

6.3.2.1 Ativismo acionário e resguardo do desinvestimento

A edição da Instrução CVM-481, em 2009, encaixa-se no propósito de promover a participação de acionistas minoritários. Ao regulamentar os pedidos públicos de procuração de voto, a autarquia abre caminho para mais vasto exercício do voto pelos minoritários que têm este direito. Ao servir de incentivo à efetiva participação, combate-se o absenteísmo, também fruto da própria estrutura acionária das companhias brasileiras, e minimiza-se o campo para deliberações facilmente tomadas para satisfação do interesse dos controladores e expropriação de valores. O estímulo ao ativismo acionário passa, aqui, pela obrigação de a com-

---

ging the paradigm of stock ownership from concentrated towards dispersed ownership: evidence from Brazil and consequences for emerging Countries", *Nw. J. Int'l L. & Bus.* 29/439 e ss., 2009 (destacando a crescente dispersão entre companhias do Novo Mercado). Os resultados apontados devem ser avaliados com cuidado, pois no primeiro caso o estudo computou apenas participações diretas e deixou de considerar acordos e estruturas indiretas. Quanto à segunda pesquisa, deve-se atentar para o fato de que o nível de concentração apurado volta a ser elevado caso se considerem os acordos de acionistas para composição de controle, extremamente comuns no cenário societário brasileiro.

Para uma crítica à afirmação sem restrições de que o Brasil presencia claro movimento rumo à desconcentração, v. C. Salomão Filho, "Structural analysis of corporate law: a developing Country perspective", cit., in S. Grundmann e outros (orgs.), *Unternehmen, Markt und Verantwortung – Festschrift für Klaus J. Hopt zum 70. Geburtstag am 24. August 2010*, vol. I, p. 1.295, nota 21.

52. Acerca da persistência de estruturas acionárias historicamente pavimentadas, v. L. A. Bebchuk e M. J. Roe, "A theory of path dependence in corporate governance and ownership", *Stan. L. Rev.* 52/127-170.

panhia ter um sistema eletrônico de procuração ou, alternativamente, ressarcir total ou parcialmente, conforme o caso, as despesas incorridas pelos acionistas quando do pedido público de procuração. Para incitar a participação, prevê-se também mais vasto fornecimento de informações antes do conclave e proíbe-se a convocação de assembleias para votação de assuntos gerais, sendo obrigatória a delimitação dos temas objeto de deliberação.

Outra ferramenta que aperfeiçoa o sistema de garantias dos acionistas minoritários e, nesta medida, promove seu interesse em investir é a possibilidade de ampliação e interrupção do prazo de convocação de assembleias, conforme previsto no art. 124, § 5º, II, da Lei das S/A, após a reforma de 2001, e disciplinado na Instrução CVM-372/2002.

Casos em que a antecedência da convocação não se apresente suficiente para a devida avaliação da proposta, em vista de sua complexidade, ensejam a dilatação do prazo de convocação. Ademais, qualquer acionista pode solicitar que o prazo seja interrompido para que a CVM analise o teor do assunto colocado em pauta. Nestas hipóteses, antes do término do prazo, cabe à CVM manifestar seu entendimento acerca da legalidade da matéria a ser apreciada em assembleia.

Os pedidos fundados em tais normas e formulados por minoritários insatisfeitos são frequentemente avaliados pelo Colegiado da CVM, mas muitas vezes não resultam procedentes devido aos limites cognitivos da avaliação feita pela autarquia em caráter de urgência.[53]

Sob perspectiva diversa, há que se citar a recente modificação das regras relativas às ofertas públicas de aquisição de ações. A alteração da Instrução CVM-361/2002 operada ao final de 2010 ocorreu em parte em atenção aos casos de dispersão acionária, ainda esparsos mas que podem se tornar mais frequentes, especialmente se existirem normas atentas a esta realidade. As novas regras demonstram aprimoramento da tutela aos direitos dos minoritários, especificamente no que diz respeito à estruturação da venda de ações pelos acionistas em caso de ofertas públicas.

Uma das mais importantes mudanças refere-se justamente às ofertas voluntárias para aquisição de controle, que passaram a contar com regras mais protetivas aos investidores em casos de oferta parcial. Nestas situações, em que o ofertante não manifesta interesse em adquirir a totalidade das ações em circulação de uma mesma classe e espécie, faculta-

---

53. Recentes exemplos disso podem ser encontrados nas decisões dos Processos RJ-2010/17.439, de 21.12.2010, e RJ-2010/17.202, de 16.12.2010.

-se ao acionista da companhia-alvo condicionar sua aceitação ao sucesso da oferta. Assim, caso o interessado em obter o controle não alcance seu propósito mediante aceitações incondicionais para uma quantidade de ações que, somadas às suas, lhe assegurem o controle, o acionista que pretendia desfazer-se de sua posição não será obrigado a fazê-lo (art. 32-B). Esta medida busca evitar que o acionista se sinta coagido a aceitar a oferta, mesmo que não entenda ser adequado o preço oferecido. Muitas vezes, sabendo que o resultado da oferta poderia afetar negativamente o valor das ações que não fossem adquiridas pelo novo controlador durante a oferta, o minoritário decidia vender suas ações apenas por temer os prejuízos que seriam sofridos em decorrência de possível desvalorização das ações em circulação após o fim da oferta. Para afastar essa indevida pressão sobre a formação da vontade do minoritário, a atual disciplina permite que o acionista aceite, rejeite a oferta ou, ainda, a aceite sob a condição de que seja bem-sucedida. Dessa forma, os acionistas, que a princípio apenas aceitariam por medo de rejeitarem e se encontrarem em situação ainda pior – a de permanência na sociedade com desvalorização de ações –, passam a contar com a terceira alternativa acima mencionada.

Não se pode negar que esta modificação da Instrução CVM-361/2002 representa louvável avanço em termos de proteção aos minoritários e de amplo fornecimento de informações em casos de aquisição de controle, voltando-se especialmente para casos de companhia com certo nível de dispersão acionária. Todavia, a legislação brasileira ainda se encontra aquém do grau de disciplina necessário para lidar com as novas hipóteses de compra de controle de companhias que não contam com controle estável. Não há no ordenamento jurídico brasileiro instrumentos criados em outros Países, como a oferta pública mandatória em caso de aquisição de controle em cenários de dispersão acionária[54] ou as regras acerca do uso de medidas defensivas por parte da companhia cujo controle venha a ser alvo de aquisição hostil. Trata-se de tema relativamente novo no cenário nacional, dado o apenas recente aparecimento de companhias com capital disperso, e que merece estudos detalhados

---

54 Ressalte-se que dentro do já referido movimento de alteração do Regulamento do Novo Mercado da BM&FBOVESPA, ocorrido em 2010, a maioria das companhias listadas em tal segmento (60 das 93 companhias que se manifestaram) votou contra a inclusão de dispositivo de realização obrigatória de oferta pública em caso de aquisição de 30% do capital votante (para mais detalhes sobre a modificação do Regulamento, v. *http://www.bmfbovespa.com.br/empresas/pages/100909NotA. asp*, acesso em 10.4.2011).

e atentos às especificidades da realidade brasileira. Apenas assim será possível refletir sobre um modelo de regulação do mercado de controle que não termine por dar origem a ineficiências mais graves que as já encontradas no mercado local.[55]

Ao lado dos mencionados instrumentos caminham aqueles que refletem a atuação da CVM como protetora dos investidores. No exercício de importantes atribuições previstas no art. 4º, IV, "b" e "c", da Lei 6.385/1976, cabe à autarquia coibir abusos e ilegalidades, como os abaixo mencionados.

6.3.2.2 Restrição a condutas abusivas: garantia de separação de interesses entre condutor e conduzida

Além de cuidar para que informações adequadas sejam prestadas ao mercado e de criar mecanismos que incentivem a participação de investidores e combatam as limitações decorrentes de uma estrutura organizativa desequilibrada, a regulação, em seu papel de ensejadora de acesso – o qual, como visto no início, é a tradução do propósito de desenvolvimento –, deve providenciar arcabouço que assegure a idoneidade da condução empresarial.

Este constitui tema especialmente importante para o Direito Brasileiro, devido à repetidamente referida concentração acionária que macula grande parte das companhias abertas brasileiras. A presença de um controlador forte abre espaço para a extração de indevidos benefícios e muitas vezes gera inadequada vinculação entre a atuação dos administradores e os interesses particulares do acionista majoritário. Estes desvios podem ser evitados mediante a edição de regras de condutas e combatidos por meio de adequada fiscalização e punição dos infratores.

A primeira importante regra sobre o assunto diz respeito à coibição de conflitos de interesses. A regra de conflito entre companhia e acionista, prevista no art. 115, § 1º, da Lei das S/A, é tema largamente debatido em doutrina[56] e na jurisprudência da CVM.[57] Ela foi objeto, em 2010,

---

55. A falta de regra sobre o assunto permitiu a adoção estatutária das aqui já referidas *poison pills* brasileiras por diversas companhias listadas. V. nota de rodapé 14, acima.

56. De forma majoritária, a doutrina brasileira aponta para a interpretação material do conflito interesses, ou seja, para a obrigatoriedade de se apurar, no caso concreto, a efetiva incompatibilidade entre o interesse do acionista e o da companhia. Consoante este juízo, a Lei Societária não representa anúncio de proibição de voto,

de nova interpretação da autarquia, que, em elogiável posicionamento, reforçou a relevância dos padrões éticos de condução de companhias abertas no Brasil. O julgamento do que ficou conhecido como "caso Tractebel"[58] indicou que situações de conflito de acionistas identificadas *a priori* acarretam a proibição do exercício do direito de voto quando da deliberação assemblear. A decisão, proferida em resposta a consulta formulada pela própria companhia, concluiu, em composição quase unânime, que o interessado não pode participar da votação, cabendo aos demais acionistas deliberar sobre o tema.[59]

Acredita-se que a nova reafirmação do conflito formal representa importante passo no caminho para o equilíbrio de interesses entre acio-

mas apenas indica casos em que, havendo prejuízos à companhia, a deliberação é passível de questionamento (nesta linha destacam-se: Erasmo Valladão A. e N. França, *Conflito de Interesses nas Assembleias de S/A*, São Paulo, Malheiros Editores, 1993, e L. G. P. de B. Leães, "Conflito de interesses", in *Estudos e Pareceres sobre Sociedades Anônimas*, São Paulo, Ed. RT, 1989, pp. 9-27).

Sob perspectiva distinta, a teoria do conflito formal anuncia interpretação segundo a qual há conflito de interesses sempre que o interesse do acionista na matéria objeto de deliberação transparecer *a priori*. De acordo com essa concepção, não se faz necessário perquirir acerca da existência de lesão ao interesse social, já que o impedimento de voto é estabelecido em momento anterior a qualquer aprovação assemblear, bastando, para tanto, que o acionista tenha maior interesse individual na contraparte da sociedade que na própria sociedade (para posicionamentos neste sentido, v.: M. Carvalhosa, *Comentários à Lei das Sociedades Anônimas: Lei 6.404, de 15.12.1976, com as Modificações das Leis 9.457, de 5.5.1997, e 10.303, de 31.10.2001*, 3ª ed., vol. 2, São Paulo, Saraiva, 2003, pp. 462-465; e C. Salomão Filho, "Conflito de interesses: oportunidade perdida", in *O Novo Direito Societário*, 4ª ed., São Paulo, Malheiros Editores, 2011, pp. 104-118).

57. Aos longos dos anos a CVM apresentou conclusões ora favoráveis ao conflito formal, ora afirmadoras do conflito material. Em ordem cronológica, dentre as mais importantes destacam-se as decisões proferidas nos seguintes casos: Inquérito Administrativo CVM-TA/RJ-2001/4.977, j. 19.12.2001 (conflito formal); Inquérito Administrativo CVM-TA/RJ-2002/1.153, j. 6.11.2002 (conflito material); Processo CVM-RJ-2004/5.494, j. 16.12.2004 (conflito material); e, mais recentemente, Processo RJ-2009-13.179, j. 9.9.2010 (conflito formal).

58. Processo RJ-2009-13.179, j. 9.9.2010. Os votos proferidos versam sobre grande parte dos principais e intrincados aspectos envolvidos pelo tema do conflito de interesses.

59. Interessante mencionar que o Colegiado rejeitou a sugestão da companhia no sentido de que a criação de um comitê, formado por uma maioria de administradores independentes, para negociar transações com partes relacionadas, permitiria que o acionista conflitante participasse da deliberação. A proposta de criação do comitê, muito embora elogiada, não foi aceita como substitutiva do impedimento de voto que recai sobre o acionista em conflito.

nistas e gera confiança na lisura da condução empresarial, que, sob a influência deste posicionamento, tende a se inclinar em sentido contrário a expropriações de valores em prol do controlador.

Também cruciais para a implantação de um ambiente regulatório pautado pela lisura são as regras destinadas a reforçar o sistema de deveres fiduciários de controladores e administradores das sociedade por ações. Nos últimos anos o assunto foi igualmente objeto de atenção por parte da CVM, que editou normativos destinados a impulsionar o bom cumprimento do dever de administradores e controladores de promoverem o interesse da companhia e de seus acionistas.

O primeiro documento que merece destaque é o Parecer de Orientação 34, que fornece interpretação ao § 1º do art. 115 da Lei 6.404/1976 e cuida do impedimento de voto em casos de benefício particular em operações de incorporação e incorporação de ações em que sejam atribuídos diferentes valores para as ações de emissão de companhia envolvida na operação, conforme sua espécie, classe ou titularidade.

Nos termos do próprio normativo, após perceber serem recorrentes algumas operações voltadas à unificação de espécies de ações e à migração de companhias abertas para os segmentos especiais da Bovespa, em especial Novo Mercado e Nível 2, e constatando que muitas delas não costumavam oferecer oportunidade de participação aos minoritários e, mais que isso, diferenciavam os valores atribuídos a ações de mesma espécie e classe com base em presunções não comprovadas de sobrevalorização de determinadas ações, a CVM decidiu manifestar seu entendimento sobre o impedimento de voto nos casos de deliberações deste tipo que envolvessem benefício particular aos controladores.

Para a autarquia, sempre que a relação de troca prevista para incorporações ou incorporações de ações apresentar distinções entre a avaliação das ações dos acionistas em geral e as da sociedade incorporadora – ou seja, sempre que houver uma relação de troca desproporcional sem justificativas plausíveis para tanto – o acionista beneficiado deve ser impedido de votar na assembleia que resolver sobre os termos da incorporação. Assim, para evitar que o próprio interessado venha a decidir acerca do sobrepreço que lhe seria pago em decorrência da operação, exige-se, corretamente, que a deliberação caiba aos demais participantes do capital social.

Elogiável, da mesma maneira, é o Parecer de Orientação 35, acerca dos deveres fiduciários dos administradores nas operações de fusão, incorporação e incorporação de ações envolvendo a sociedade controladora e suas controladas ou sociedades sob controle comum.

Em vista do risco de que relações de troca não comutativas venham a ser adotadas quando da estruturação de determinadas operações entre sociedade controladora e controlada ou sociedades sob controle comum, e buscando garantir a efetiva separação das esferas de interesses de cada uma das companhias envolvidas, referido parecer recomendou a adoção de procedimentos considerados aptos a dar concretude aos deveres fiduciários impostos aos administradores, que, nestas situações, são responsáveis pela negociação dos respectivos protocolos e também pela defesa dos interesses da companhia em que atuam e de seus acionistas.

Fica claro que o objetivo precípuo é cuidar de situações em que há potencial conflito de interesses entre o controlador incorporador e a controlada incorporada, ou entre incorporadora e incorporada que estejam sob controle comum. Regula-se a atuação dos administradores justamente para garantir que os interesses de ambas as partes contratantes sejam devidamente considerados, evitando-se favorecimento a controladores e prejuízo a minoritários.

Assim, recomenda-se: (i) que a negociação das operações seja feita por um comitê especial independente, que deve submeter recomendações ao conselho de administração da companhia e para cuja composição também são recomendadas algumas balizas,[60] ou, alternativamente, (ii) que a operação seja aprovada pela maioria dos acionistas não controladores – o que significa aplicar a regra de impedimento de voto ao controlador. Mas, além de tecer esta sugestão, o parecer menciona procedimento que deve necessariamente ser adotado pela administração, o qual abrange, dentre outros, a efetiva negociação da relação de troca, a divulgação de seu início e sua devida documentação, bem como a adequada fundamentação e divulgação da decisão final tomada pelos administradores.

Interessante também mencionar que a independência dos membros do citado comitê especial deve ser examinada caso a caso. Ela somente

---

60. Nos termos do parecer, "na formação do comitê especial independente acima referido, a CVM recomenda a adoção de uma das seguintes alternativas: (i) comitê composto exclusivamente por administradores da companhia, em sua maioria independentes; (ii) comitê composto por não administradores da companhia, todos independentes e com notória capacidade técnica, desde que o comitê esteja previsto no estatuto, para os fins do art. 160 da Lei n. 6.404, de 1976; ou (iii) comitê composto por: (a) um administrador escolhido pela maioria do conselho de administração; (b) um conselheiro eleito pelos acionistas não controladores; e (c) um terceiro, administrador ou não, escolhido em conjunto pelos outros dois membros".

pode ser presumida caso os membros satisfaçam a definição de "conselheiro independente" prevista no Regulamento do Novo Mercado da Bolsa de Valores de São Paulo.[61]

A ênfase dada à escolha de administradores independentes para a negociação dos termos da operação traz à baila o terceiro assunto cuja disciplina serve para combater abusos no âmbito das companhias abertas. Conforme detalhado alhures,[62] além de regras acerca da observância de deveres fiduciários e da consequente independência da administração, a organização das companhias abertas beneficia-se de disciplina normativa favorecedora da escolha de administradores independentes para comporem o grupo de profissionais responsáveis pela condução dos negócios. Como destacado pela doutrina,[63] o Brasil ressente-se de algumas pré-condições para o desenvolvimento de forte mercado de capitais, destacando-se dentre elas a participação, na administração empresarial, de agentes independentes, seja por preencherem os requisitos de independência formal – como a inexistência de vínculos atuais ou prévios com o controlador ou a companhia –, mas principalmente por se caracterizarem como materialmente independentes e defensores do interesse da companhia.[64]

61. De acordo com o Regulamento do Novo Mercado da Bolsa de Valores de São Paulo: "'Conselheiro independente' caracteriza-se por: (i) não ter qualquer vínculo com a companhia, exceto participação de capital; (ii) não ser acionista controlador, cônjuge ou parente até segundo grau daquele, ou não ser ou não ter sido, nos últimos três anos, vinculado a sociedade ou entidade relacionada ao acionista controlador (pessoas vinculadas a instituições públicas de ensino e/ou pesquisa estão excluídas desta restrição); (iii) não ter sido, nos últimos três anos, empregado ou diretor da companhia, do acionista controlador ou de sociedade controlada pela companhia; (iv) não ser fornecedor ou comprador, direto ou indireto, de serviços e/ou produtos da companhia, em magnitude que implique perda de independência; (v) não ser funcionário ou administrador de sociedade ou entidade que esteja oferecendo ou demandando serviços e/ou produtos à companhia; (vi) não ser cônjuge ou parente até segundo grau de algum administrador da companhia; (vii) não receber outra remuneração da companhia além da de conselheiro (proventos em dinheiro oriundos de participação no capital estão excluídos desta restrição)".

62. S. C. N. Cerezetti, "Administradores independentes e independência dos administradores (regras societárias fundamentais ao estímulo do mercado de capitais brasileiro)", in M. V. von Adamek (org.), *Temas de Direito Societário e Empresarial Contemporâneos*, São Paulo, Malheiros Editores, 2011, pp. 571-593.

63. Bernard S. Black, "Strengthening Brazil's securities markets", *RDM* 120/41-55, 2001.

64. V. nota de rodapé 13, acima, acerca da não alteração do Regulamento do Novo Mercado para inclusão de regras mais severas quanto à eleição de administradores independentes.

Por fim, aspecto de destacada importância diz respeito à já mencionada disciplina do uso inadequado de informações.[65] As normas sobre *insider trading* junto com sua devida aplicação pela entidade reguladora e pelo Pode Judiciário evitam que aqueles em que se deposita a confiança pela boa execução da atividade empresarial ajam de forma a favorecer a si mesmos ou a terceiros em prejuízo da companhia e de seus acionistas.

Vistos nestes primeiros dois subitens (6.3.1 e 6.3.2) alguns importantes temas, conclui-se que, uma vez bem estruturada, a regulação do mercado de capitais fomenta o acesso na medida em que for capaz de garantir transparência dos dados relativos ao investimento, fornecer subsídios para a participação e exercício de direitos e exigir a observância de padrões de lisura suficientes para que a companhia seja conduzida efetivamente em vista de seu interesse social. Tendo sido aqui referidas algumas medidas já adotadas e outras que merecem atenção, conclui-se que a preocupação não se resume à criação de normas que permitam o investimento inicial – o que poderia, em leitura simplista, ser entendido como acesso. Na verdade, ela vai além, e justifica cuidados com a posição dos interessados ao longo de todo o período de participação no mercado.

Ocorre que, como já adiantado, a promoção de acesso é bifronte. Não basta cuidar daqueles que pretendem aportar capital, sendo necessário abranger a outra face da moeda, ou seja, os destinatários do investimento, conforme detalhado logo abaixo.

6.3.3 Abertura do mercado para novos emissores

Como se pode intuir, o incremento do mercado de capitais não depende apenas da existência de altas taxas de poupança, uma vez que estas não significam necessariamente uma consequente aplicação em títulos de companhias abertas. Para que aquelas se revertam ao mercado de capitais devem existir instrumentos efetivos de promoção do encontro entre os detentores de recursos, de um lado, e os tomadores, de outro. Para tanto, é necessário que a via de acesso ao mercado se encontre livre de barreiras para ambos os grupos de participantes.

Acima foram apresentados aspectos relativos à proteção dos investidores aqui considerados relevantes para incentivar sua mais ampla ma-

---

65. V. item 6.3.1, acima.

nifestação de interesse. É chegada a hora de tratar do tema sob o enfoque do acesso àqueles que participam na outra ponta do negócio, ou seja, as companhias que desejam usufruir dos benefícios do mercado de capitais.

Muito embora se saiba que o incremento do mercado de capitais depende de condições macroeconômicas favoráveis, e não só de um aparato regulatório adequado, este pode facilitar o caminho para que companhias de todos os tamanhos encontrem financiamento mediante a colocação de títulos.

No Brasil, devido à já mencionada associação entre as políticas de fortalecimento de conglomerados e de estímulo ao mercado de capitais, as companhias listadas em Bolsa são aquelas que atingiram determinada dimensão e que, não obstante contarem com estrutura acionária concentrada, se voltaram ao mercado para angariar recursos, por meio, principalmente, da emissão de ações preferenciais sem direito a voto.

Sociedades de pequeno e médio porte, contudo, historicamente enfrentaram inúmeros entraves para buscar verbas diretamente mediante a colocação de títulos. Em geral ficaram limitadas à obtenção de recursos junto ao sistema bancário, a taxas nem sempre atrativas. Os efeitos desta realidade são ainda mais deletérios caso se leve em conta o fato de que sociedades de capital fechado sofrem com custos mais elevados de empréstimos bancários que aqueles aplicados a companhias listadas em Bolsa.[66]

Destaque deve ser dado para a constatação de que, mesmo dentre as companhias abertas, o verdadeiro acesso a fontes de recurso por meio do mercado de capitais se restringe acentuadamente ao conjunto das maiores empresas. Pesquisa empírica relata que 20% das maiores companhias listadas obtêm 70% do total de recursos captados de fontes externas.[67]

Este cenário dá ensejo à urgência da adoção de medidas destinadas a permitir que companhias adentrem o mercado e passem a se beneficiar, ainda que aos poucos, da colocação de seus títulos no mercado primário. Um ambiente a isso propício sói ser chamado de *mercado de acesso*, cuja importância é apontada há tempos pela doutrina brasileira,[68] e que conta com interessante experiência no Exterior.

66. V. dados apresentados por C. A. Rocca, *Soluções para o Desenvolvimento do Mercado de Capitais Brasileiro*, Rio de Janeiro, José Olympio, 2001, p. 57.

67. Idem, pp. 60-61.

68. V.: R. T. da Costa, "Crise, mercado de capitais e capitalização de empresas", in João Paulo dos Reis Velloso (coord.), *A Modernização do Capitalismo Bra-*

Mercados de acesso são ambientes que, além de apresentarem custos de listagem e de manutenção no mercado mais baixos que os incorridos por companhias que participam do mercado comum, contam normalmente com sistema regulatório mais simples e suficientemente atrativo para empresas de menor porte. Algumas vezes são marcados por poucos requisitos de admissão, obrigações contínuas menos gravosas e aplicação de apenas alguns princípios de governança corporativa. Outra possível característica são vantagens tributárias para incentivar investidores.

Estas peculiaridades fazem com que em alguns mercados de acesso – como é o caso do *Alternative Investment Market* londrino – as companhias listadas representem investimentos de alto risco, que atraem, em grande medida, investidores mais sofisticados e institucionais,[69] e não os investidores individuais com pouco conhecimento ou de grande porte que contam com política de investimento mais restritiva em termos de assunção de riscos.

Se é assim, a estruturação de um mercado de acesso faz com que se retome a discussão acerca do ponto adequado de rigor regulatório quanto ao sistema financeiro. Isso porque, se exigências mais suaves para listagem podem acarretar elevada participação de novos emissores, a falta de um aparato suficiente capaz de induzir confiança pode despertar, na outra ponta, tão somente um interesse especulativo.[70] Considerando

sileiro: *Reforma do Mercado de Capitais*, Rio de Janeiro, José Olympio, 1991, p. 19; P. de T. Medeiros, "A estrutura do mercado de ações e o sistema de intermediação", in J. P. R. Velloso (coord.), *A Modernização do Capitalismo Brasileiro: Reforma do Mercado de Capitais*, cit., p. 85 (que rotula de elitista o mercado brasileiro, justamente em vista das dificuldades enfrentadas pelas empresas de menor porte em arcar com os custos da listagem e em obter liquidez para seus papéis); e L. L. Cantidiano, "Aspectos regulatórios do mercado de capitais", cit., in E. L. Bacha e L. C. de Oliveira Filho, *Mercado de Capitais e Crescimento Econômico – Lições Internacionais, Desafios Brasileiros*, p. 223. Até mesmo a CVM, no Plano de Desenvolvimento do Mercado de Valores Mobiliários, aprovado pela Instrução 86/1988, indicava como um dos principais objetivos e metas o "aumento do número de empresas abertas, facilitando o acesso da pequena e média empresa ao mercado de valores mobiliários, através de mecanismos apropriados a seu porte e estrutura".

69. Cf. J. M. Mendoza, "Securities regulation in low-tier listing venues: the rise of the alternative investment market", *Fordham Journal of Corporate & Financial Law* 13/297, 2008.

70. Este foi, por exemplo, o caso do *Neuer Markt* alemão, conforme relatado por H. Burghof e A. Hunger, *Access to Stock Markets for Small and Medium Sized Growth Firms: the Temporary Success and Ultimate Failure of Germany's*

experiências estrangeiras,[71] não parece ser recomendável que o propósito de facilitar o acesso justifique sacrifícios regulatórios elevados, em especial em termos de proteção a investidores. Como visto acima, algumas medidas são essenciais para permitir verdadeira participação de novos investidores, e não devem ser esquecidas. Não obstante a enorme dificuldade de encontrar um ponto de equilíbrio entre a facilidade de acesso, mediante estrutura normativa menos rígida, e o estímulo de liquidez, promovido por regulação mais exigente, um bom caminho, ao que tudo indica, seria diminuir o peso regulatório especificamente no que diz respeito a burocracias e custos para entrada e manutenção de novos emissores, sob pena de, ao se optar pela flexibilização de regras protetivas mínimas, abrir a porta do mercado de um lado e fechar a do outro lado. Ou, ainda, de permitir, também nesse mercado, a manutenção das já referidas estruturas concentradoras.

Um dos mais bem-sucedidos mercados de acesso estrangeiros, o mencionado *Alternative Investment Market* londrino, tem seu êxito creditado em grande parte à política de estímulo governamental consistente na previsão de incentivos fiscais àqueles que investem em companhias listadas no segmento. Acredita-se que tais incentivos facilitem o trato de problemas como informação assimétrica, iliquidez de ativos e custos de transação, que tanto prejudicam a captação de recursos por companhias de menores dimensões. Ao melhorar a liquidez no mercado secundário, os benefícios fiscais incitam o interesse de investidores também pelo mercado primário, promovendo mais elevados níveis de investimento.[72]
Da mesma forma, o bem-sucedido *MAB – Mercado Alternativo Bursátil*

Neuer Markt, 2003, p. 12 (disponível em *http://papers.ssrn.com/sol3/papers.cfm?abstract_id=497404*, acesso em 9.5.2011). Os autores mencionam, ainda, que a estrutura de concentração acionária dos emissores entrantes era a regra tanto antes quanto depois do lançamento inicial de ações. Muito procurado por investidores de curto prazo, o novo segmento não foi capaz de auxiliar na promoção da dispersão acionária (idem, p. 14).

71. Estudo acerca dos "novos mercados" que despontaram na Europa na década de 1990, mas anterior ao fechamento sofrido pela maioria deles no início do século XXI, já apontava para a necessidade de se fortalecerem os requisitos de transparência e *disclosure* então exigidos: L. Bottazzi e M. Da Rin, "Europe's 'NEW' stock markets", EFA 2003 Annual Conference Paper, *IGIER Working Paper* 218, 2002 (disponível em *http://papers.ssrn.com/sol3/papers.cfm?abstract_id=319260*, acesso em 9.5.2011).

72. Cf. Grant Thornton, *Economic Impact of AIM and the Role of Fiscal Incentives*, 2010 (disponível em *http://www.grant-thornton.co.uk/thinking_blogs/publications/economic_impact_of_aim_and_the.aspx*).

Empresas en Expansión espanhol, que após um ano e meio de existência angariou 12 companhias com destacável crescimento,[73] também conta com regras de incentivo fiscal ao investimento em companhias do segmento.

O sucesso também é atribuído ao alegado equilíbrio presente nestes mercados. No caso inglês, muito embora seja conferido certo grau de complacência regulatória às companhias participantes, que seguem um modelo *comply or explain*, um ente privado (o *Nomad – Nominated Adviser*) desempenha papel central, na medida em que exerce contínua fiscalização sobre os emissores, ao mesmo tempo em que os aconselha na seleção das regras a serem observadas. Assim, muito embora não sejam obrigadas a adotar elevadas práticas de governança, por exemplo, a maior parte das companhias ali listadas o faz.[74] O mercado de acesso espanhol também conta com figura destinada a auxiliar as emissoras a cumprirem com suas obrigações de listagem e manutenção no segmento. Trata-se do *Asesor Registrado*, cujas principais funções são comprovar que a companhia cumpre os requisitos iniciais de participação, ajudar na preparação dos documentos necessários para a listagem, avaliar a qualidade e pontualidade das informações prestadas pelas companhias e avisar o órgão regulador acerca de descumprimentos. Assim, não obstante estes mercados sejam conhecidos pela flexibilidade de suas exigências regulatórias, isso não significa a ausência de normas que confiram proteção e informações adequadas aos investidores.[75]

No Brasil, a BM&FBovespa atentou ao tema e, em vista, inicialmente, do sucesso de experiências estrangeiras ao longo da última década do século passado – algumas das quais posteriormente se mostraram ruinosas[76] –, criou em 2005 o *Bovespa Mais*, segmento de listagem de

---

73. V. dados apresentados in Bolsas y Mercados Españoles, *MAB Empresas en Expansión, Año 1: una Valoración*, 2011 (disponível em http://www.bolsasymerca dos.es/mab/esp/marcos.htm, acesso em 10.5.2011).

74. Para mais detalhes sobre o modelo regulatório adotado, v. J. M. Mendoza, "Securities regulation in low-tier listing venues: the rise of the alternative investment market", cit., *Fordham Journal of Corporate & Financial Law* 13/295 e ss.

75. Cf. F. B. Friedman e C. Grose, "Promoting Access to primary equity markets. A legal and regulatory approach", cit., *The World Bank Policy Research Working Paper* 3.892/24.

76. Para datas de abertura e fechamento de mercados de acesso na Europa, v. J. M. Mendoza, "Securities regulation in low-tier listing venues: the rise of the alternative investment market", cit., *Fordham Journal of Corporate & Financial Law* 13/291.

mercado de balcão organizado formulado com o propósito de facilitar o acesso de maior gama de empresas ao mercado acionário, especialmente aquelas de porte pequeno ou médio.

Propõe-se que as companhias que aderem a tal segmento usufruam de uma ampliação gradual da base acionária. Dentro de 7 anos a partir da listagem, as companhias devem contar com no mínimo 25% de suas ações em circulação ou atingir 10 negociações por mês e a presença em 25% dos pregões.

Ademais, considerando-se que o elevado valor envolvido nas ofertas iniciais de ações[77] é um dos aspectos que prejudicam a listagem de maior número de companhias, o mercado de acesso brasileiro foi idealizado de forma a permitir distribuições mais concentradas e realização de oferta pública posteriormente à listagem, após a construção de positivo histórico de relacionamento com investidores.

Depois de três anos de seu lançamento, o Bovespa Mais assistiu à sua primeira – e única, até o início de 2011 – adesão. Não parece correto, todavia, imaginar que esta baixa taxa de listagem seja prova de fracasso do segmento. Há que se lembrar que o Novo Mercado – experiência vitoriosa da Bolsa paulista – recebeu sua primeira adesão apenas dois anos depois de seu lançamento, sendo que efetivo crescimento foi verificado somente após cinco anos de sua existência. Ademais, impossível não cogitar do efeito pernicioso da deflagração da crise financeira global em 2008 sobre o bom desenvolvimento do segmento.

Destaque deve ser dado ao fato de que a participação no Bovespa Mais depende da observância de algumas máximas de boa governança corporativa. Isso significa que muitas regras que não são impostas pela legislação societária e nem mesmo por segmentos especiais como o Nível 1 e o Nível 2 devem ser observadas por aquelas que se lançam no mercado de acesso. Considerando-se que o propósito do Bovespa Mais é facilitar a via de investimento para companhias, poder-se-ia questionar se a exigência de mais elevados padrões de governança seria medida regulatória adequada. Muito embora isso possa ser inicialmente percebido como a inserção de novo entrave ao mais amplo acesso ao mercado de capitais, sabe-se que a disposição em satisfazer regras de boa condução empresarial resulta, a médio e longo prazos, em maior interesse por parte

---

77. O alto valor envolvido nas emissões primárias realizadas no mercado brasileiro é relatado por C. A. Rocca, *Soluções para o Desenvolvimento do Mercado de Capitais Brasileiro*, cit., p. 62.

dos investidores e melhor apreciação dos títulos emitidos pela companhia. Como visto, também a experiência estrangeira na área sugere a importância de forte aparato regulatório. Sendo assim, passado o momento de adaptação dos agentes interessados em aderir ao mercado de acesso, as mais exigentes regras de governança acabam por atrair novos emissores dispostos a entrar no mercado com política diferenciada[78] e, em longo prazo, contribuem para o mercado de capitais como um todo, na medida em que, ao resultarem em benefícios econômicos, podem vir a seduzir outras companhias a se adequarem aos novos padrões.

Todavia, alguns aspectos merecem comentários, na busca pela mais ampla utilização deste importante meio de acesso ao mercado de capitais. Como se sabe, a emissão pública de valores mobiliários, salvo dispensas específicas, efetua-se mediante intermediação de integrantes do sistema de distribuição de valores mobiliários (art. 3º, § 2º, da Instrução CVM-400/2003). Sendo assim, a louvável iniciativa do Bovespa Mais precisa vir acompanhada de uma estrutura de intermediação disposta a atender a emissões menos robustas.

Para tanto, importa reverter os desestímulos financeiros atrelados à intermediação da abertura de capital de companhias menores. Dados de 2001 indicam que os custos de *underwriting* costumam ser de 3 a 4% para empresas com melhor reputação, mas podem chegar a até 10% no caso de empresas menos conhecidas interessadas em abrir o capital.[79] Pesquisa de 2005, por seu turno, aponta para variação entre 2,40% e 5,00%.[80] Destaque-se, ademais, que não são absolutamente recentes as dificuldades relacionadas ao sistema de intermediação e distribuição no Brasil.[81]

---

78. O crescimento do Novo Mercado, formado em sua maioria por companhias que diretamente abriram o capital sob o segmento, é prova disso (cf. E. Gorga, "Changing the paradigm of stock ownership from concentrated towards dispersed ownership: evidence from Brazil and consequences for emerging Countries", cit., *Nw. J. Int'l L. & Bus.* 29/439 e ss. – o estudo aponta que 85% dos membros do Novo Mercado são companhias que abriram o capital diretamente no segmento, sendo que a migração de companhias abertas preexistentes ocorre, em sua maioria, em direção ao Nível 1).

79. Cf. C. A. Rocca, *Soluções para o Desenvolvimento do Mercado de Capitais Brasileiro*, cit., p. 78.

80. Cf. Bovespa, *Custos de Abertura de Capital e de Manutenção da Condição de Companhia Aberta*, 2005, p. 14 (disponível em *http://www.bmfbovespa.com.br/empresas/download/CustosSA.pdf*, acesso em 10.5.2011).

81. No início da década de 1990 o tema já era mencionado como merecedor de urgentes melhorias (v. R. T. da Costa, "Crise, mercado de capitais e capitalização de

Por um lado, é bem verdade que a atividade do *underwriter* protege o emissor de importantes riscos relacionados à colocação de títulos no mercado e, justamente por isso, envolve remuneração que varia conforme as características da companhia e avaliação dos riscos envolvidos na operação. Não se pode esperar, portanto, que as mesmas comissões sejam indistintamente aplicadas a emissores de renome e a companhias com pouco ou nenhum prestígio. Por outro lado, contudo, se os custos necessariamente incorridos para a emissão acabam atualmente por torná-la impraticável, eles representam intransponível barreira à entrada e precisam necessariamente ser enfrentados, caso se deseje liberar efetivamente as vias de acesso ao mercado.[82] De fato, elucubrações acerca de incentivos fiscais ou estruturas regulatórias mais aptas a interesse de investidores de nada adiantam caso não se verifique a efetiva existência do mercado, fato que depende da sua verdadeira abertura à listagem de emissores.

Um olhar sobre as atuais práticas indica que uma solução de mercado está a surgir. O diminuto interesse das grandes instituições financeiras nos lançamentos de títulos de empresas de menor porte gerou recente atenção das corretoras, que acreditam, dado o mais baixo valor envolvido nas emissões deste tipo, serem capazes de atuar amplamente neste segmento e incentivar o crescimento do Bovespa Mais.[83] Resta apurar se a participação destes agentes se refletirá em menores custos para os potenciais emissores ou se representa apenas exploração de um nicho de mercado atualmente pouco valorizado pelos bancos de investimento.

Por fim, também importantes para a promoção de acesso são as normas acerca da emissão pública de valores mobiliários. Sendo a emissão importante meio de captação de recursos, o aperfeiçoamento das regras acerca da oferta inicial de ações e ofertas públicas operado pela Instru-

empresas", cit., in João Paulo dos Reis Velloso (coord.), *A Modernização do Capitalismo Brasileiro: Reforma do Mercado de Capitais*, p. 19.

82. V. J. M. Mendoza, "Securities regulation in low-tier listing venues: the rise of the alternative investment market", cit., *Fordham Journal of Corporate & Financial Law* 13/281 (mencionando que a relutância de *underwriters* em intermediar operações de valores pouco elevados constitui importante barreira à entrada aos emissores de pequeno porte). No Brasil o tema apresenta extrema relevância para o adequado desenvolvimento do mercado de acesso brasileiro e merece futuro estudo específico, que ultrapassa os limites do presente artigo.

83. Cf. L. del C. Lachini, "Mirando os pequenos: corretoras apostam no Bovespa Mais e no varejo para ampliar receitas nas ofertas públicas de ações", *Revista Capital Aberto* 92/12-15, 2011.

ção CVM-400/2003, recentemente modificada, representou importante passo em direção à agilidade de registro e à redução dos custos de emissão e, nessa medida, no estímulo a novos lançamentos. Ao ser editado o normativo adotou padrões de transparência, aclamou o necessário fornecimento de informações e cuidou de temas como as ofertas suplementares e a formação de preços em leilão. Houve, então, nítida melhoria do aparato regulatório, com a unificação das regras sobre ofertas públicas de distribuição, indicando mais um instrumento que incentiva companhias a usufruírem do mercado.

6.4 Conclusão

O presente artigo apoiou-se sobre o pressuposto de que a existência de regras que garantem transparência da gestão, fornecimento de informações aos interessados, retidão na condução empresarial e participação dos interessados, acompanhados de devida atuação do órgão regulador e/ou do Poder Judiciário no que diz respeito à aplicação da lei, forma pilares para a promoção de acesso ao mercado de capitais e, consequentemente, para o fomento do desenvolvimento do País.

Neste sentido, foram apresentadas medidas regulatórias favoráveis a este mesmo acesso, seja no que diz respeito aos investidores, seja no que tange a emissores que buscam crescer utilizando o mercado acionário como importante fonte de recursos.

Muito embora seja impossível deixar de reconhecer que ainda há um longo caminho até que se possa dizer que o mercado de capitais brasileiro se encontra dotado de estrutura capaz de plenamente contribuir para o almejado desenvolvimento, espera-se ter demonstrado que alguns importantes passos já foram dados, sendo de se aclamar aqueles que estão ainda por vir e fazer votos de que não demorem.

Bibliografia

ABICALIL, Marcos Thadeu, MEDEIROS, Emerson, e OLIVEIRA, Cecy (orgs.). *O Pensamento do Setor de Saneamento no Brasil: Perspectivas Futuras. Série Modernização do Setor de Saneamento*. vol. 16. Brasília, Ministério do Planejamento e Orçamento, Secretaria de Política Urbana/IPEA, 2002.

ABRAMOVAY, Ricardo, e BITTENCOURT, Gilson de Abreu. "Inovações institucionais no financiamento à agricultura familiar". 16 *Revista Economia Ensaios* 4. 2003.

ACHARYA, V. V., e outros. "Derivatives: the ultimate financial innovation". In: ACHARYA, V. V., e RICHARDSON, M. (eds.). *Restoring Financial Stability: how to Repair a Failed System*. Nova York, John Wiley & Sons, 2009.

ACHARYA, V. V., e RICHARDSON, M. (eds.). *Restoring Financial Stability: how to Repair a Failed System*. Nova York, John Wiley & Sons, 2009.

ACKERMAN, B. *Reconstructing American Law*. Cambridge, Harvard University Press, 1984.

ADAMEK, Marcelo Vieira von (org.). *Temas de Direito Societário e Empresarial Contemporâneos*. São Paulo, Malheiros Editores, 2011.

AKERLOF, G. A. "The market for 'lemons': quality uncertainty and the market mechanism". *The Quarterly Journal of Economics* 84. 1970.

ALDRIGHI, D. M., e OLIVEIRA, A. V. M. de. *The Influence of Ownership and Control Structures on the Firm Performance: Evidence from Brazil*. 2007. Disponível em *http://papers.ssrn.com/sol3/papers.cfm?abstract_id=972615* (acesso em 8.4.2011).

ALEXANDRU, P., ARARAT, M., SANTANA, M. H., e YURTOGLU, B. B. *Novo Mercado and its Followers: Case Studies in Corporate Governance Reform*. The International Bank for Reconstruction and Development/The World Bank, 2008 (disponível em *http://www.bmfbovespa.com.br/pt-br/a--bmfbovespa/download/Focus5.pdf*, acesso em 11.3.2011).

ALVES, Alaôr Caffé. *Saneamento Básico: Concessões, Permissões e Convênios Públicos*. Bauru, EDIPRO, 1998.

AMARAL JR., Alberto do (org.). *Direito Internacional e Desenvolvimento*. São Paulo, Manole, 2005.

AMSDEN, Alice H. *The Rise of "the Rest": Chalenges to the West from Late--Industrializing Economies*. Oxford, 2001.

ANDRADE, Roberto de Campos. "Desenvolvimento sustentável e direito internacional". In: AMARAL JR., Alberto do (org.), *Direito Internacional e Desenvolvimento*. São Paulo, Manole, 2005.

ARAGÃO, L. S. de, e CASTRO, R. R. M. de (coords.). *Direito Societário – Desafios Atuais*. São Paulo, IDSA/Quartier Latin, 2009.

ARARAT, M., ALEXANDRU, P., SANTANA, M. H., e YURTOGLU, B. B. *Novo Mercado and its Followers: Case Studies in Corporate Governance Reform*. The International Bank for Reconstruction and Development/The World Bank, 2008 (disponível em *http://www.bmfbovespa.com.br/pt-br/a--bmfbovespa/download/Focus5.pdf*, acesso em 11.3.2011).

ARAÚJO, Ricardo Guilherme de. *A Transição Institucional do Setor de Saneamento e a Questão Metropolitana*. Dissertação (Mestrado), Faculdade de Filosofia, Letras e Ciências Humanas/USP. São Paulo, 2003.

ARESTIS, P., e DEMETRIADES, P. "Finance and growth: is Schumpeter right?". *Análise Econômica* 30. 1998.

ARYA, A., GLOVER, J., MITTENDORF, B., e NARAYANAMOORTHY, G. "Unintended consequences of regulating disclosures: the case of regulation fair disclosure". *Journal of Accounting and Public Policy* 24. 2005.

AXELROD, R. *The Evolution of Cooperation*. Nova York, Basic Books, 1984.

_____, e DION, D. "The further evolution of cooperation". *Science* 242. 1988.

AZEVEDO, L. A. N. M. de, e CASTRO, R. R. M. de. *Poder de Controle e Outros Temas de Direito Societário e Mercado de Capitais*. São Paulo, IDSA/Quartier Latin, 2010.

AZEVEDO, Sérgio de, e GUIA, Virgínia Rennó dos Mares. "Os dilemas institucionais da gestão metropolitana no Brasil". In: RIBEIRO, Luiz César de Queiroz (org.). *Metrópoles: entre a Coesão e a Fragmentação, a Cooperação e o Conflito*. São Paulo, Perseu Abramo, 2004.

BACHA, E. L., e OLIVEIRA FILHO, L. C. de. *Mercado de Capitais e Crescimento Econômico – Lições Internacionais, Desafios Brasileiros*. São Paulo, Contra Capa, 2007.

BAIRD, D., GERTINER, C., e PICKNER, R. *Game Theory and the Law*. Cambridge/Massachussets/Londres, Harvard University Press, 1994.

BANCO MUNDIAL. *Legal and Judicial Reform: Observations, Experiences, and Approach of the Legal Vice-Presidency*. The World Bank, 2002.

BARBOSA, F. V., e CAMARGOS, M. A. de. "A adoção de práticas diferenciadas de governança corporativa beneficia o acionista e aumenta a liquidez acionária? Evidências empíricas do mercado brasileiro". *REGE/Revista de Gestão* 17. 2010.

BARROS, L. A. B. de C., FAMÁ, R., e SILVEIRA, A. M. da. "Atributos corporativos, qualidade da governança corporativa e valor das companhias abertas no Brasil". *Revista Brasileira de Finanças* 4. 2006.

BARROS, Ricardo, CARVALHO, Mirela, FRANCO, Samuel, e MENDONÇA, Rosane. *A Queda Recente da Desigualdade de Renda no Brasil*. Trabalho de Discussão 1258 do Instituto de Pesquisa Econômica Aplicada, 2007.

BARRY, B. K. "The securities and exchange commission's regulation fair disclosure: parity of information or parody of information?". *U. Miami L. Rev.* 56. 2001-2002.

BEBCHUK, L. A., e ROE, M. J. "A theory of path dependence in corporate governance and ownership". *Stan. L. Rev.* 52. 1999-2000.

BECK, T., e LEVINE, R. "The legal institutions and financial development". In: MÉNARD, C., e SHIRLEY, M. M. *Handbook of New Institutional Economics*. Dordrecht, Springer, 2005.

BERCOVICI, Gilberto. *Constituição Econômica e Desenvolvimento. Uma Leitura a partir da Constituição de 1988*. São Paulo, Malheiros Editores, 2005.

BIELSCHOWSKY, R. *Cinquenta Anos de Pensamento na CEPAL*. Rio de Janeiro, Record, 2000.

_____. *Pensamento Econômico Brasileiro – O Ciclo Ideológico do Desenvolvimentismo*. 3ª ed. Rio de Janeiro, Contraponto, 1996.

BIRDSALL, Nancy, e LONDONO, Juan Luis. "Asset inequality matters: an assessment of the World Bank' approach to poverty reduction". 87 *American Economic Review* 32. 1997.

BITTENCOURT, Gilson de Abreu, e ABRAMOVAY, Ricardo. "Inovações institucionais no financiamento à agricultura familiar". 16 *Revista Economia Ensaios* 4. 2003.

BITTER, G., e outros (orgs.). *Festschrift für Karsten Schmidt zum 70. Geburtstag*. Köln, Otto Schmidt, 2009.

BLACK, Bernard S. "Strengthening Brazil's securities markets". *RDM* 120. 2001.

_____, CARVALHO, A. Gledson de, e GORGA, E. *An Overview of Brazilian Corporate Governance*. Cornell Law Faculty Publications, *Paper* 101 (2008) (disponível em *http://scholarship.law.cornell.edu/lsrp_papers/101*, acesso em 15.4.2011).

BMF&Bovespa. *Relatório Anual 2008*. Disponível em *http://ri.bmfbovespa.com.br/upload/portal_investidores/pt/informacoes_financeiras/relatorios_anuais/relatorio_Anual2008.pdf* (acesso em 7.4.2011).

BODANSKY, Daniel, BRUNNÉE, Jutta, e HEY, Ellen (eds.). *The Oxford Handbook of International Environmental Law*. Nova York, Oxford University Press, 2007.

BOLSAS Y MERCADOS ESPAÑOLES. *MAB Empresas en Expansión, Año 1: una Valoración*. 2011. Disponível em *http://www.bolsasymercados.es/mab/esp/marcos.htm* (acesso em 10.5.2011).

BOTTAZZI, L., e DA RIN, M. "Europe's 'new' stock markets". EFA 2003 Annual Conference Paper, *IGIER Working Paper* 218. 2002 (disponível em *http://papers.ssrn.com/sol3/papers.cfm?abstract_id=319260*, acesso em 9.5.2011).

BOVESPA. *Custos de Abertura de Capital e de Manutenção da Condição de Companhia Aberta*. 2005. Disponível em *http://www.bmfbovespa.com.br/empresas/download/CustosSA.pdf* (acesso em 10.5.2011).

BOYLE, Alan, e FREESTONE, David. "Introduction". In: BOYLE, Alan, e FREESTONE, David. *International Law and Sustainable Development*. Oxford, Oxford University Press, 1999.

BROUWER, T., e SCHNEIDER, U. H. "Kapitalmarktrechtliche Transparenz bei der Aktienleihe". In: BITTER, G., e outros (orgs.). *Festschrift für Karsten Schmidt zum 70. Geburtstag*. Köln, Otto Schmidt, 2009.

BROWNLIE, Ian. *The Human Right to Development: Study Prepared for the Commonwealth Secretariat. Human Rights Unit Occasional Paper Series*. Londres, Commonwealth Secretariat, 1989.

BRUNNÉE, Jutta, BODANSKY, Daniel, e HEY, Ellen (eds.). *The Oxford Handbook of International Environmental Law*. Nova York, Oxford University Press, 2007.

BULHÕES PEDREIRA, J. L., e LAMY FILHO, A. *Direito das Companhias*. vol. 1. Rio de Janeiro, Forense, 2009.

BURGHOF, H., e HUNGER, A. *Access to Stock Markets for Small and Medium Sized Growth Firms: the Temporary Success and Ultimate Failure of Germany's Neuer Markt*. 2003 (disponível em *http://papers.ssrn.com/sol3/papers.cfm?abstract_id=497404*, acesso em 9.5.2011).

CAMARGO, Aspásia, e SANTOS, Marilene. "Universalização do saneamento: por uma gestão eficiente dos recursos escassos". In: ABICALIL, Marcos Thadeu, MEDEIROS, Emerson, e OLIVEIRA, Cecy (orgs.). *O Pensamento do Setor de Saneamento no Brasil: Perspectivas Futuras. Série Modernização do Setor de Saneamento*. vol. 16. Brasília, Ministério do Planejamento e Orçamento, Secretaria de Política Urbana/IPEA, 2002.

CAMARGOS, M. A. de, e BARBOSA, F. V. "A adoção de práticas diferenciadas de governança corporativa beneficia o acionista e aumenta a liquidez acionária? Evidências empíricas do mercado brasileiro". *REGE/Revista de Gestão* 17. 2010.

CAMPOS, Roberto. "O desenvolvimento econômico no Brasil". *Digesto Econômico*, agosto/1962. São Paulo.

CANÇADO TRINDADE, Antônio Augusto. "The contribution of international human rights law to environmental protection, with special reference to global environmental change". In: WEISS, Edith Brown (ed.). *Environmental Change and International Law: New Challenges and Dimensions*. Tóquio, United Nations University Press, 1992.

_____. *Tratado de Direito Internacional dos Direitos Humanos*. Porto Alegre, Sérgio Antônio Fabris Editor, 1997.

CANTIDIANO, L. L. "Aspectos regulatórios do mercado de capitais". In: BACHA, E. L., e OLIVEIRA FILHO, L. C. de. *Mercado de Capitais e Crescimento Econômico – Lições Internacionais, Desafios Brasileiros*. São Paulo, Contra Capa, 2007.

CARDOSO, H., e FALETTO, E. "Dependência e desenvolvimento na América Latina". In: *Cinquenta Anos de Pensamento na CEPAL*. vol. II. Rio de Janeiro, Record, 2000.

CARDOSO DE MELLO, J. M. *O Capitalismo Tardio*. São Paulo, Brasiliense, 1982.

CARVALHAL-DA-SILVA, A., e LEAL, R. "Corporate governance, market valuation and dividend policy in Brazil". *Frontiers in Finance and Economics* 1. 2004.

_____. "Corporate governance and value in Brazil (and in Chile)". 2005. Disponível em *http://papers.ssrn.com/sol3/papers.cfm?abstract_id=726261* (acesso em 8.4.2011).

CARVALHO, A. Gledson de. *Efeitos da Migração para os Níveis de Governança da Bovespa*. Disponível em *http://www.bmfbovespa.com.br/empresas/download/uspniveis.pdf* (acesso em 3.4.2011).

_____, BLACK, B. S., e GORGA, E. *An Overview of Brazilian Corporate Governance*. Cornell Law Faculty Publications, Paper 101 (2008) (disponível em *http://scholarship.law.cornell.edu/lsrp_papers/101*, acesso em 15.4.2011).

CARVALHO, Mirela, BARROS, Ricardo, FRANCO, Samuel, e MENDONÇA, Rosane. *A Queda Recente da Desigualdade de Renda no Brasil*. Trabalho de Discussão 1258 do Instituto de Pesquisa Econômica Aplicada, 2007.

CARVALHOSA, M. *A Nova Lei das Sociedades Anônimas – Seu Modelo Econômico*. 2ª ed. Rio de Janeiro, Paz e Terra, 1977.

_____. *Comentários à Lei das Sociedades Anônimas: Lei 6.404, de 15.12.1976, com as Modificações das Leis 9.457, de 5.5.1997, e 10.303, de 31.10.2001*. vol. 2, 3ª ed. São Paulo, Saraiva, 2003.

_____, e EIZIRIK, N. *A Nova Lei das S/A*. São Paulo, Saraiva, 2002.

CASTRO, R. R. M. de, e ARAGÃO, L. S. de (coords.). *Direito Societário – Desafios Atuais*. São Paulo, IDSA/Quartier Latin, 2009.

CASTRO, R. R. M. de, e AZEVEDO, L. A. N. M. de. *Poder de Controle e Outros Temas de Direito Societário e Mercado de Capitais*. São Paulo, IDSA/Quartier Latin, 2010.

CEREZETTI, Sheila Christina Neder. "A aquisição de controle de companhias abertas no Brasil: por uma disciplina atenta às diferentes estruturas acionárias". A ser publicado no *Mitteilungen der Deutsch-Brasilianischen Juristenvereinigung* 1. 2011.

_____. "Administradores independentes e independência dos administradores (regras societárias fundamentais ao estímulo do mercado de capitais brasileiro)". In: ADAMEK, M. V. von (org.). *Temas de Direito Societário e Empresarial Contemporâneos*. São Paulo, Malheiros Editores, 2011.

_____. *Lei de Recuperação e Falência e o Princípio da Preservação da Empresa: uma Análise da Proteção aos Interesses Envolvidos pela Sociedade por Ações em Recuperação Judicial*. São Paulo, Malheiros Editores, 2012.

CLAESSENS, S., e outros. "Disentangling the incentive and entrenchment effects of large shareholdings". *The Journal of Finance* 57. 2002.

CLAESSENS, S., KLINGEBIEL, D., e LUBRANO, M. *Corporate Governance Reform Issues in the Brazilian Equity Markets*. 2000. Disponível em *http://www.ifc.org/ifcext/corporategovernance.nsf/AttachmentsByTitle/ Brazil-CG+Reform+Issues+(2001).pdf/$FILE/Brazil-CG+Reform+Issues +(2001).pdf.*

CLOVER, C. *The End of the Line.* Nova York, The New Press, 2005.

COFFEE, J. C. "The rise of dispersed ownership, the roles of Law and the State in the separation of ownership and control". *Yale Law Journal* 111. 2001.

COING, H. *Europäisches Privatrecht.* vol. II ("19. Jahrhundert"). Munique, Beck, 1989.

COMMONS, John R. "Law and economics". 34 *Yale Law Journal* 371. 1925.

COMPARATO, Fábio Konder. "Planejar o desenvolvimento: perspectiva institucional". *RDP* 21. Ano 88. São Paulo, Ed. RT, outubro-dezembro/1988.

COSTA, R. T. da. "Crise, mercado de capitais e capitalização de empresas". In: VELLOSO, João Paulo dos Reis (coord.). *A Modernização do Capitalismo Brasileiro: Reforma do Mercado de Capitais.* Rio de Janeiro, José Olympio, 1991.

COUTINHO, Luciano, e REICHSTUL, Henri-Philippe. "O setor produtivo estatal e o ciclo". In: MARTINS, Carlos Estevam (org.). *Estado e Capitalismo no Brasil.* São Paulo, Hucitec/CEBRAP, 1977.

COUTO, J. A., e WANG, D. W. L. "Reformas institucionais e 'Milagre Econômico': construção de um modelo de industrialização concentrador de poder econômico e renda". *Cadernos Direito e Pobreza* 1. 2008.

DA RIN, M., e BOTTAZZI, L. "Europe's 'new' stock markets". EFA 2003 Annual Conference Paper, *IGIER Working Paper* 218. 2002 (disponível em *http://papers.ssrn.com/sol3/papers.cfm?abstract_id=319260*, acesso em 9.5.2011).

DAIN, Sulamis. "Empresa estatal e política econômica no Brasil". In: MARTINS, Carlos Estevam (org.). *Estado e Capitalismo no Brasil.* São Paulo, Hucitec/CEBRAP, 1977.

DALY, Herman E. *Beyond Growth: the Economics of Sustainable Development.* Boston/MA, Beacon Press, 1998.

_____. *Sustainable Development: Definitions, Principles, Policies, Invited Address.* Washington/D.C., World Bank, 2002.

DE SOTO, Hernando. *The Mystery of Capital: why Capitalism Triumphs in the West and Fails Everywhere Else.* Basic Books, 2000.

DEMETRIADES, P., e ARESTIS, P. "Finance and growth: is Schumpeter right?". *Análise Econômica* 30. 1998.

DENTERS, E., GINTHER, K., e WAART J. I. M. de (eds.). *Sustainable Development and Good Governance.* Dordrecht, Martinus Nijhoff, 1995.

DI PIETRO, Maria Sylvia Zanella. *Direito Administrativo.* 19ª ed. São Paulo, Atlas, 2006.

DICKY, A., e ZINGALES, L. "Private benefits of control: an international comparison". *NBER Working Paper* 8.711. 2002 (disponível em *http://www.nber.org/papers/w8711.pdf?new_window=1*, acesso em 8.4.2011).

DINAMARCO, C. R. "O princípio do contraditório e sua dupla destinação". In: *Fundamentos do Processo Civil Moderno*. 6ª ed., t. I. São Paulo, Malheiros Editores, 2010.

DION, D., e AXELROD R. "The further evolution of cooperation". *Science* 242. 1988.

DRUEY, J. N. "Die Pflicht zur Halbwahrheit – Über die Aporien organisationsrechtlicher Informationsansprüche anhand des Aktionärs-Auskunftsrechts". In: BITTER, G., e outros (orgs.). *Festschrift für Karsten Schmidt zum 70. Geburtstag*. Köln, Otto Schmidt, 2009.

EIZIRIK, N., e CARVALHOSA, M. *A Nova Lei das S/A*. São Paulo, Saraiva, 2002.

EIZIRIK, N., GAAL, A. B., HENRIQUES, M. F., e PARENTE, F. *Mercado de Capitais – Regime Jurídico*. 2ª ed. Rio de Janeiro, Renovar, 2008.

ELICSON, Robert C. *Order without Law: how Neighbors Settle Disputes*. Harvard, 1991.

ENGEL, J. Ronald. "Introduction: the ethics of sustainable development". In: ENGEL, J. Ronald, e ENGEL, Joan Gibb (eds.). *Ethics of Environment and Development: Global Challenge and International Response*. Tucson, University of Arizona Press, 1990.

_____, e ENGEL, Joan Gibb (eds.). *Ethics of Environment and Development: Global Challenge and International Response*. Tucson, University of Arizona Press, 1990.

ESTACHE, Antônio, PERELMAN, Sérgio, e TRUJILLO, Lourdes. "Infrastructure performance and reform in developing and transition economies: evidence from a survey of productivity measures". *World Bank Policy Research Working Paper* 3.514. Fevereiro/2005.

FALETTO, E., e CARDOSO, H. "Dependência e desenvolvimento na América Latina". In: *Cinquenta Anos de Pensamento na CEPAL*. vol. II. Rio de Janeiro, Record, 2000.

FAMÁ, R., BARROS, L. A. B. de C., e SILVEIRA, A. M. da. "Atributos corporativos, qualidade da governança corporativa e valor das companhias abertas no Brasil". *Revista Brasileira de Finanças* 4. 2006.

FARIA, Ricardo Coelho, MOREIRA, Tito Belchior, e SOUZA, Geraldo da Silva. "Public *versus* private water utilities: empirical evidence for brazilian companies". *Economics Bulletin* 8(2). Janeiro/2005.

FIORI, J. "De volta à questão da riqueza de algumas Nações". In: *Estados e Moedas no Desenvolvimento das Nações*. Rio de Janeiro, Vozes, 1999.

FISCH, J. E., e SALE, H. A. "The securities analyst as agent: rethinking the regulation of analysts". *Iowa L. Rev.* 88. 2003.

FISS, O. "The social and political foundations of adjudication". *Law and Human Behavior* 6(2). 1982.

FITZMAURICE, Malgosia. "International environmental law as special field". *Netherlands Yearbook of International Law* 25. The Hague, 1994.

FRANÇA, Erasmo Valladão A. e N. *Conflito de Interesses nas Assembleias de S/A*. São Paulo, Malheiros Editores, 1993.

FRANCO, Samuel, BARROS, Ricardo, CARVALHO, Mirela, e MENDONÇA, Rosane. *A Queda Recente da Desigualdade de Renda no Brasil*. Trabalho de Discussão 1258 do Instituto de Pesquisa Econômica Aplicada, 2007.

FREESTONE, David, e BOYLE, Alan. "Introduction". In: BOYLE, Alan, e FREESTONE, David. *International Law and Sustainable Development*. Oxford, Oxford University Press, 1999.

FRIEDMAN, F. B., e GROSE, C. "Promoting access to primary equity markets. A legal and regulatory approach". *The World Bank Policy Research Working Paper* 3.892. 2006.

FRIEDMAN, Thomas L. *Hot, Flat, and Crowded: why the World Needs a Green Revolution – And how we Can Renew our Global Future*. Londres, Allen Lane/Penguin Books, 2006.

FURTADO, C. "Desenvolvimento e subdesenvolvimento". In: *Cinquenta Anos de Pensamento na CEPAL*. Rio de Janeiro, Record, 2000.

_____. *Formação Econômica do Brasil*. São Paulo, Cia. Editora Nacional, 1986.

GAAL, A. B., EIZIRIK, N., HENRIQUES, M. F., e PARENTE, F. *Mercado de Capitais – Regime Jurídico*. 2ª ed. Rio de Janeiro, Renovar, 2008.

GARCIA, Enriquez. "Sistema financeiro nacional". In: PINHO, D. B. (coord.). *Manual de Economia*. São Paulo, Atlas, 1992.

GERSTETTER, Christiane, e MEYER-OHLENDORF, Nils. *Trade and Climate Change: Triggers or Barriers for Climate Friendly Technology Transfer and Development?*. Berlim, Friedrich-Ebert-Stiftung, 2009 (disponível em *http://library.fes.de/pdf-files/iez/global/06119.pdf*, acesso em 2.6.2009).

GERTINER, C., BAIRD, D., e PICKNER, R. *Game Theory and the Law*. Cambridge/Massachussets/Londres, Harvard University Press, 1994.

GIBBS, D. *Local Economic Development and the Environment*. Londres, Routledge, 2002.

GINTHER, K., DENTERS, E., e WAART, J. I. M. de (eds.). *Sustainable Development and Good Governance*. Dordrecht, Martinus Nijhoff, 1995.

GLOVER, J., ARYA, A., MITTENDORF, B., e NARAYANAMOORTHY, G. "Unintended consequences of regulating disclosures: the case of regulation fair disclosure". *Journal of Accounting and Public Policy* 24. 2005.

GORGA, E. "Changing the paradigm of stock ownership from concentrated towards dispersed ownership: evidence from Brazil and consequences for emerging Countries". *Nw. J. Int'l L. & Bus.* 29. 2009.

_____. "Culture and corporate law reform: a case study of Brazil". *University of Pennsylvania Journal of International Economic Law* 27. 2006.

_____, BLACK, B. S., e CARVALHO, A. Gledson de. *An Overview of Brazilian Corporate Governance*. Cornell Law Faculty Publications, *Paper* 101 (2008) (disponível em *http://scholarship.law.cornell.edu/lsrp_papers/101*, acesso em 15.4.2011).

GRAU, Eros Roberto. *A Ordem Econômica na Constituição de 1988*. 14ª ed. São Paulo, Malheiros Editores, 2010.

_____. *Ensaio e Discurso sobre a Interpretação/Aplicação do Direito*. 5ª ed. São Paulo, Malheiros Editores, 2009.

_____. *Planejamento Econômico e Regra Jurídica*. São Paulo, Ed. RT, 1977.

GROSE, C., e FRIEDMAN, F. B. "Promoting access to primary equity markets. A legal and regulatory approach". *The World Bank Policy Research Working Paper* 3.892. 2006.

GRUNDMANN, S., e outros (orgs.). *Unternehmen, Markt und Verantwortung – Festschrift für Klaus J. Hopt zum 70. Geburtstag am 24. August 2010*. vol. I. Berlim, De Gruyter, 2010.

GUANZIROLI, Carlos E. "PRONAF 10 anos depois – Resultados e perspectivas para o desenvolvimento rural". *Reuniões do 34º Encontro Econômico Brasileiro*. 2006.

GUIA, Virgínia Rennó dos Mares, e AZEVEDO, Sérgio de. "Os dilemas institucionais da gestão metropolitana no Brasil". In: RIBEIRO, Luiz César de Queiroz (org.). *Metrópoles: entre a Coesão e a Fragmentação, a Cooperação e o Conflito*. São Paulo, Perseu Abramo, 2004.

HARDIN, G. "The tragedy of the commons". *Science* 162. 1968.

HART H., e SACKS, Albert. *The Legal Process*. New Haven, Tentative Edition, 1958.

HAWKE, Lisa D., e MAGRAW, Daniel Barstow. "Sustainable development". In: BODANSKY, Daniel, BRUNNÉE, Jutta, e HEY, Ellen (eds.). *The Oxford Handbook of International Environmental Law*. Nova York, Oxford University Press, 2007.

HAYEK, F. "The use of knowledge in society". In: *Individualism and Economic Order*. Chicago, The University of Chicago Press, 1948; e in *Individualism and Economic Order*. Londres, 1949.

HELLER, Léo, e REZENDE, Cristina Sonaly. *Saneamento no Brasil: Políticas e Interfaces*. Belo Horizonte, UFMG, 2002.

HENRIQUES, M. F., EIZIRIK, N., GAAL, A. B., e PARENTE, F. *Mercado de Capitais – Regime Jurídico*. 2ª ed. Rio de Janeiro, Renovar, 2008.

HEY, Ellen, BODANSKY, Daniel, e BRUNNÉE, Jutta (eds.). *The Oxford Handbook of International Environmental Law*. Nova York, Oxford University Press, 2007.

HOCHMAN, Gilberto. *A Era do Saneamento. As Bases da Política de Saúde Pública no Brasil*. São Paulo, Hucitec, 1998.

HOSTIOU, R. "Vers un nouveau principe général du droit de l'environment – Le principe protecteur-payeur". In : *Pour un Droit Commun de l'Environment – Mélanges en Honneur de Michel Prieur*. Paris, Dalloz, 2007.

HOVENKAMPF, H. *The Antitrust Enterprise*. Cambridge, Harvard University Press, 2009.

HUNGER, A., e BURGHOF, H. *Access to Stock Markets for Small and Medium Sized Growth Firms: the Temporary Success and Ultimate Failure of Germany's Neuer Markt.* 2003. Disponível em *http://papers.ssrn.com/sol3/papers.cfm?abstract_id=497404* (acesso em 9.5.2011).

HURREL, Andrew. *On Global Order: Power, Values, and the Constitution of International Society.* Nova York, Oxford University Press, 2007.

ISHMAEL, T. "Securities and exchange commission regulation fair disclosure – A modern law with outmoded methods: an appeal for dissemination of material information on corporate websites". *Oklahoma City University Law Review* 33. 2008.

JANSSEN, M., OSTROM, E., e POTEETE, A. *Working Together: Collective Action, the Commons and Multiple Methods in Practice.* Princeton, Princeton University Press, 2010.

JARAMILLO-VALLEJO, J., PARK, Y. Chal, e STIGLITZ, J. E. "The role of the State in financial markets". *World Bank Research Observer, Annual Conference on Development Economics Supplement.* 1993.

JUSTEN FILHO, Marçal. *Parecer Elaborado sobre Minuta de Anteprojeto da Lei da Política Nacional de Saneamento Básico.* Disponível em *www.cidades.gov.br/media/ParecerMarcalJustenSaneamento.pdf* (acesso em 22.10.2006).

KANT, I. *The Critique of Pure Reason.* vol. 39. Chicago, Enciclopédia Britânica, 1996.

KAPPAS, N. "A question of materiality: why the securities and exchange commission's regulation fair disclosure is unconstitutionally vague". *New York Law School Law Review* 45. 2001-2002.

KEYNES, John Maynard. "O fim do *laissez-faire*". In: SZMRECSÁNYI, Tamás (org.). *John Maynard Keynes. Coleção Os Grandes Cientistas Sociais*, vol. 6. São Paulo, Ática, 1984.

KHALFAN, A., e SEGGER M.-C. Cordonier. *Sustainable Development Law Principles, Practices, and Prospects.* Oxford, Oxford University Press, 2004.

KISS, Alexandre. "La notion de patrimoine commun de l'humanité". *Recueil des Cours* 175(2). The Hague, 1982.

_____. "The implications of global change for the international legal system". In: BROWN WEISS, Edith (ed.). *Environmental Change and International Law: New Challenges and Dimensions.* Tóquio, United Nations University Press, 1992.

KLINGEBIEL, D., CLAESSENS, S., e LUBRANO, M. *Corporate Governance Reform Issues in the Brazilian Equity Markets.* 2000. Disponível em *http://www.ifc.org/ifcext/corporategovernance.nsf/AttachmentsByTitle/Brazil-CG+Reform+Issues+(2001).pdf/$FILE/Brazil-CG+Reform+Issues+(2001).pdf.*

KUOKKANEN, T. *International Law and the Environment: Variations on a Theme*. The Hague, Kluwer Law International, 2002.

LA PORTA, R., e outros. "Investor protection and corporate valuation". *The Journal of Finance* 57. 2002.

_____. "Legal determinants of external finance". *The Journal of Finance* 52. 1997.

LACHINI, L. del C. "Mirando os pequenos: corretoras apostam no Bovespa Mais e no varejo para ampliar receitas nas ofertas públicas de ações". *Revista Capital Aberto* 92. 2011.

LAMY FILHO, A., e BULHÕES PEDREIRA, J. L. *Direito das Companhias*. vol. 1. Rio de Janeiro, Forense, 2009.

LEÃES, L. G. P. de B. "Conflito de interesses". In: *Estudos e Pareceres sobre Sociedades Anônimas*. São Paulo, Ed. RT, 1989.

_____. *Mercado de Capitais & Insider Trading*. São Paulo, Ed. RT, 1978.

LEAL, R. P. C. "Governance practices and corporate value – A recent literature survey". *Revista de Administração da USP* 39. 2004.

_____, e CARVALHAL-DA-SILVA, A. L. "Corporate governance, market valuation and dividend policy in Brazil". *Frontiers in Finance and Economics* 1. 2004.

_____. "Corporate governance and value in Brazil (and in Chile)". 2005. Disponível em *http://papers.ssrn.com/sol3/papers.cfm?abstract_id=726261* (acesso em 8.4.2011).

LEVINE, R., e BECK, T. "The legal institutions and financial development". In: MÉNARD, C., e SHIRLEY, M. M. *Handbook of New Institutional Economics*. Dordrecht, Springer, 2005.

LEVINE, Ross, e ZERVOS, Sara. "Stock markets, banks, and economic growth". *The American Economic Review* 88. 1998.

LEVITIN, A. J., e WACHTER, S. M. "Explaining the housing bubble". *Georgetown Business, Economics and Regulatory Law Research Paper* 10-16. 2010 (disponível em *http://ssrn.com/abstract=1669401*, acesso em 1.5.2011).

LOBO, Jorge (org.). *Reforma da Lei das Sociedades Anônimas*. Rio de Janeiro, Forense, 2002.

LONDONO, Juan Luis, e BIRDSALL, Nancy. "Asset inequality matters: an assessment of the World Bank' approach to poverty reduction". 87 *American Economic Review* 32. 1997.

LUBRANO, M., CLAESSENS, S., e KLINGEBIEL, D. *Corporate Governance Reform Issues in the Brazilian Equity Markets*. 2000. Disponível em *http://www.ifc.org/ifcext/corporategovernance.nsf/AttachmentsByTitle/Brazil-CG+Reform+Issues+(2001).pdf/$FILE/Brazil--CG+Reform+Issues+(2001).pdf*.

MAGRAW, Daniel Barstow, e HAWKE, Lisa D. "Sustainable development". In: BODANSKY, Daniel, BRUNNÉE, Jutta, e HEY, Ellen (eds.). *The Oxford*

Handbook of International Environmental Law. Nova York, Oxford University Press, 2007.

MALANCZUK, P. "Evolving principles of sustainable development and good governance". In: DENTERS, E., GINTHER, K., e WAART J. I. M. de (eds.). *Sustainable Development and Good Governance*. Dordrecht, Martinus Nijhoff, 1995.

MARQUES NETO, Floriano de Azevedo. *Parecer Elaborado sobre Minuta de Anteprojeto da Lei da Política Nacional de Saneamento Básico*. Disponível em *www.cidades.gov.br/media/ParecerFlorianoAzevedoMNeto Saneamento.pdf* (acesso em 22.10.2006).

MARTINS, Carlos Estevam (org.). *Estado e Capitalismo no Brasil*. São Paulo, Hucitec/CEBRAP, 1977.

MATTOS FILHO, A. O., e PRADO, V. M. "Nota à 2ª Edição". In: SÁ, P. F. de, TRUBEK, D. M., e VIEIRA, J. H. Gouvêa. *Direito, Planejamento e Desenvolvimento do Mercado de Capitais Brasileiro (1965-1970)*. São Paulo, Saraiva, 2011.

MB ASSOCIADOS. *Desafios e Oportunidades para o Mercado de Capitais Brasileiro*. 2000. Disponível em *http://www.bmfbovespa.com.br/Pdf/ mercado_capitais_desafios.pdf* (acesso em 5.4.2011).

McDOUGAL M., e SASSWELL, H. "Legal education and public policy: professional training in the public interest". *Yale Law Journal* 52. 1943.

MEDEIROS, Emerson, ABICALIL, Marcos Thadeu, e OLIVEIRA, Cecy (orgs.). *O Pensamento do Setor de Saneamento no Brasil: Perspectivas Futuras. Série Modernização do Setor de Saneamento*. vol. 16. Brasília, Ministério do Planejamento e Orçamento, Secretaria de Política Urbana/IPEA, 2002.

MEDEIROS, P. de T. "A estrutura do mercado de ações e o sistema de intermediação". In: VELLOSO, João Paulo dos Reis (coord.). *A Modernização do Capitalismo Brasileiro: Reforma do Mercado de Capitais*. Rio de Janeiro, José Olympio, 1991.

MÉNARD, C., e SHIRLEY, M. M. *Handbook of New Institutional Economics*. Dordrecht, Springer, 2005.

MENDONÇA, Rosane, BARROS, Ricardo, CARVALHO, Mirela, e FRANCO, Samuel. *A Queda Recente da Desigualdade de Renda no Brasil*. Trabalho de Discussão 1258 do Instituto de Pesquisa Econômica Aplicada, 2007.

MENDOZA, J. M. "Securities regulation in low-tier listing venues: the rise of the alternative investment market". *Fordham Journal of Corporate & Financial Law* 13. 2008.

MEYER-OHLENDORF, Nils, e GERSTETTER, Christiane. *Trade and Climate Change: Triggers or Barriers for Climate Friendly Technology Transfer and Development?*. Berlim, Friedrich-Ebert-Stiftung, 2009 (disponível em *http://library.fes.de/pdf-files/iez/global/06119.pdf*, acesso em 2.6.2009).

MICKELSON, K. "South, North, international environmental law and international environmental lawyers". *Yearbook of International Environmental Law* 11. Oxford, 2000.

MILGROM, P., NORTH, D., e WEINGAST, B. "The role of institutions in the revival of trade: the law merchant, private judges and the champagne fairs". *Economics and Politics* 2. 1990.

MITTENDORF, B., ARYA, A., GLOVER, J., e NARAYANAMOORTHY, G. "Unintended consequences of regulating disclosures: the case of regulation fair disclosure". *Journal of Accounting and Public Policy* 24. 2005.

MORAND, Charles Albert. *Le Droit Neo-Moderne des Politiques Publiques*. Paris, LGDJ, 1999.

MOREIRA, Ajax, e MOTTA, Ronaldo Serôa da. "Efficiency and regulation in the sanitation sector in Brazil". *Texto para Discussão 1.059*. Rio de Janeiro, IPEA, 2004.

MOREIRA, Tito Belchior, FARIA, Ricardo Coelho, e SOUZA, Geraldo da Silva. "Public *versus* private water utilities: empirical evidence for brazilian companies". *Economics Bulletin* 8(2). Janeiro/2005.

MOTTA, Ronaldo Serôa da, e MOREIRA, Ajax. "Efficiency and regulation in the sanitation sector in Brazil". *Texto para Discussão 1.059*. Rio de Janeiro, IPEA, 2004.

MUNHOZ, E. S. "Transferência de controle nas companhias sem controlador majoritário". In: AZEVEDO, L. A. N. M. de, e CASTRO, R. R. M. de. *Poder de Controle e Outros Temas de Direito Societário e Mercado de Capitais*. São Paulo, IDSA/Quartier Latin, 2010.

NARAYANAMOORTHY, G., ARYA, A., GLOVER, J., e MITTENDORF, B. "Unintended consequences of regulating disclosures: the case of regulation fair disclosure". *Journal of Accounting and Public Policy* 24. 2005.

NELKEN, D., e PŘIBAŇ, J. (eds.). *Law's New Boundaries: the Consequences of Legal Autopoiesis*. Aldershot, Ashgate, 2001.

NORTH, Douglas C. *Institutions, Institutional Change and Economic Performance*. Cambridge, Cambridge University Press, 1990.

NORTH, Douglas C., e WALLIS, John Joseph. "Measuring the transaction in the american economy, 1870-1970". *Long-Term Factors in American Economic Growth* 95. Chicago, 1986.

NORTH, D., MILGROM, P., e WEINGAST, B. "The role of institutions in the revival of trade: the law merchant, private judges and the champagne fairs". *Economics and Politics* 2. 1990.

OLIVEIRA, A. V. M. de, e ALDRIGHI D. M. *The Influence of Ownership and Control Structures on the Firm Performance: Evidence from Brazil*. 2007. Disponível em *http://papers.ssrn.com/sol3/papers.cfm?abstract_id=972615* (acesso em 8.4.2011).

OLIVEIRA, Cecy, ABICALIL, Marcos Thadeu, e MEDEIROS, Emerson (orgs.). *O Pensamento do Setor de Saneamento no Brasil: Perspectivas Futuras. Série Modernização do Setor de Saneamento*. vol. 16. Brasília, Ministério do Planejamento e Orçamento, Secretaria de Política Urbana/IPEA, 2002.

OLIVEIRA FILHO, L. C. de, e BACHA, E. L. *Mercado de Capitais e Crescimento Econômico – Lições Internacionais, Desafios Brasileiros*. São Paulo, Contra Capa, 2007.
ORTS, E. W. "Autopoiesis and the natural environment". In: NELKEN, D., e PŘIBAŇ, J. (eds.). *Law's New Boundaries: the Consequences of Legal Autopoiesis*. Aldershot, Ashgate, 2001.
OSTROM, E. *Governing the Commons – The Evolution of Institutions for Collective Action*. Cambridge, Cambridge University Press, 1990.
_____. *Understanding Institutional Diversity*. Princeton, Princeton University Press, 2005.
OSTROM, E., e OSTROM, V. "Public goods and public choices". In: SAVAS, E. E. (ed.). *Alternatives for Delivering Public Services: Towards Improved Performance*. Boulder, Westview Press, 1977.
OSTROM, E., JANSSEN, M., e POTEETE, A. *Working Together: Collective Action, the Commons and Multiple Methods in Practice*. Princeton, Princeton University Press, 2010.

PAIGE, A., e YANG, K. "Controlling corporate speech: is regulation fair disclosure unconstitutional?". *U. C. Davis Law Review* 39. 2005-2006.
PARENTE, F., EIZIRIK, N., GAAL, A. B., e HENRIQUES, M. F. *Mercado de Capitais – Regime Jurídico*. 2ª ed. Rio de Janeiro, Renovar, 2008.
PARK, Y. Chal, JARAMILLO-VALLEJO, J., e STIGLITZ, J. E. "The role of the state infinancial markets". *World Bank Research Observer, Annual Conference on Development Economics Supplement*. 1993.
PAULIN, L. A. "Evolução do sistema financeiro nacional". *RDB* 17. 2002.
PERELMAN, Sérgio, ESTACHE, Antônio, e TRUJILLO, Lourdes. "Infrastructure performance and reform in developing and transition economies: evidence from a survey of productivity measures". *World Bank Policy Research Working Paper* 3.514. Fevereiro/2005.
PICKNER, R., BAIRD, D., e GERTINER, C. *Game Theory and the Law*. Cambridge/Massachussets/Londres, Harvard University Press, 1994.
PINHO, D. B. (coord.). *Manual de Economia*. São Paulo, Atlas, 1992.
POSNER, Richard A. "Creating a legal framework for economic development". *13 The World Bank Research Observer* 1. 1998.
POTEETE, A., JANSSEN, M., e OSTROM, E. *Working Together: Collective Action, the Commons and Multiple Methods in Practice*. Princeton, Princeton University Press, 2010.
PRADO, V. M., e MATTOS FILHO, A. O. "Nota à 2ª Edição". In: SÁ, P. F. de, TRUBEK, D. M., e VIEIRA, J. H. Gouvêa. *Direito, Planejamento e Desenvolvimento do Mercado de Capitais Brasileiro (1965-1970)*. São Paulo, Saraiva, 2011.
PREBISH, R. "O desenvolvimento econômico na América Latina e alguns de seus problemas principais". In: *Cinquenta Anos de Pensamento na CEPAL*. Rio de Janeiro, Record, 2000.
PŘIBAŇ, J., e NELKEN, D. (eds.), *Law's New Boundaries: the Consequences of Legal Autopoiesis*. Aldershot, Ashgate, 2001.

RATTNER, Henrique. *Planejamento e Bem-Estar Social*. São Paulo, Perspectiva, 1979.

REALE, Miguel. "Direito e planificação". *RDP* 24. São Paulo, Ed. RT, abril-junho/1973.

REICHSTUL, Henri-Philippe, e COUTINHO, Luciano. "O setor produtivo estatal e o ciclo". In: MARTINS, Carlos Estevam (org.). *Estado e Capitalismo no Brasil*. São Paulo, Hucitec/CEBRAP, 1977.

REZENDE, Cristina Sonaly, e HELLER, Léo. *Saneamento no Brasil: Políticas e Interfaces*. Belo Horizonte, UFMG, 2002.

RIBEIRO, Luiz César de Queiroz (org.). *Metrópoles: entre a Coesão e a Fragmentação, a Cooperação e o Conflito*. São Paulo, Perseu Abramo, 2004.

RICHARDSON, M., e ACHARYA, V. V. (eds.). *Restoring Financial Stability: how to Repair a Failed System*. Nova York, John Wiley & Sons, 2009.

RIST, G. *Le Developpment – Histoire d'une Croyance Occidentalle*. Paris, Presses de Sciences Po, 2007.

ROCCA, C. A. *Soluções para o Desenvolvimento do Mercado de Capitais Brasileiro*. Rio de Janeiro, José Olympio, 2001.

ROE, M. J., e BEBCHUK, L. A. "A theory of path dependence in corporate governance and ownership". *Stan. L. Rev.* 52. 1999-2000.

ROPPO, Enzo. *O Contrato*. Coimbra, Livraria Almedina, 1988.

ROUSSEAU, P. L., e WACHTEL, P. "Equity markets and growth: cross-Country evidence on timing and outcomes, 1980-1995". *Journal of Business and Finance* 24. 2000.

SÁ, P. F. de, TRUBEK, D. M., e VIEIRA, J. H. Gouvêa. *Direito, Planejamento e Desenvolvimento do Mercado de Capitais Brasileiro (1965-1970)*. São Paulo, Saraiva, 2011.

SACHS, Jeffrey D. *Common Wealth: Economics for a Crowded Planet*. Nova York, Penguin Press, 2008.

SACKS, Albert, e HART, H. *The Legal Process*. New Haven, Tentative Edition, 1958.

SALE, H. A., e FISCH, J. E. "The securities analyst as agent: rethinking the regulation of analysts". *Iowa L. Rev.* 88. 2003.

SALOMÃO FILHO, Calixto. "Conflito de interesses: a oportunidade perdida". In: LOBO, Jorge (org.). *Reforma da Lei das Sociedades Anônimas*. Rio de Janeiro, Forense, 2002.

_____. "Conflito de interesses: oportunidade perdida". In: *O Novo Direito Societário*. 4ª ed., São Paulo, Malheiros Editores, 2011.

_____. *Direito Concorrencial – As Estruturas*. 3ª ed. São Paulo, Malheiros Editores, 2007.

_____. "Função social dos contratos: primeira anotações". *RT* 823. Ano 93. São Paulo, Ed. RT, maio/2004.

_____. *O Novo Direito Societário*. 4ª ed. São Paulo, Malheiros Editores, 2011.

_____. *Regulação da Atividade Econômica – Princípios e Fundamentos Jurídicos*. 2ª ed. São Paulo, Malheiros Editores, 2008.

_____. "Structural analysis of corporate law: a developing Country perspective". In: GRUNDMANN, S., e outros (orgs.). *Unternehmen, Markt und Verantwortung – Festschrift für Klaus J. Hopt zum 70. Geburtstag am 24. August 2010*. vol. I. Berlim, De Gruyter, 2010.

SAMUELSON, P. "The pure theory of public expenditure". *Review of Economics and Statistics* 36. 1954.

SAND, Peter H. "A century of green lessons: the contribution of Nature conservation regimes to global governance". *International Environmental Agreements: Politics, Law and Economics* 1(1). Janeiro/2001.

_____. "The evolution of international environmental law". In: BODANSKY, Daniel, BRUNNÉE, Jutta, e HEY, Ellen (eds.). *The Oxford Handbook of International Environmental Law*. Nova York, Oxford University Press, 2007.

SANDS, Philippe *Principles of International Environmental Law*. 2ª ed. Cambridge, Cambridge University Press, 2003.

SANTANA, M H. "O Novo Mercado". In: ALEXANDRU, P., ARARAT, M., SANTANA, M. H., e YURTOGLU, B. B. *Novo Mercado and its Followers: Case Studies in Corporate Governance Reform*. The International Bank for Reconstruction and Development/The World Bank, 2008 (disponível em *http://www.bmfbovespa.com.br/pt-br/a-bmfbovespa/download/Focus5.pdf*, acesso em 11.3.2011).

_____, ALEXANDRU, P., ARARAT, M., e YURTOGLU, B. B. *Novo Mercado and its Followers: Case Studies in Corporate Governance Reform*. The International Bank for Reconstruction and Development/The World Bank, 2008 (disponível em *http://www.bmfbovespa.com.br/pt-br/a-bmfbovespa/download/Focus5.pdf*, acesso em 11.3.2011).

SANTOS, I. O. dos, e SCHIEHLL, E. "Ownership structure and composition of boards of directors: evidence on brazilian publicly-traded companies". *RAUSP* 39. 2004.

SANTOS, Marilene, e CAMARGO, Aspásia. "Universalização do saneamento: por uma gestão eficiente dos recursos escassos". In: ABICALIL, Marcos Thadeu, MEDEIROS, Emerson, e OLIVEIRA, Cecy (orgs.). *O Pensamento do Setor de Saneamento no Brasil: Perspectivas Futuras. Série Modernização do Setor de Saneamento*. vol. 16. Brasília, Ministério do Planejamento e Orçamento, Secretaria de Política Urbana/IPEA, 2002.

SASSWELL, H., e McDOUGAL M. "Legal education and public policy: professional training in the public interest". *Yale Law Journal* 52. 1943.

SAVAS, E. E. (ed.). *Alternatives for Delivering Public Services: Towards Improved Performance*. Boulder, Westview Press, 1977.

SCHIEHLL, E., e SANTOS, I. O. dos. "Ownership structure and composition of boards of directors: evidence on brazilian publicly-traded companies". *RAUSP* 39. 2004.

SCHMIDT, K. *Informationsrechte in Gesellschaften und Verbänden*. Heidelberg, Recht und Wirtschaft, 1984.

SCHNEIDER, U. H., e BROUWER, T. "Kapitalmarktrechtliche Transparenz bei der Aktienleihe". In: BITTER, G., e outros (orgs.). *Festschrift für Karsten Schmidt zum 70. Geburtstag*. Köln, Otto Schmidt, 2009.

SCHULTZ, T. *The Economics of Being Poor*. Cambridge, Blackwell, 1993.

SCHUMPETER, J. A. *A Teoria do Desenvolvimento Econômico*. São Paulo, Abril Cultural, 1982.

SECRETARIA DE AGRICULTURA FAMILIAR. *Plano Safra 2005/2006 para a Agricultura Familiar*. Ministério do Desenvolvimento Agrário, 2006 (disponível em http://www.creditofundiario.org.br/biblioteca/view/pronaf-a/plano_2005pdf).

SEGGER, M.-C. Cordonier, e KHALFAN, A. *Sustainable Development Law Principles, Practices, and Prospects*. Oxford, Oxford University Press, 2004.

SEN, A. "Choice, ordering and morality". In: *Choice, Welfare and Measurement*. Oxford, Blackwell, 1997.

_____. *Desenvolvimento como Liberdade*. São Paulo, Cia. das Letras, 1999 (*Development as Freedom*). Trad. de L. T. Motta. São Paulo, Cia. das Letras, 2010.

_____. *Sobre Ética e Economia* (*On Ethics and Economics*). Trad. portuguesa. São Paulo, Cia. das Letras, 1988.

_____. *The Idea of Justice*. Cambridge, The Belknap Press, 2009.

SHELTON, Dinah. "Equity". In: BODANSKY, Daniel, BRUNNEE, Jutta, e HEY, Ellen (eds.). *Oxford Handbook of International Environmental Law*. Oxford, Oxford University Press, 2007.

SHIRLEY, M. M., e MÉNARD, C. *Handbook of New Institutional Economics*. Dordrecht, Springer, 2005.

SILVA, Ricardo Toledo. *Elementos para Regulação e o Controle da Infraestrutura Regional e Urbana em Cenário de Oferta Privada de Serviços*. Tese (Livre-Docência), Faculdade de Arquitetura e Urbanismo/USP. São Paulo, 1996.

_____. "Infraestrutura urbana, necessidades sociais e regulação pública: avanços institucionais e metodológicos a partir da gestão integrada de bacias". In: RIBEIRO, Luiz César de Queiroz (org.). *Metrópoles: entre a Coesão e a Fragmentação, a Cooperação e o Conflito*. São Paulo, Perseu Abramo, 2004.

SILVEIRA, A. di Miceli da. *Governança Corporativa: Teoria e Prática*. 1ª ed. Campus Elsevier, 2010.

SILVEIRA, A. M. da, BARROS, L. A. B. de C., e FAMÁ, R. "Atributos corporativos, qualidade da governança corporativa e valor das companhias abertas no Brasil". *Revista Brasileira de Finanças* 4. 2006.

SMAGADI, Aphrodite. "Analysis of the objectives of the Convention on Biological Diversity: their interrelation and implementation guidance for access and benefit sharing". *Columbia Journal of Environmental Law* 31(2). Nova York, 2006.

SOUZA, Geraldo da Silva, FARIA, Ricardo Coelho, e MOREIRA, Tito Belchior. "Public *versus* private water utilities: empirical evidence for brazilian companies". *Economics Bulletin* 8(2). Janeiro/2005.

STIGLITZ, J. E. "Financial markets and development". *Oxford Review of Economic Policy* 5(4). 1989.

_____. *O Mundo em Queda Livre: os Estados Unidos, o Mercado Livre e o Naufrágio da Economia Mundial*. São Paulo, Cia. das Letras, 2010.

_____. *Towards a New Paradigm for Development*. 9th Raúl Prebisch Lecture, 1998.

_____, JARAMILLO-VALLEJO, J., e PARK, Y. Chal. "The role of the State in financial markets". *World Bank Research Observer, Annual Conference on Development Economics Supplement*, 1993.

SUNDFELD, Carlos Ari. "Reforma do Estado e empresas estatais. A participação privada nas empresas estatais". In: SUNDFELD, Carlos Ari (org.). *Direito Administrativo Econômico*. 1ª ed., 3ª tir. São Paulo, Malheiros Editores, 2006.

_____ (org.). *Direito Administrativo Econômico*. 1ª ed., 3ª tir. São Paulo, Malheiros Editores, 2006.

SYLLA, Richard. "The rise of securities markets: what can government do?". *The World Bank Policy Research Working Paper* 1.539. 1995.

SZMRECSÁNYI, Tamás (org.). *John Maynard Keynes. Coleção Os Grandes Cientistas Sociais*, vol. 6. São Paulo, Ática, 1984.

TAVARES, M. da Conceição. *Acumulação de Capital e Industrialização no Brasil*. Campinas, Editora UNICAMP, 1974.

THORNTON, Grant. *Economic Impact of AIM and the Role of Fiscal Incentives*, 2010. Disponível em *http://www.grant-thornton.co.uk/thinking_blogs/ publications/economic_impact_of_aim_and_the.aspx*.

TOLEDO, P. F. Campos Salles de. "*Poison pill*: modismo ou solução?". In: ARAGÃO, L. S. de, e CASTRO, R. R. M. de (coords.). *Direito Societário – Desafios Atuais*. São Paulo, IDSA/Quartier Latin, 2009.

TRUBEK, D. M., SÁ, P. F. de, e VIEIRA, J. H. Gouvêa. *Direito, Planejamento e Desenvolvimento do Mercado de Capitais Brasileiro (1965-1970)*. São Paulo, Saraiva, 2011.

TRUJILLO, Lourdes, ESTACHE, Antônio, e PERELMAN, Sérgio. "Infrastructure performance and reform in developing and transition economies: evidence from a survey of productivity measures". *World Bank Policy Research Working Paper* 3.514. Fevereiro/2005.

TUROLLA, Frederico. *Saneamento Básico: Experiência Internacional e Avaliação de Propostas para o Brasil*. Brasília, Confederação Nacional da Indústria, 2006.

VEBLEN, Thorsthein. "The beginnings of ownership". 4 *American JournaL of Sociology* 353. 1898.
VELLOSO, João Paulo dos Reis (coord.). *A Modernização do Capitalismo Brasileiro: Reforma do Mercado de Capitais*. Rio de Janeiro, José Olympio, 1991.
VIEIRA, J. H. Gouvêa, SÁ, P. F. de, e TRUBEK, D. M. *Direito, Planejamento e Desenvolvimento do Mercado de Capitais Brasileiro (1965-1970)*. São Paulo, Saraiva, 2011.

WAART, J. I. M. de, DENTERS, E., e GINTHER, K. (eds.). *Sustainable Development and Good Governance*. Dordrecht, Martinus Nijhoff, 1995.
WACHTEL, P., e ROUSSEAU P. L. "Equity markets and growth: cross-Country evidence on timing and outcomes, 1980-1995". *Journal of Business and Finance* 24. 2000.
WACHTER, S. M., e LEVITIN, A. J. "Explaining the housing bubble". *Georgetown Business, Economics and Regulatory Law Research Paper* 10-16. 2010 (disponível em *http://ssrn.com/abstract=1669401*, acesso em 1.5.2011).
WALLIS, John Joseph, e NORTH, Douglas C. "Measuring the transaction in the american economy, 1870-1970". *Long-Term Factors in American Economic Growth* 95. Chicago, 1986.
WANG, D. W. L., e COUTO, J. A. "Reformas institucionais e 'Milagre Econômico': construção de um modelo de industrialização concentrador de poder econômico e renda". *Cadernos Direito e Pobreza* 1. 2008.
WEINGAST, B., MILGROM, P., e NORTH, D. "The role of institutions in the revival of trade: the law merchant, private judges and the champagne fairs". *Economics and Politics* 2. 1990.
WEISS, Edith Brown. "Intergenerational equity: a legal framework for global environmental change". In: WEISS, Edith Brown (ed.). *Environmental Change and International Law: New Challenges and Dimensions*. Tóquio, United Nations University Press, 1992.

_____. "International environmental law: contemporary issues and the emergence of a new world order". *Georgetown Journal of International Law* 81(3). Washington, D.C., março/1993.

_____ (ed.). *Environmental Change and International Law: New Challenges and Dimensions*. Tóquio, United Nations University Press, 1992.
WERNECK, Rogério Furquim. *Empresas Estatais e Política Macroeconômica*. Rio de Janeiro, Campus, 1987.
WIEACKER. *Privatrechtgeschichte der Neuzeit*. 2ª ed. Göttingen, Vandenhoeck e Ruprecht, 1967.
WOLFE, M. "Abordagens do desenvolvimento: de quem e para quê?". In: *Cinquenta Anos de Pensamento da CEPAL*. Rio de Janeiro, Record, 2000.
WORLD TRADE ORGANIZATION. "United States – Import prohibition of certain shrimp and shrimp products: AB-1998-4: report of the Appellate Body. WT/DS58/AB/R (12 Oct. 1998)". *International Legal Materials*

38(1)/121-175. Washington, D.C., janeiro/1999 (disponível em *http://www.lexisnexis.com/us/lnacademic*, acesso em 8.3.2009, § 129, nota 107).

YANG, K., e PAIGE, A. "Controlling corporate speech: is regulation fair disclosure unconstitutional?". *U. C. Davis Law Review* 39. 2005-2006.

YAZBEK, O. *Regulação do Mercado Financeiro e de Capitais*. Rio de Janeiro, Elsevier, 2007.

_____. "Uma introdução, 40 anos depois". In: SÁ, P. F. de, TRUBEK, D. M., e VIEIRA, J. H. Gouvêa. *Direito, Planejamento e Desenvolvimento do Mercado de Capitais Brasileiro (1965-1970)*. São Paulo, Saraiva, 2011.

YURTOGLU, B. B., ALEXANDRU, P., ARARAT, M., e SANTANA, M. H. *Novo Mercado and its Followers: Case Studies in Corporate Governance Reform*. The International Bank for Reconstruction and Development/The World Bank, 2008 (disponível em *http://www.bmfbovespa.com.br/pt-br/a-bmfbovespa/download/Focus5.pdf*, acesso em 11.3.2011).

ZANINI, Carlos Klein. "A *poison pill* brasileira: desvirtuamento, antijuridicidade e ineficiência". In: ADAMEK, Marcelo Vieira von (org.). *Temas de Direito Societário e Empresarial Contemporâneos*. São Paulo, Malheiros Editores, 2011.

ZERVOS, Sara, e LEVINE, Ross. "Stock markets, banks, and economic growth". *The American Economic Review* 88. 1998.

ZINGALES, L., e DICKY, A. "Private benefits of control: an international comparison". *NBER Working Paper* 8.711. 2002 (disponível em *http://www.nber.org/papers/w8711.pdf?new_window=1*, acesso em 8.4.2011).

* * *